양종기 박사의 경제이야기 8

무책임한 정부, 불확실한 미래

–국가채무와 정부부채 및 공공부채의 한국 이야기–

도서출판 원

머 | 리 | 말 |

국가는 재정활동을 통해 민간인들이 활동하는 시장경제에 개입한다. 여러 시장으로 형성된 민간경제에 개입, 활동하는 정부의 재정활동 폭은 매우 넓고 깊다. 이와 같은 시장개입 현상이 일어난 것은 자본주의 시장경제의 활동이 여러 가지 이유로 정상 작동하기 어려운 시장실패를 보완하기 위해 나서기 때문이다. 물론 정부개입에 따른 정부실패 논란도 있다.

민간기업과 근로가계의 경제활동이 활발하게 이뤄져 자본주의 시장경제의 활동성과가 항상 좋은 방향으로 가면 정부개입이 필요 없겠지만 경제 활기가 떨어지고 깊은 침체 상태에 빠지면 어떤 형태로든 정부정책이 동원될 수밖에 없다. 정부의 모든 경제정책은 재정활동을 통해 구체적으로 나타난다.

이와 같이 정부의 재정활동에서 나타난 현상 중의 하나가 국가채무이다. 국가채무가 부작용만 초래한다는 시각은 옳지 않다. 오히려 긍정적인 영향을 가져오는 경우도 많다.

국가채무 활동은 실물 및 금융경제에 광범위하게 영향을 미친다. 본서에서는 국가의 채무 활동이 국민경제와 국민들에게 어떻게 영향을 미치는지를 경제적인 시각에서 인과관계를 주의 깊게 관찰하고 있다.

본서는 국가채무, 기업부채, 가계부채 그리고 부채 규모와 변화 추이, 금리, 환율, 고용과 소득 등 거시변수들의 상호의존 관계를 살펴보고 있다. 국가채무는 국민경제에 막강한 영향을 미친다는 것을 새삼스럽게 강조할 필요가 없이 아주 중요한 주목 대상이다. 이와 같이 중대한 국민경제적인 상호의존 관계를 맺고 있는 국가채무와 관련된 정보를 중심으로 필자가 보고 느낀 것을 책으로 엮어놓고 있다.

2015년 9월
고양 풍동 사저에서

차 례

1. 한국 재정의 분석은 선진국과 다르다

한국 사회는 선진국과 무엇이 어떻게 다른가? 신흥국과 후진국 및 선진국의 시장경제는 무엇이 어떻게 다를까? 한 나라 경제에 대한 분석 논리는 균형과 자유경쟁의 전제 아래 설명한다. 시장경제는 균형과 자유경쟁에 기초한다. 경제논리는 감정이나 윤리, 온정, 정서, 법질서 따위는 전혀 고려하지 않는다. 시장경제 역시 도덕이나 윤리적인 평가 없이 움직인다.

정상적인 순수한 시장경제는 철저한 자유경쟁 속에서 움직인다는 기초에서 균형에 따라 조화를 이루는 경제이다.1) 치열한 경쟁이 지배하는 시장경제는 엄격한 법질서 준수와 집행이 가능한 사회를 전제할 때 정상적인 사장경제의 기능을 발휘한다.

1) 균형이란 매입과 판매 세력의 균형에 따라 균형가격이 성립한다는 의미를 지니고 있다.

오늘날 구미 선진국의 시장경제는 자유경쟁과 균형을 지탱하는 기초적인 법과 제도 및 엄격한 법 집행이 받쳐주는 가운데 성장해 간다. 정부의 모든 제도와 집행은 중립적인 입장에서 시장경제를 촉진하고 유도하는 방향으로 몰고 간다.

한 나라의 시장경제 틀은 시간이 흐르며 역사적으로 구조적인 환경을 만들어가며 형성된다. 신흥국과 개발도상국은 대부분 정부와 민간경제 사이에 비리와 부정의 유착관계 속에서 자라며 형성돼 온 나라들이 많다.

미국, 독일, 스위스, 일본의 시장경제는 제각기 자기 나름대로 독특한 시장 환경을 만들었다. 그러나 이들 국가들에서 가장 보편적이고 공통적으로 나타나고 있는 것은 강력한 민간경제를 구축했다는 점이다. 또한 부정과 비리, 비공식시장, 암거래시장, 지하경제 등이 거의 없거나 그 영역은 무시해도 좋을 만큼 매우 협소하다.

주요 선진국은 경쟁력이 강한 자생적이고 독립적인 민간경제를 구축했다는 점이다. 이처럼 강한 경쟁력을 갖춘 민간경제이기 때문에 흔히 우려하는 자동화와 생산 공정 합리화가 시장원리에 따라 작동하면서도 반드시 일자리 감소로 이어지지 않는다는 것을 대표적인 사례로 들 수 있다.

미국, 독일, 스위스 등의 강한 국제경쟁력을 갖춘 민간경제는 높은 세율과 복지비용 부담을 짊어지고 생산 활동을 하면서도 질 좋은 양질의 고급 생산품, 창의적이고 독창적이며 기술혁신적인 제품과 서비스를 생산하는 능력을 가졌기 때문이다.

미국, 독일, 일본 등의 강한 국제경쟁력을 갖춘 민간경제는 생산자와 소비자 끼리 그리고 생산자 끼리 상호 경쟁하며 경쟁력을 키운다. 생산자가 소비자를 강요하는 판매행위를 하거나 생산자가 비정상적으로 불법 거래하는 행위를 하지 않는다. 불법, 탈법 행위에 대해서는 가차 없는 가혹한 법집행이 따르기 때문이다.

미국, 독일 등의 강한 국제경쟁력을 갖춘 민간경제는 정부 개입을 최소화한 수준이며 가능한 공적 지원을 받지 않고 홀로 서게 하는 것이 원칙이다. 정부 개입이건 공기업이건 시장 친화적이거나 시장촉진적인 경제행위를 추구 한다.

미국, 독일 등의 강한 국제경쟁력을 갖춘 민간경제는 눈부신 창의력과 기술 혁신을 창출 하고 있다. 미국, 독일 등의 선진국에서는 공공기관과 민간 기업들이 모두 동등한 자유 경쟁적인 조건에서 상거래 한다.

주요 선진국에서는 정부, 공공기관, 민간 소비자, 민간 생산자 모두 주어진 법과 제도, 규칙을 엄격히 준수하며 정상적인 질서 속에서 거래하고 동등한 법률적 보호 속에서 움직인다. 선진국의 사법기관은 엄격한 법집행을 가차 없이 무차별 하게 적용한다.

위와 같은 원칙이 지켜지는 선진사회와 달리 비리와 유착관계 속에서 움직이고 있는 한국 경제 사회가 만들어 내고 있는 경제활동 성과물은 우리가 어떻게 평가해야 할까? 국가채무 문제도 부정과 비리 속에서 움직이는 정부의 경제활동 성과물과 밀접한 연관을 맺고 있다.

국가채무 문제도 특정한 정치집단이 들어선 집권 정부와 민간경제 활동의 개입 과정에서 나타난다. 한국의 국가채무 부작용도 경제 전체에서 거시적, 미시적으로 접근하는 것이 필요하다. **한국의 시장경제는 정부이건 민간이건 그들의 경제활동 중 비효율과 낭비가 넘쳐나는 부분이 상당히 많으며 아직도 후진적인 요소들을 많이 간직하고 있다. 한국의 국가채무도 여전히 신흥국의 처지에서 문제되고 있나는 짐이다.**

2. 국가채무이야기

국가채무는 국가가 진 빚이고 실질적으로 정부가 지고 있는 빚이다. 국가채무는 권력을 잡은 정부가 만든 빚이지만 집권한 정부가 새 정부로 바뀌더라도 영구히 국가 빚으로 남아 있게 된다. 국가 빚은 국민들이 짊어진 빚이나 다름없고 자꾸 이월되기 마련이다. 따라서 국가채무는 현재 세대에서 후세 세대에게 계속 넘어간다.

국가채무는 특정 정치인이나 집권한 집단이 최종적으로 지불하는 의무를 지지 않는다. 국가채무의 상환 의무는 국가가 지고 있다. 국가채무는 채무를 상환할 특정 주인이 없고 국민들이 되돌려 받을 수 없는 빚이기 때문에 어떻게 보면 무주공산의 차입자금으로 권력을 쥔 사람들이 국민경제를 위해 사용한다는 명분으로 마음대로(?) 썼던 돈이나 다름없다.

국가채무는 절대 채무규모와 증가 속도, 국내총생산 GDP 대비 국가채무 비율, 정부부채와 가계부채 및 기업부채를 종합한 총부채, 외환보유액, 물가와 인플레이션, 환율, 금리, 고용과 실업, 국민소득 등 다방면에 영향을 미친다.

이러저러한 이유 때문에 국가채무는 특정 경제주체가 아닌 국민경제 전체에서 바라보는 종합적인 인식과 접근 방법 및 분석이 필요하다. 국가채무에 대한 종합적인 시각으로 파악해야 국민경제의 실상을 정확하게 인식할 수 있고 해법도 찾을 수 있다.

국가는 국민경제 전체의 틀 속에서 민간가계 및 민간기업과 똑같이 경제행위를 하는 주체이다. 국가의 경제활동 행위는 재정활동을 통해 국민경제와 시장에 나타나 활동하는 모습으로 나타난다. 모든 재정활동은 기업과 가계가 상품 및 서비스를 거래하는 시장경제질서 속에서 다양한 방식으로 개입한다.

국가와 공공기관을 포괄한 정부는 민간 가계와 민간 기업처럼 국가 살림살이 즉 재정운용을 꾸려가다 보면 빚을 질 수 있다. 또한 정부는 공익성 추구가 우선이지만 시장경쟁을 촉진하기 위해 수익성 고려 하에 효율성을 극대화하다보면 빚을 지기도 한다. 수입-지출을 고려하지 않고 돈을 빌리거나 물건을 외상으로 사도 빚이 발생한다.

빚은 수입(예산)보다 지출이 많아지면 발생한다. 국가는 가계나 기업보다 하는 일이 광범위하고 수익 없는 행정을 운영할 뿐만 아니라 국민들의 특별한 요구와 비상사태를 해결하는 등 다양한 업무를 수행한다. 그러다보면 예산을 벗어난 초과지출로 빚을 지게 된다.

국민들이 낸 조세수입에 비해 집권한 정부들이 당선에 집착한 공약남발을 충족하기 위해 더 많은 재정지출을 할 때에도 빚이 생겨난다. 또한 재정수입은 그대로인데 늘어나는 재정지출 증가를 따라잡지 못하면 재정적자가 계속 쌓이게 된다. 재정수입을 초과한 초과 재정지출로 발생한 모든 재정적자는 결국 국가채무로 나타난다.

국가 빚은 국가채무 또는 정부부채라는 용어로 표현되고 있다. 국가채무와 정부부채는 부채의 범위가 다르다. 국가채무는 경제 현실에서 다양한 모습으로 나타난다. 국가 빚은 구체적, 대표적인 형태로서 국채, 공채, 차입 등의 모습으로 나타난다.

이 중에서 국채가 가장 대표적인 모습이다. 국채는 다양한 명칭을 붙여 발행 된다. 국채를 발행하는 경제주체는 국가이다. 미국, 유럽 국가와 같은 연방국가가 발행하는 국채는 연방채권이라고 부른다. 국채는 공채와 다르다. 공채는 공공기관이 발행하는 채권이다. 공채는 나라에 따라 국가채무와 국가부채에 포함시키거나 제외시키는 경우가 있다. 이런 이유 때문에 각국의 국가채무 통계는 제도와 법에 따라 달라 질 수 있다.

국가가 존속하는 한 나라 재정은 영원히 활동하고 국가의 국채 발행도 매년의 재정상황에 따라 수시로 발행한다. 정부는 다양한 만기의 국채를 발행한다. 국가는 넓은 의미로 볼 때, 중앙정부, 지방정부, 공기업, 공공기관을 모두 포괄한다.

국가채무의 협소한 개념은 일반적으로 중앙정부, 지방정부 (또는 지방자치단체)가 대국민에게 진 빚이라고 집약할 수 있다. 일반적으로 국가채무는 공기업과 일부 공공기관의 부채를 포함시키지 않지만 최근 들어서 국가채무에 포함시키고 있는 추세이다.

국가의 재정활동은 국민의 안전과 평화를 지키고 국민경제의 발전을 가져오기 위해 국방, 치안, 복지시설, 경제활동 등 다양한 임무를 수행한다. 이와 같은 다양한 공공임무를 수행하기 위해 재정수입을 기초로 지출(재정지출)한다.

재정수입은 세금이 주된 수입원이지만 범칙금과 한국은행 수익금, 국가 소유 재산 매각 대금 등의 재정수입도 있다. 국가는 통산 연간 기준으로 그 해 들어온 재정수입의 범위 내에서 다양한 임무를 수행하기 위해 재정지출을 한다.

재정지출 및 수입은 해마다 증가한다. 자연 인구가 늘고 있고 재정 활동 영역이 넓어지고 있으며, 국민경제의 활동 규모가 커지기 때문에 재정지출 규모는 매년 증가하기 마련이다. 또한 태풍, 자연재해 등 예측할 수 없는 상황이 나타나면서 예산 밖으로 거대한 초과 재정 지출이 발생하는 등 여러 요인으로 재정지출이 해마다 늘어난다.

빚이라고 해서 반드시 나쁜 것은 아니다. 빚을 잘 쓰면 오히려 득이 되는 경우도 많다. 국가가 빚을 내 지출한 돈으로 발생한 긍정적인 효과가 다른 모습으로 나타나면 국가 빚은 높은 효율성을 발휘한 것이다.

근로가계가 100만원의 빚을 내 150만의 수입을 벌어들였다면 굉장히 큰 수확인 것처럼 국가도 정부부채를 짊어지고 정부 돈을 지출해 긍정적인 효과를 발휘하면 국민경제가 누리는 혜택은 수십 배로 크게 나타날 수 있다. 국가도 빚을 내 국민들의 높은 생산 활동을 가져왔다면 큰 성과를 얻은 것이다.

그러나 국가 빚이 국민경제에 나쁜 피해를 미쳤다면 국가의 채무 행위는 실패로 규정할 것이다. 국가채무에서 가장 중요한 것은 국가 빚을 통해 지출 된 돈이 국민경제와 국민들에게 얼마나 생산적인 성과가 가져왔느냐와 얼마나 오래 동안 지속되는 효과로 가져왔느냐 하는 점이다.

재정지출은 신흥국의 경우, 주인이 없는 무주공산처럼 마구잡이로 지출하기 쉬운 도덕적 해이를 보이는 경우가 많다. 특히 부정부패가 심한 사회일수록 재정지출을 함부로 쓰고 비능률적으로 쓰는 경우가 허다하다.

이런 국가의 재정정책은 국민들로부터 신뢰받기 어렵다. 그래서 예산을 다루는 공직자와 정치인을 못 믿는 불신 풍조가 확산된다. **정상적인 민주주의 국가의 재정활동은 국민들의 철저한 감시를 받고 있다. 또한 제도와 법이 엄격히 규제하고 의회와 주민이 감시하는 제도적 장치를 잘 갖추고 있다.**

선진국에서는 집권자들이 주어진 법과 제도를 엄격하게 준수하며 공적 활동을 수행한다. 선진국의 재정활동은 국민들에 의해 철저하게 감시받는다. 재정활동에 관련된 부정과 비리에 대한 법집행은 매우 엄격하고 강력한 처벌이 따른다.

선진국은 엄격한 법률과 규제를 지키며 국민들을 위해 재정을 운용한다. 따라서 재정집행의 효율성과 효과는 매우 높고 효율적인 편이다. 연방정부이건 지방정부이건 사회간접자본 투자는 철저하게 경제적 효율성을 따져 집행되고 투자 집행은 부정부패와 비리 없이 진행된다.

선진국에서는 재정자금이 허술하게 낭비되는 일도 극히 드물다. 각종 공공투자지출이 집권자들의 입맛에 따라 불필요한 곳, 비효율적인 곳에 자의적으로 집행되지 않는다.

그러나 한국의 재정활동에서는 불행하게도 부정비리가 판친다는 사실을 국민들이 인식하고 있다는 점이다. 대중 매체를 통해 거의 매일 공직자들의 비리와 부정부패 사건을 접한다. 국민들은 지금까지 국가의 재정활동이 얼마나 비합리적, 비효율적으로 사용되고 집행되고 있는지 피부로 느끼며 경험하고 있다.

3. 국가채무는 어떠한 경로, 어떠한 방식으로 영향을 미치는가?

국가채무는 다양한 통로를 통해 국민경제 전반에 영향을 미치기에 전문가들 사이에 논의가 분분하다.

(1)국가채무는 현 세대에서 미래세대로 부담을 전가시킨다고 비판한다. 현재 국가채무는 미래세대가 조세징수를 통해 부담을 지울 수밖에 없다고 논쟁한다[바로-리카도 등가이론 논쟁 유발].

(2)국가채무는 결국 절약을 통해 국가채무를 억제할 수밖에 없다고 논쟁한다. 증가하는 국가채무로 유발된 소비절약은 소위 합리성 함정 Rationalitätenfalle에 빠지게 만든다는 비판이다. 이것은 예상하지 못한 부정적 결과를 가져올 수 있다는 것이다.

정부가 과도한 국가채무를 억제하기 위해 재정지출을 줄이는 절약정책을 행사할 경우, 예를 들면 기업과 가계에 대한 이전지출이나 보조금을 줄이게 되면 저축성향을 높이고 소비지출을 줄이게 되는 결과를 가져온다. 이는 총수요 감소를 유발하고 경제성장을 후퇴시켜 조세수입 감소를 초래한다는 것이다[부정적 저축효과]. 개인의 합리성 촉발 행위 즉 채무를 줄이기 위한 저축과 같은 합리적 행위가 나타난다는 것이다.

(3) 국가채무는 내국인과 외국인에게 배분된다. 내국인에게 지는 국가채무와 외국인에게 지는 국가채무는 판이하게 평가한다. 국내채무 Inlandsschulden는 경제 내부에서 부의 재분배를 가져온다. 국내채무에서 일어나는 부의 재분배는 경제주체 간의 재분배 문제와 세대 간의 부의 재분배 문제를 일으킨다.

대외채무는 이자 재정지출과 원금상환 재정지출 시 국내 자금이 해외로 빠져나가기 때문에 현재 및 미래 국내 유동성 감소를 유발한다. 그러나 대외채무에서 순채권국 입장에 있다면 채무국의 상환에 의존하지만 국내로 유동성이 유입된다는 점이다. 또한 대외채무와 관련해 조세 인상이나 분배문제, 그리고 순채무국가의 높은 대외채무에 대한 분석은 세대 부담 논쟁과 구분된다.

(4) 금융기관이 중앙은행에서 자금을 빌린 경우, 중앙은행은 국가에게 자금을 간접적으로 대출하는 것과 같다. 특히 현금자금 또

는 신용대출자금이 한정돼 있어 자본공급에 비해 상대적으로 자본수요가 강한 경우, 추가 국가신용대출 수요는 신용대출 가격 즉 대출 금리를 상승시킨다. 그 결과 민간 기업의 신용대출 수요는 비싼 이자로 자금을 조달하게 되고 이는 기업의 경쟁력을 약화시켜 경제성장을 저해할 수 있다[구축효과].

(5) 보통 개발도상국의 중앙은행은 정부로부터 독립적이지 못하다. 특히 이런 나라에서 볼 수 있는 현상이지만 정부가 자금을 조달하기 위해 중앙은행 차입(신용창출)에 의존하는 경우, 인플레를 가져올 수 있다. 중앙은행 신용대출 통해 민간경제에 흘러들어간 자금이 다시 재유입으로 상계되지 않는다면 재화생산과 공급은 정체되거나 줄어들게 되고 인플레 현상을 일으킨다.

(6) 케인스 학파는 국가채무를 디플레이션 대응 수단으로 볼 뿐만 아니라 총수부족을 보충하는 정책 수단으로 본다. 케인스 학파는 경기역행적인 재정정책을 구사해야 한다고 주장 한다. 경기침체 시에는 재정지출 확대와 조세 삭감 정책을 추진해 민간소비와 투자를 끌어올리는 수단으로 적극적 국가채무 활용을 권장하다.

(7)국가채무의 분배정책적인 영향에 대한 논쟁이 분분하다. 국가채무의 분배정채적인 영향은 여러 각도에서 구별할 수 있다. 징세나 지출 삭감을 통해 지출되는 이자부담은 국가의 행동반경을 좁히

고 정치적인 결단을 요구케 한다. 징세 방법이 불가능한 경우 재정 일부분이 줄어들면서 수혜자에 비해 더 크게 지출이 줄어드는 경우, 재분배 효과를 일으킨다.

국가채무로 조달된 인프라 투자 이건 기업지원 재정지출이건 투자지출이 경제성장을 가져와 조세수입을 증대시켜 재정수지 균형 이상의 효과 가져온다면 투자지출 확대정책은 분배정책적인 운용폭 Verteilungsspielraum을 넓히게 되는 효과를 가져 온다. 이 같은 논리는 특히 위기 시 경기종합대책 Konjunkturpakete을 찾는 명분이다.

(8) 국가채무는 쌍둥이 적자 Zwillingsdefizit 문제 직면한 경우이다. 국가채무는 재정적자와 무역수지 적자에 직면한 경우이다. 쌍둥이 적자에 직면한 상황에서는 증가하는 국가채무는 해외신용조달을 통해 해결 한다. 이것은 외국인 투자자들이 환율 안정이 담보되고 국가신용도가 높은 국가에서만 가능하다. 만약 국가신용도가 취약하면 높은 이자를 지불하거나 국내소비를 줄이는 길을 선택할 수밖에 없다. 이는 이자율 상승과 소비 축소는 총수요 감소를 통해 경제성장을 후퇴시킨다. 쌍둥이 적자가 극단적인 상황으로 치달을 경우에는 위기에 봉착할 수 있다.

4. 국가채무와 정부부채

국제통화기금(IMF)의 기준에 따른 국가채무란 정부가 민간 또는 해외 투자자에게 빌린 돈의 원금 또는 원리금을 직접적으로 상환할 의무를 지고 있는 확정채무를 말한다. 이 기준에 따르면 국가채무는 정부 차관과 차입금 및 국채, 지방정부의 순채무, 국고채무 부담행위를 통해 부담하는 채무를 의미한다.

이 정의에 따르면 일반정부에 포함되는 중앙정부와 지방자치단체의 채무는 국가채무에 해당되지만 **정부와 독립적인 경영활동을 하는 공기업의 채무나 중앙은행의 채무**는 국가채무에서 제외된다. 또한 정부가 정부 외의 차입자 채무에 대해 그 지불을 보증하는 **보증채무**나 정책 환경에 따라 바뀔 수 있는 **4대 연금의 잠재부채**는 확정채무가 아니므로 국가채무에 넣지 않는다. 국가채무는 현금으로 주고받는 것만 포함시키는 현금주의 방식으로 계산한다.

국가채무의 발생증가는 전쟁, 천재지변 등으로 인해 발생한 비용을 충당하기 위해 재정상황이 악화되거나 심각한 경기침체나 금융위기에 처했을 때, 만성적으로 정부가 지출을 많이 하는 구조적 문제를 가지고 있을 때 일어난다.

국가채무는 국가부채와 구별하기도 한다. 국가부채란 국가채무에 4대 연금 충당부채와 공기업의 채무, 각종 사회보장성 기금(건강보험, 고용보험, 산재보험 등), 공공기관 관리기금 공채(公債; 국가 또는 지방자치단체가 재원조달을 목적으로 하는 채무), 민자 사업 손실보전액 등 국가가 부담해야 할 가능성이 큰 채무까지 모두 포함시킨 것으로 국가채무와 구별한다.

이와 같이 국가부채는 국가채무는 물론 국가가 직접 갚을 필요는 없지만 국가가 사실상 보증을 선 것이나 다름없는 부채까지 모두 집계한 것으로, 한 국가의 채무를 좀 더 넓게 포괄하는 광의의 개념이다.

유럽연합의 마스트리히트 기준은 재정적자 Maastricht-Defizit의 한계를 국내총생산 대비 재정적자비율은 3%를 초과해서는 안 되는 선으로 설정했고 국내총생산 대비 국가채무비율[2])을 60% 선에서 제한했다.

2) 국가채무비율(Schuldenquote) = 국가채무 / 국내총생산

유럽연합의 최대 국가채무비율규정은 GDP 대비 60% 까지 허용하고 있다(Art. 126 AEU-Vertrag). 이 수준까지 원금과 이자를 연간 경제활동성과물인 국내총생산수준의 3/5까지 허용한다는 것을 의미한다.

그 밖에 보조지표인 국가채무(이자와 원금)를 상환하기 위한 제2의 자금원으로서 외화보유고 또는 신규채무를 사용한다. 대외채무는 수출로 벌어들인 수입 Exporterlöse의 150%까지 한계지표로 사용한다.

채무상환비율 = 이자지출 + 원금상환 / 국내총생산 (또는 총재정수입) : 채무상환비율을 산출하는 식에서 분자의 채무상환 규모(이자지출과 원금)는 상대적으로 크게 변동될 수 있다는 것을 알 수 있다. 금리가 시장상황에 따라 수시로 변동하기 때문에 채무상환규모도 크게 변동할 수 있다.

또한 분모인 국내총생산과 총재정수입에서도 이자지출(이자비용) 플러스 원금 규모보다 느리게 증가하거나 현상 유지가 계속되는 반면 국가채무 규모가 빠른 속도로 계속 늘어나면 채무상환비율은 크게 악화될 수 있다는 것을 알 수 있다.

이자 포함 채무원금 상환 규모가 수출금액의 20%~25%를 초과

하거나 총재정수입의 20%를 넘을 경우, 해당 채무 국가는 한계에 도달한 것으로 평가한다. 일반적으로 이런 한계국가들은 심각한 위기에 빠져들 수 있다.

국가채무를 국제적으로 비교할 수 있는 적정 지표는 국내총생산 대비 국가채무비율을 사용한다. 이와 같이 국가채무비율을 사용하는 것은 나라마다 경제 규모와 구조가 다른 점을 고려하여 국제적인 비교를 용이하기 때문이다. 국가채무 비율은 한 나라가 한 해 동안 산출한 국내총생산 즉 국민소득 중에서 어느 정도 얼마만큼 국가채무를 갚을 수 있는가를 보는 것이다.

국제통화기금에 따르면 2011년 9월 171개 국가 중 46개국이 국내총생산 대비 국가채무비율의 임계치인 60%를 넘었다. 13개국은 100%를 넘어섰고 171개국 중 절반은 44% 이하에 그쳤다.

2000 ~ 2007년 기간 중 91개국의 국가채무비율은 감소한 반면 24개국은 증가하였고 30개국은 동일한 수준을 유지했다. 이와 같이 국가별로 상이하게 나타나는 국가채무 변동 추이는 2007년부터 유로위기를 거치며 더욱 차별화되는 모습이었다.

일반적으로 선진국의 국가채무는 역사적으로 볼 때 경제위기나 전쟁을 겪는 기간이 급증하는 양상을 보였다. 선진국의 국가채무는 세계2차 대전 이후 1970년대까지 성장을 지속한 기간 동안 꾸준히 줄어들었다가 다시 1996년까지 급증하는 모습을 보였다. 특히 OECD 회원국의 국가채무는 1996년까지 크게 증가하였다가 다시 조금씩 줄어드는 양상을 보였다.

미국의 국가채무는 1980년대부터 1990년대 후반까지 지속적으로 증가하였다. 국가채무가 계속 늘어나게 된 주요 요인은 이락 및 아프가니스탄 전쟁 수행과 2007년 이후 세계적인 재정위기가 작용했다. 미국의 국가채무는 2011년 7월 29일 현재 14,46 Billionen 달러로 국가채무비율은 98.6%까지 상승했다.

독일의 국가채무는 특히 1990년대 동서독 통합 이후 급격히 증가하였다. **OECD의 국가채무비율은 2001년 64.6%이었을 때 오스트레일리아는 20.9%, 일본 132.6%, 독일 60.2% 등 각국마다 커다란 편차를 보이고 있다. 유럽연합 회원국의 국가채무는 2007년 이후 재정위기를 겪으면서 급속히 증가해 국내총생산 대비 국가채무비율이 위기 이전 70% 수준에서 85%까지 뛰어 올랐다.**

5. 공공부문 부채, 일반정부 부채, 비금융공기업 부채

중앙정부와 지방정부, 비금융공기업의 부채를 합친 **공공부문 부채**가 1년 새 78조 원가량 늘어 총 898조7000억원(2013년 말 기준)으로 집계됐다[정부; 2013년 공공부문 재정건전성 관리보고서].

중앙 및 지방정부의 회계 · 기금과 비영리공공기관을 포함하는 **일반정부 부채는 전체 부채의 62.9%인 565조6000억 원**이다. 국고채(37조원)와 국민주택기금 청약저축(7조8000억원), 민자사업 부채(2조3000억원) 등이 늘어나면서 부채가 급증했다.

비금융공기업의 부채는 406조5000억 원으로 늘어난 가운데 한전 및 발전자회사(7조9000억원)와 LH(3조원), 철도공사(3조원), 한국가스공사(036460)(2조2000억원) 등 중앙 공기업의 부채가 크게 늘었다.

일반정부 부채와 비금융공기업의 부채를 단순 합산하면 972조 1000억원이지만 여기서 일반정부와 비금융공기업 간 내부거래 73조4000억원이 제거되면서 **공공부문 부채 총합**은 900조원에 약간 못 미치는 규모로 축소된다.[3)]

중앙 및 지방정부의 회계 · 기금을 **현금주의 기준으로 산출한 국가채무**는 489조8000억 원으로 집계됐다. 경기 둔화로 인해 세수가 감소했고, 경제 활력 회복을 위해 확장적 재정정책을 펴는 과정에서 부채가 다소 늘었다. 하지만 한국은 국제비교에서 매우 건전한 재정을 유지하고 있다. 재정건전성 비교 기준이 되는 **일반정부 부채**는 OECD 국가 중 5번째로 작고, 비금융공기업 부채를 포함한 **공공부문 부채**도 주요국에 비해 양호한 수준이다.

한국의 GDP 대비 공공부문 부채는 62.9%로 일본 271% 포르투갈 143% 캐나다 126% 영국 95% 호주 71% 등보다 낮다. 정부는 단기적으로 경제 살리기를 위해 확장적 재정정책의 여력이 있는 셈이다.

정부는 공공부문 부채 산출에서 **충당부채와 보증채무는 부채통계에 합산하지 않고, 기타 재정위험으로 분류하고 있다. 공무원 · 군**

3) 일반정부 부채와 공공부문 부채의 산출은 IMF 등 국제기구 공동으로 발표한 공공부문 부채 작성지침(PSDS)에 따라 발생주의 기준으로 작성됐다.

인의 연금충당부채와 퇴직수당충당부채는 각각 596조3000억 원, 31조5000억 원이다. **보증 채무는 146조2000억 원**이다. **공무원 · 군인의 연금충당부채와 퇴직수당충당부채 그리고 보증 채무를 합친 전체 규모**는 총 597조원에 이른다.

한국이 지고 있는 총 부채는 중앙정부와 지방정부, 비금융공기업의 부채를 합친 **공공부문 부채 총 898조7000억 원과 연금충당부채와 퇴직수당충당부채 및 보증 채무를 합친 전체 규모 총 597조 원**을 더하면 **1495조7000억 원**에 달한다. 따라서 **한국이 지고 있는 총 부채의 GDP 대비 비율**이 공공부문 부채 비율 62.9%에 **충당 및 보증부채를 합하면** 어림잡아 100%를 훌쩍 넘어선다.

한국 전체 부채 규모	1495조 7000억원
한국 공공부문 부채 규모	898조 7000억원
한국의 연금, 퇴직, 보증 채무 규모	597조원

6. 가계부채, 기업부채, 정부부채

가계와 기업, 정부의 금융부채가 4300조원을 넘어섰다. 경제성장에 따라 금융자산이 늘어나면서 부채도 함께 증가한 것이다. 세 경제주체의 금융자산 6061.5조원의 71%다. 가계는 소비가 늘어나면서 쌓아둔 돈의 규모가 줄었으며 기업은 매출부진에 따라 자금부족 규모가 더 확대됐다[서울=뉴스1 이훈철 기자, 2014.12.23].

금융부채는 기업, 가계, 정부를 구분 없이 모두 증가했다. 기업은 전분기보다 31조2000억원이 늘었으며 가계와 정부는 각각 23조6000억원, 2조2000억원으로 증가했다. 이는 금융자산이 늘어난데 따라 금융부채도 함께 증가한 것이다.

부문별로 **가계 및 비영리단체의 금융자산**이 54조6000억원 증가하며 가장 큰 증가폭을 보였으며 이어 **기업**(30조8000억원), **정부**(23조2000억원)의 순으로 나타났다.

가계, 기업, 정부의 자금조달 및 운영 면에서는 **가계의 경우 자금잉여 규모가 감소**했으며 **기업은 자금부족 규모가 확대**된 것으로 나타났다. **정부는 자금부족에서 자금잉여**로 전환됐으며 **국외의 경우 자금 부족 규모가 줄었다.**

한국은 과중한 부채에 시달리고 있는 모습은 분명한 것 같다. 빚에 발목 잡힌 경기가 정부 돈을 풀어도 좀처럼 살아나지 못한 요인이 되고 있다. 버는 것에 비해 빚이 많다 보니 그 무게에 눌려 정부의 경기부양책을 써도 약발이 들지 않고 있다.

모든 경제주체가 이고 있는 부채는 이미 국제기준의 임계치를 벗어났다. 특히 가계부채는 가처분소득 대비 비율이 160%를 넘고 증가 속도도 가파르다. 빚에 짓눌려 가계저축률은 세계 최저 수준으로 떨어졌다.

과중한 가계부채 탓으로 정부와 한국은행이 부동산금융 규제를 완화하고 기준금리를 역대 최저치인 연 2.00%까지 인하해도 소비와 투자가 좀처럼 늘지 않고 있다. 한국 경제가 부채 함정에 빠져들고 있다는 것이다.

가계와 기업, 국가를 포함한 전체 경제주체의 2013년 말 국내총생산(GDP) 대비 부채 비율은 세계경제포럼(WEF)의 채무부담 임계치보다 10~46%포인트 높다.

우리나라의 국가부채는 GDP 대비 34.3%로 양호한 편이다. 우리나라의 국가부채는 2013년 말 490조원이지만 공공기관 부채, 공무원·군인연금 충당 부채 등 국가가 책임져야 할 부채까지 합하면 1641조원으로 늘어나며 GDP 대비 114.9%로 급증한다. 국가부채에 공공기관 부채까지 포함한 전체 국가부채는 세계경제포럼 WEF 기준 임계치 90%을 넘는다[세계일보, 2014.10.28.].

가계부채는 2013년 말 1219조원으로 명목 GDP의 85.4% 수준이다. WEF 기준 임계치는 75%다. 기업부채도 1810조원으로 명목 GDP 대비 126.8%다. 세계경제포럼 WEF 기준 임계치는 80%를 넘어선다.

가계부채 문제가 인구 감소와 맞물려 저성장, 내수 부진, 주택경기 부진, 자산 가격 하락 등이 동시에 발생하면 장기침체로 이어질 수 있다. 실질소득의 정체와 가계대출 급증 등의 요인으로 가계저축률은 세계 최저 수준으로 떨어졌다.

가계순저축률(이하 가계저축률 · 가계저축을 가처분소득으로 나눈 것)은 2013년 4.5%로 1년 전 3.4%보다 1.1%포인트 높아졌다.

가계저축률은 2001년 이후 5%를 넘은 경우가 2004년(8.4%)과 2005년(6.5%) 두 차례뿐일 정도로 하향 추세를 보이고 있다. 2011년 기준 한국의 가계저축률은 3.4%로 OECD 평균인 5.3%에 훨씬 못 미친다.

시중엔 투자처를 찾지 못한 단기 부동자금이 처음으로 750조원을 돌파했다. 지난 8월 말 단기 부동자금은 757조4400억원가량으로 사상 최대를 기록했다. 단기 부동자금의 증가는 경기 부양책이 소비와 투자로 이어지지 않고 있다는 징표다[세계일보, 2014.10.28.].

7. 국가채무와 금리 및 환율

해마다 재정적자가 계속되고 있는 가운데 최근 역사상 유례없는 초저금리 기조가 이어지고 있다. 이러한 초저금리 기조 속에서 경제 살리기를 위한 추가 금리 인하로 인해 국고채 금리가 2015년 2분기에 사상 최저치를 기록하고 있다.

최근 몇 년간 중국과 한국 경제가 동조화 흐름을 보이고 있는 가운데 2015년 중국과 한국이 금리 인하 정책을 펴고 있다[서울=연합뉴스 윤선희 기자, 2014.11.13].

중국이 내년 지급준비율이나 기준금리를 내리면, 한국도 엔화에 대한 원화 강세에 따른 수출 경쟁력 약화를 대비하기 위해 기준금리를 1.75%로 내릴 가능성이 있다.

그러나 원-엔 환율은 2015년 연간 1,060원을 전망한다. 또한 2015년 한국은행이 기준금리를 내리면 국고채 금리도 사상 최저치로 추락할 것으로 관측한다.

국고채 금리는 이미 지난 4일 3년 물과 10년 물이 각각 2.08%, 2.63%로 사상 최저치 기록을 세웠다. 2015년 기준금리 인하를 단행하면 국채 금리도 내려갈 것이며 2015년 3년 만기와 10년 만기 국채금리는 각각 2.05%, 2.55%까지 하락할 것으로 전망한다.

8. 국가채무 논쟁

한 나라의 경제주체는 크게 공공경제주체와 민간경제주체 그리고 해외경제주체로 분류할 수 있다. 해외경제주체란 외국과 외국인, 외국기업 등을 모두 포함한 개념이다.

오늘날 국민경제는 개방경제의 길을 걷고 있다. 따라서 한 나라 경제는 해외경제와 상호의존 속에서 움직인다. 나라 경제는 해외경제주체와 각종 상품과 서비스를 거래한다.

한 나라 경제의 최종 경제적 성과는 경제주체의 경제활동 성과에 달려 있다. 국민경제의 활동이 풀이 죽어 있으면 공공기관이 나서서 민간경제의 활동을 돕는다. 오늘날 민간경제는 정부의 도움 없이 완벽하게 작동할 수 없는 게 현실이다.

일반적으로 국민경제의 원활한 활동을 위해 공공부문이 나서서 민간경제활동을 지원하고 조정한다. 정부의 지원과 조정을 담당한 재정수단은 재정지출과 재정수입이다. 정부의 재정지출은 재정수입이 뒷받침한다. 재정수입은 보통 조세수입이 가장 큰 비중을 차지한다. 재정지출은 소비성 공공지출과 공공투자지출로 크게 나눈다.

재정수입에 비해 재정지출이 많으면 국가부채가 발생한다. 국가부채는 정부수입에 비해 정부지출이 많은 경우에 생긴다. 다시 말해서 재정지출이 재정수입보다 많을 때 나타나는 재정적자는 국가부채를 유발한다. 국가부채는 국가채무 또는 정부부채 로 부르기도 한다.

국가부채가 구체적으로 나타나는 양상은 다양하다. 국가부채는 국공채발행, 중앙은행차입, 금융기관 차입, 해외 국공채발행 등으로 나타난다. 국가채무 행위는 국민경제 전반에 걸쳐 다방면에 영향을 미친다. 국가채무 행위의 변화는 경제의 여러 분야에서 수많은 시장과 실물경제 및 금융경제에 영향을 미친다.

국가채무의 변화는 재정수입과 재정지출, 각종 금융시장, 국내외 실물경제, 환율, 금리 등 각종 경제변수에 영향을 미치는 가운데 상호 밀접한 관련 속에서 움직인다. 채무 범위와 채무 현황, 중앙은행 차입, 국공채 국내발행, 국공채 해외발행 등 국가채무 형태와 정부의 국가채무 관리 등은 경제 전반에 영향을 미친다.

국가 재정지출 비중은 국내총생산 GDP에 대한 국가지출비중을 의미한다. 여기서 국가재정지출은 선진국의 경우, 연방, 주정부의 예산지출과 법적 사회시스템 지출을 포함된다. GDP 대비 재정지출 비율 Staatsquote은 (정부소비지출 + 정부투자지출 + 사회적 이전지출과 보조금 + 이자지출) / 국내총생산의 식으로 산출 한다.

재정지출 및 수입정책의 효과에 대해서는 치열한 논쟁이 대립하는 뜨거운 감자다. 국가채무의 증가로 유발된 조세삭감 정책은 소비지출을 증대시키고 저축 감소를 가져온다. 소비지출의 증대는 단기적으로 총수요의 증대를 통해 생산량과 고용을 증대시키지만 중장기적으로 자본과 소득을 감소시킨다.

리카디언 견해는 조세 삭감은 항상 소득을 증가시키지도 않고 국가채무를 미래조세로 간주하여 저축 증대를 유발하므로 소비지출의 증대를 가져오지 않는다고 주장한다. 재정적자의 효과에 대해 객관적인 측정 기준은 존재하지 않는다.

국가채무에 대한 어떤 측정 방법도 인플레이션 효과를 수정할 수 없고 또한 자산의 변화로 부채의 변화를 상쇄할 수 없으며 경기변동의 효과를 교정할 수 없다. **국가채무가 증가하더라도 지속적 안정적 성장으로 재정수입이 재정지출보다 빠른 속도로 늘어나면 문제될 것이 없다. 그러나 이러한 흐름이 담보되지 않으면 국가채무**

가 누적되면서 국민경제에 지속적으로 악영향을 끼친다. 국가채무는 당대에만 영향을 미치는 것이 아니라 후대에도 계속 영향을 미친다.

한국의 국가부채가 선진국에 비해 낮지만 기초체력과는 다른 경제체질(과다한 가계부채, 기업의 과다 부채, 취약한 금융 및 실물경제구조 등)의 관점에서 보면 안심할 수 없다. 한국의 국가채무는 특히 선거철이면 논쟁거리가 되는 정치적 문제로 등장한다.

국채발행을 중앙은행이 인수하거나 또는 정부가 중앙은행으로부터 직접 차입하는 채무행위는 통화를 추가 발행하는 효과를 가져온 것과 같은 효과를 유발한다. 이런 이유 때문에 구미선진국에서는 엄격히 제한하고 있다.

국채발행의 중앙은행 인수는 통화발행의 효과를 유발한다고 해서 정부채무의 통화화(monetization of government debt)로 이해한다. 중앙은행이 국채발행을 인수하면 통화량이 늘어날 것으로 민간인들은 기대하므로 인플레 기대가 물가상승으로 이어진다.

중앙은행의 금융정책이 정부의 통제를 받거나 정부대출에 대한 제도적 장치가 미흡한 경우, 기대인플레이션과 잠재인플레이션이 동시에 나타난다. 한국은행은 중앙정부의 영향력을 벗어나지 못한 탓으로 독립성이 취약하다고 평가할 수 있다. 따라서 한국은행의 정부의 국채발행 인수 행위는 각별히 경계해야 하는 중요한 과제이다.

국채발행이 민간인에 의해 흡수된 경우, 정부가 민간대부자금을 대신 수요하므로 민간인의 자금조달 기회를 축출한다. 가용 대부자금이 자금시장에서 샘물처럼 자생적으로 솟아난다면 국채발행은 민간투자를 구축하지 않을 수 있다. 추가 국채발행에도 불구하고 안정적 경제성장이 유지되면서 국가채무를 줄여주는 경제흐름을 보일 경우, 국채발행을 통한 국가채무증대는 국민경제에 긍정적인 효과를 가져 올 수 있다.

그러나 국채발행이 민간인이 쓰는 가용대부자금을 고갈시킬 경우, 국채발행은 구축효과를 유발하고 금리를 상승시킨다. 민간대부자금 원천이 더 이상 늘어날 수 없는 한계 상황에서 추가 국채발행이 계속 되면 추가 국채 발행이 증가하는 만큼 민간인의 회사채 발행을 축출하기 때문에 민간자금조달 여력을 위축시킨다.

과다한 국채발행은 채권의 공급파잉을 일으켜 시중금리를 상승시킨다. 국가부채가 과도하게 누적된 경우, 금융시장이 발달하지 못한 개발도상국과 후진국에서는 금융억압(financial repression)현상이 빈번히 일어날 수 있다.

정부는 재정적자를 쉽게 보전하고 이자부담을 완화하기 위하여 국공채 발행 시 시중금리보다 낮은 금리로 금융기관에 인수, 소화시키는 방식을 동원한다. 이러한 금융억압 행위는 매우 많은 재정적자 국가에서 빈번히 행해진다. 한국도 변칙적인 방법을 사용해 국고채를 민간인 매입을 통해 부동산과 자동차 구매 시 강제 판매하는 사례가 있다.

국가채무의 증대는 재정정책의 효율성을 떨어뜨리고 통화정책에도 많은 부담을 가중시킨다. 국가채무가 누적되면 이자지출이 늘어나고 재정지출구조를 경직적으로 만들면서 재정정책의 경기안정화 기능을 약화시킨다. 특히 경기 침체기에는 총수요 증대를 위한 재정지출을 늘리기 위해 재정적자를 지고 싶어도 경기침체로 인해 발생한 유휴 시중자금을 흡수하기 위한 국채 발행을 원활하게 이용하는 데 제약을 받게 된다.

국가채무는 정부의 채무관리정책의 일환으로서 넓은 의미의 재정정책에 속한다. 국가채무 부담이 과중하면 중앙은행 통화정책 운신의 폭과 정책적인 행동반경을 좁힌다. 이 같은 상황은 중앙은행의 좁아진 운신의 폭 때문에 물가관리를 어렵게 하고 더 나아가 중앙은행의 신뢰성과 독립성까지 훼손할 수 있다. 특히 경기 침체기에는 경기방어수단으로 통화정책을 활용해야 하는데 이 수단을 동원할 수 없는 궁지에 몰리게 된다.

국가채무가 누적되면 확대 재정정책 시에 통화긴축을 조금 완화하더라도 시차를 두고 기대인플레이션과 미래금리의 상승을 촉발시키는 계기가 될 수 있다. 방만한 국가채무 등 정부의 부실한 국채관리는 통화당국의 정책운용의 폭을 좁히고 경우에 따라서는 금리를 안정시키기 위해 통화조절을 할 수 없게 만든다. 중앙은행은 시의 적절히 경기를 조절할 수 없는 운신의 폭이 좁아지게 되어 정책선택의 제한을 받고 결과적으로 지속적 물가안정을 위협할 수 있다.

재정적자는 해외차입과 해외국채발행을 통해 조달할 수 있다. 이 방법은 국내시장에서 직접 구축효과를 유발하지 않는다는 이유로 자주 이용한다. 그러나 외국인에게 빚을 진 공적채무는 국내외환시장과 대외지불상환능력에 심대한 영향을 미친다. 따라서 후진국과 신흥국은 기축통화국과 달리 해외차입과 해외 국채발행 등의 국가채무 행위 시 각별한 주의가 요구되고 있다.

국가채무는 시차를 두고 미래 세대에게 과중한 부담으로 나타날 수 있고 만성적인 재정적자는 미발달한 금융시장에 심대한 영향을 미친다. 과중한 대외채무는 원리금 상환압박으로 외환보유 및 재정운용을 제약한다.

9. 명목가치로 표시된 국가채무는 인플레이션에 의해 부풀려진다.

재정적자는 명목가치금액으로 표시되므로 국가채무를 짊어진 기간 중 진행되는 인플레이션에 의해 부풀려진다. 재정적자는 실질가치로 나타낸 것이 아니라 명목가치로 나타내기 때문에 인플레이션만큼 부풀려지기 마련이다.

정부부채 잔고는 일정 시점에서 파악한 현재 스톡(stocks) 개념이기 때문에 기존의 정부부채에 인플레이션을 곱하여 산출된 가치만큼 부풀려진다. 예를 들면 특정 기간 동안 연간 물가상승률은 8.6%고 연초 국가채무는 4,950조원이라고 했을 경우, 연초 시점에서 파악한 국가채무 4,950조원 명목가치는 8.6%의 인플레이션만큼 부풀려진 금액으로 나타난다.

정부채무 4,950조원에 물가상승률 4.0% 라면 화폐금액으로 표시한 국가채무 즉 명목 국가채무 가치의 실제적인 채무가치는 정부부채 × 인플레이션 = 4,950조원 × 4% = 198조원이다.

반대로 정부부채 명목가치-인플레이션에 의해 부풀려진 금액 = 정부부채의 실질가치를 산출해 낼 수 있다. 즉 4,950조원 - 198조원 = 4752조원 → 198조원 / 4,950조원 = 0.04(4%)이 된다.

앞 식에서 볼 수 있는 바와 같이 명목가치(화폐가치)로 표시된 국가채무 4,950조원은 198조원만큼 부풀려진 가치로 표시된 것을 볼 수 있다. 다시 말해서 국가채무(D)는 인플레이션(π)만큼 부풀려 평가(ΔD/D)된다는 것이다. 이를 식으로 표현하면 국가채무 증가율은 인플레이션율과 같은 등식이 된 다; D × = ΔD → π = ΔD/D

10. 계산되지 않은 국가채무, 경기적 재정적자와 구조적 재정적자

계산 되지 않은 국가채무는 미 실현 국가채무라고 부른다. 일반적으로 국가채무는 실현된 정부채무만을 부채로 계산한다. 그러나 공무원, 군인 연금, 국민연금 등의 사회보장 관련 공공기관의 부채는 미 실현 잠재부채로 간주하면서도 국가채무에 포함하고 있고 전력회사, 수도공사 등의 공공기관 부채에서 발생하는 미래 부채는 정부재정지출의 중요한 부분임에도 불구하고 정부부채에 포함시키지 않고 있다. 이러한 국가채무는 현재 정부재정에 부담으로 나타나지 않지만 미래부채로서 언제든지 실현된 국가채무로 나타날 수 있다.

경기적 재정적자는 재정 균형 시 경기적 재정흑자로 나타난다. 다시 말해서 침체 시 나타난 경기적 재정적자는 호경기 시 경기적 재정흑자로 반전된다. 실제 국내총생산이 잠재생산과 같아지면 다

시 말해서 양자 간의 갭이 제로(0)가 되면 경기적 재정적자는 제로 (0)가 된다.

구조적 재정 적자(잠재적 국내총생산 대비)는 총 재정적자에서 경기적 재정적자를 뺀 수치로 나타낸다. 경기적 재정적자는 실제 국내총생산과 잠재총생산 규모 간의 갭에 재정수입지출(자동안정화 부분을 제거한 재정수입지출) 탄력성 격차를 곱한 수치이다. 경기적 및 구조적 재정적자의 구별은 채무 억제 규칙 또는 유럽연합의 재정 협약에 이용되고 있다.

국가채무의 주요 지표는 재정 위기 또는 위기상황을 진단하는 중요한 지표로 사용한다. 국가 채무지표 중 가장 중요한 지표는 국내총생산 대비 국가채무 비율(국가채무 비중)과 국내총생산 대비 신규 국가채무 비율이 있다.

다음 중요한 지표로는 신용조달 비중 과 원금 잔고, 이자지출-조세수입-비율, 이자지출-재정지출-비율, 적자비율 등이 있다.

추가 국가채무는 해당 년도 재정적자 시 발생한다. 재정지출이 재정수입을 초과하는 재정적자 시 국가채무는 늘어난다. 반면 재정흑자는 재정수입이 재정지출을 초과한 상태이다. 재정흑자는 국가가 이윤 획득을 의도하지 않기 때문에 이윤이라고 부르지 않는다. 재정흑자는 미래지출을 위한 적립금으로 비축한 형태로 나타난다.

총신용 조달은 재정균형을 목표로 조달할 때 사용한 채무이고 신규 신용조달은 구채무의 상환을 제하고 남은 총신용 조달에서 나타난 채무이다. 국가채무의 유형은 국내외 채권자 기준으로 국내채무와 해외채무, 자국 통화와 외국통화 기준, 기관별 채무 등으로 나눈다.

11. 국가채무의 한계에 대한 논쟁

국가채무의 한계에 대한 객관적 기준은 존재하지 않는다. 전문가들 사이에서도 국가채무의 한계에 대해 논란이 분분하다. 국가채무의 한계는 한 나라 경제 전체의 시각에서 논의하는 것이 바람직하다. 어느 수준이 국가채무의 적정 한계인가는 나라마다 경제구조와 체질이 다르고 국가채무의 통계파악과 제도적 장치가 다르기 때문에 모든 나라에 적용되는 보편타당한 적정 국가채무수준을 찾는 것이란 하늘의 별 따기 만큼이나 어렵다.

개발도상국(88개국)의 GDP 대비 국가채무비율(평균치)은 1983~1989년 중 63%였다[IMF, World Economic Outlook, 1990.5]. 멕시코 61%(1984~1987년), 인도 45.5%(1980~1985년), 터키 27.3%(1980~1987년), 태국 28.4%(1976~1986년), 브라질 12.5%(1983~1987), 한국 14.3%1975~1987), 주요 선진국의 국가채무비율(기간 중 평균)은 미국 41%~68%(1981~1995년), 영국

42%~48%(1981~1995년), 일본 48~57%(1981~1995년)이다.

한국의 국가채무비율(국가채무 및 보증채무 포함)은 1975~1997년 기간 중 11%~25%수준을 보였다. 1997년 말 현재 미국, 일본, 영국, 뉴질랜드 60%~72%(1975~1994년) 등 선진국의 국가채무비율은 50~70%대 수준이고 개발도상국은 싱가포르(71.5%)를 제외하고는 대체로 20~30% 수준이다[한국은행 통계월보].

선진국의 국가채무비율이 대체로 높은 것은 1,2차 세계대전을 치루면서 전비조달을 위해 국채를 대량 발행한데다 1970년대 석유파동에 따른 경기 부양용 확대 재정정책, 사회복지지출 증대가 계속됐기 때문이다.

한국은 선진국에 비하면 GDP대비 국가채무 비율이 상대적으로 낮은 편이다. 그러나 한국의 국가채무 통계는 한국경제 현실을 충분히 반영하지 못한 제도(공기업채무 및 연금 등의 미래채무 등 비포한)가 낳은 국가채무로 그의 비율이 낮게 나타나고 있다.

국가채무의 한계는 신흥국의 경우, 국가채무 외 가계부채와 기업부채 및 기초경제체질을 함께 고려한 국민경제 차원에서 접근해야 한다.

국가부채는 무한정으로 증가할 경우 대외적 국가신뢰가 붕괴될 수 있고 부작용이 굉장히 크다. 따라서 과중한 국가채무는 국민경제뿐만 아니라 국민들한테 부담을 가중시키므로 방치할 수 없다. 국가채무는 경제성장, 금리, 고용, 환율 등 다른 거시변수들과 적정 균형 상태를 유지하는 것이 바람직하다. 그렇다고 제로 국가채무를 지는 것도 바람직한 재정활동이 아니다.

소극적인 재정활동은 적극적인 국가 역할을 포기하는 것이기 때문에 올바른 정부행위로 정당화될 수 없다. 국가채무 수준이 국민경제에 심대하게 부정적인 영향을 미치지 않는 범위 안에서 적극적인 재정활동을 수행하는 바람직한 것이다.

선진국의 경우, 국가채무의 한계는 국민경제가 감당할 수 있는 수준을 고려하여 법률적 및 제도적 장치를 마련하고 일정한 준칙을 설정해 놓고 있다. 국가의 채무 행위는 나라마다 국민경제에 다양한 통로를 통해 심대하게 영향을 미치기 때문에 이를 고려하여 한도와 한계를 설정한다.

신흥국과 개발도상국의 국가채무 행위는 자국 경제에 심대한 영향을 미치는 수준을 넘어 자국과 거래관계를 맺는 타국에도 커다란 영향을 미친다. 미국, 유럽연합, 일본 등 기축통화국의 국가채무도 역시 적정 수준을 넘어서면 자국 경제뿐만 아니라 세계경제까지 대

형 쇼크를 초래하지만 영향의 강도는 개발도상국과 신흥국 경제보다 훨씬 크다.

과도한 국가채무는 경제정책적인 재정활동 폭을 좁히고 동시에 실물경제 및 금융경제에 막대한 영향을 광범위하게 미치기 때문에 국가채무의 한계는 나라마다 자국이 처한 경제형편과 경제구조에 따라 법률적 제도적 장치로 제한하고 준칙을 마련한다. 국가채무는 유형에 따라 형태별 국가채무의 한계를 설정하기도 한다. 특히 중앙정부의 중앙은행 차입은 엄격히 제한하는 것이 일반적인 경향이다.

국가채무와 관련된 논의에서 정치제도적인 차이를 주목할 필요가 있다. 대부분의 선진국은 주(또는 지방) 정부가 독립적인 재정활동 가진 연방국가 체제를 운영한다. 그러나 한국은 중앙집권적인 정치 체제 속에 독자적인 재정활동을 하는 정치 행정 시스템을 갖고 있다는 점이다.

현재 한국 정부의 중앙은행 차입은 무사해도 좋을 만큼 미미하다. 그러나 중앙은행 차입에도 편법이 동원되고 있는 경우가 있다는 것을 주목해야 한다. 중앙은행 차입의 국가채무 행위는 필요에 따라 수시로 바꾸는 것보다는 주어진 법과 제도를 엄격히 지키는 것이 중요하다.

유럽중앙은행은 중앙은행 차입을 금지하고 있다. 또한 유럽연합 회원국 중앙은행이 국채를 발행시장에서 직접 인수하지 못하도록 규정하고 있다. 이러한 규제는 미국도 마찬가지이다. 한국 정부의 중앙은행 차입도 무분별하게 이용되지 않도록 헌법의 차원에서 엄격히 규제할 필요가 있다.

국가채무는 구체적으로 어느 수준이 적정한 것일까? 국가채무는 경험적 위험 수위를 넘어서면 실물경제에 미치는 부정적인 영향에서 국가채무의 한계를 찾는다. 재정지출이 재정수입을 초과한 재정적자는 조세수입 또는 중앙은행차입, 국채발행을 통해 충당한다.

추가 국채발행은 시중금리의 상승을 압박한다. 실제로 금리 상승이 시장에서 현실화되면 민간투자를 위축시키게 된다. 다시 말해서 재정적자가 국채발행이라는 국가채무를 통해 시중금리를 상승시키면 이것이 기업의 투자활동을 위축시킬 수 있다.

한국의 경우, 종종 국가채무 증대와 금리상승간의 상관성이 없다는 실증분석이 있지만 이런 분석은 실증 분석의 틀이 부적합한 모형설정이거나 한국의 금융 및 실물경제의 파행적인 구조적인 요인에서 발생할 가능성이 높다.

국가채무의 한계는 국내총생산(GDP) 대비 국가채무 비율을 국제

비교를 통해 분석하기도 한다. 그러나 국내총생산(GDP) 대비 국가채무 비율에도 맹점이 들어 있다. 명목 국내총생산과 국가채무의 명목 가치가 물가상승률에 의해 부풀려질 수 있거나 오히려 과소평가 될 수도 있다. 국내총생산(GDP) 대비 국가채무 비율만 가지고 국가채무의 한계를 논하는 것도 제약이 있다.

전문가들은 우리나라의 경우, GDP대비 적정 재정적자 비율이 1.7%로 본다면 현재 2.9% 이기 때문에 비교적 높은 편이라고 진단하기도 한다. 주요 선진국의 경우, 과거 강력한 재정 건전화정책 fiscal consolidation 을 추진했던 시기, 명목 GDP대비 적정 재정적자 비율 및 국가채무비율은 미국 5.0%/44.7%(1985~1990년), 4.7%/66.9%(1993~1998년), 일본 5.7%/35.5%(1980~1987년), 영국 4.4%/35.5%(1986~1987년), 독일 2.6%/30.8%(1980~1985년), 덴마크 9.1%/67%(1983~1986년) 이었다[OECD, Economic Outlook, 1996.6].

그러나 이태리, 그리스, 벨기에의 명목 GDP대비 적정 재정적자 비율 및 국가채무비율은 높았다. 그리스 14.2%/11.7%(1994~1995년), 이태리 10.9%/106.4%(1991~1995년), 벨기에 7.1%/131.1%(1993~1995년)이었다[OECD, Economic Outlook, 1996.6].

미국은 국가부채가 GDP의 90% 이상이 되면 경제 성장이 둔화

될 수 있다고 주장한다. 국가부채가 국내총생산(GDP)의 80%를 넘으면 성장에 지장을 준다는 것이다. 따라서 미국의 국가부채는 경제를 훼손할 가능성이 높다[카르멘 라인하트와 케네스 로고프].

그러나 미국의 국가부채 수준은 일자리와 주택건설, 투자 등의 통계를 볼 때 이 같은 주장을 뒷받침하지 않는다고 반박한다. 미국 경제가 계속 성장한다면 부채위기를 맞지 않는다는 것이다[아시아경제 박희준 기자, 2013.3.23.].

국가부채가 일정 수준에 도달하면 경제에 악영향을 준다[부채의 티핑 포인트Tipping Point 이론]지만 경기침체에 대응해 지출을 늘린 뒤(확대재정지출정책) 3년 미국의 국가부채는 현재 16조7000억 달러로 GDP(15조8000억 달러)의 106%에 도달했음에도 불구하고 주요 경제지표들은 미국의 경제가 튼튼하다는 것을 보여주고 있다.

기업들은 금융위기가 발생한 2009년 말 이후 지출을 27%나 늘렸고 연간 주택 신축건수는 약 60%나 증가했다. 고용주들은 또한 약 600만 개의 일자리도 창출했다. 게다가 국채 이자도 사상 최저 수준이다. GDP 대비 국채 이자지급 비용 비율은 1.4%로 1989년 로널드 레이건 전 대통령이 백악관을 떠날 때의 절반 미만이다.

많은 국가부채가 미국 경제성장을 얼어붙게 한다는 증거를 발견

하지 못한 것이다. 유럽학자들은 국가부채비율이 115%를 넘어도 성장률이 증가한다고 주장한다. 미국 연방 준비제도 은행의 조지프 가농(Joseph Gagnon)은 로고프-라인하트의 90%는 근거가 박약한 숫자라고 말한다. 빌리는 돈의 통제권을 갖는 나라에는 이런 한계는 없다고 단언한다.

라인하트와 로고프는 구미 선진국과 같은 성숙경제의 경우, 국가부채가 GDP의 90%를 넘으면 평균 성장률이 1%포인트 낮아진다고 주장한다. 미국은 이미 2010년 90%를 넘었다. 지난 200년간 44개국의 통계를 인용해 높은 GDP대비 부채비율은 선진국과 신흥국 전부 낮은 성장결과와 연관이 있었다[라인하트와 로고프 2010년 논문].

국제기구도 국가부채가 GDP의 85%를 넘으면 경제의 발목을 잡는다고 주장한다. 부채비율이 90%를 넘으면 성장에 부정적인 영향을 미치며 선진국에서 GDP대비 부채비율이 10%포인트 오를 때마다 성장률은 매년 0.15%포인트 하락한다고 주장했다.

이는 2007년 이후 부채비율 증가에 따라 미국 경제는 2013년 성장률을 0.6%포인트 잠식당할 것임을 시사한다. 그러나 2013년 미국 경제성장률은 2.3~2.8% 사이를 유지했으며 GDP대비 부채비율이 성장을 잠식하지 않고 있음을 보여주고 있다. 이는 지난 3년 간 미국의 성장은 평균 2.2%로 1989년에서 2009년까지 20년 평균

2.5%보다 낮은 수준이다.

최근 경제 활기도 정부의 재정지출 삭감이나 봄철 슬럼프 경향으로 힘이 빠질 수 있다. 그러나 부채가 낮아지면 경제 확장 속도가 빨라질 것이란 것을 알 수 없고, 국가부채가 이자율을 높여 성장에 해를 가할 수 있다. 또한 미래 활동지표는 국가부채가 성장의 발목을 잡을 것이라는 우려를 반영하지 않고 있다. 주가는 사상 최고치에 근접했고 달러가치는 2009년 12월31일 이후 6% 이상 평가 절상됐다.

더욱이 미국이 2013년 예상되는 8450억 달러 규모의 재정적자를 메우기 위해 계속 차입을 하는데도 채권시장은 동요하지 않았다. 10년 물 국채 수익률은 1.91%로 안정적이다. 국제신용평가사인 스탠더드앤푸어스(S&P)가 미국의 국가신용등급을 강등시킨 2011년 8월5일보다 낮을 뿐 아니라 지난 25년 평균 이자율 보다 무려 5.3%포인트나 낮다.

또한 의회예산국(CBO)은 미국 GDP가 21조 달러에 이르는 2018년까지 이자지급액은 현 수준을 밑돌 것으로 전망한다. 종합적으로 볼 때 미국 국가부채가 성장을 둔화시키지 않고 있다고 결론지을 수 있다. 미국의 부채비율이 90%를 넘었기 때문에 위험지대에 진입했지만 일자리를 희생시키고 있다는 주장은 동의할 수 없다는 것이다[아시아경제 박희준 기자, 2013.3.23].

20개국(G20) 회의(2013년 7월 중순)에서는 정부부채를 줄이기 위한 목표치를 구체화했다. 공공부채를 국내총생산(GDP) 대비 90% 이하로 줄이는 것이다. 하지만 90% 목표치에 대한 각국의 입장은 다르다.

유럽연합(EU)은 조약상 공공부채 비율을 60% 이하로 제한하고 있다. 독일과 프랑스 등 주요 국가들의 공공 부채 비율은 90% 이내를 유지하고 있다. 유럽에게는 90% 제한 규정은 큰 부담으로 보지 않는다. 그러나 미국과 일본의 공공부채 비율은 90%를 웃돌고 있다. 특히 일본의 부채 비율은 200%를 넘고 있다는 점이다.

세계 경제가 직면한 위험 중 하나는 미국과 일본의 재정정책에 대한 신뢰 부족이라고 보고 있다. 특히 일본이 재정 · 통화 정책에 과도하게 의존하고 있고 구조 개혁에 진전을 이루지 못하고 있다고 지적한다. 미국의 부채 비율은 105% 수준이지만 90%가 큰 부담이 되지 않는 수준으로 보기 때문에 양적완화를 지속하는 입장에서 지나친 긴축만을 고수하지는 않을 것이다[아시아경제 박병희 기자, 013.6.30].

케네스 로고프 하버드대 교수는 국가부채가 많을 때 성장률이 낮아진다는 것은 역사가 증명한다. 정부 빚이 많아지면 경제성장을 가로막는다고 말한다. 그러나 경기 침체 때문에 국가 빚이 늘어나는 것뿐이기 때문에 과다한 국가채무가 경제성장을 방해한다는 인과관계의 설명은 잘못 읽고 있다는 것이 폴 크루그먼 프린스턴대 교수의 주장이다.

미국 · 독일 · 한국 등 20개 나라 국가부채 데이터와 성장률을 · 케네스 로고프의 분석 결과에 의하면 국내총생산(GDP) 대비 국가부채 비율이 90%가 넘으면 성장률이 가파르게 떨어졌다[로고프-라인하트 절벽]. 그러나 국가부채 비율이 90%를 넘어도 꾸준히 성장한 나라가 많았다.

미국 경제의 변화는 세계경제에 미치는 영향력이 크다. 이러한 관점에서 **미국의 재정위기는 부채 한도 조정보다는 엄청나게 늘어난 규모가 세계경제를 강타할 수 있다.** 미국은 세계 최대 경제대국이자 기축통화 국가이기 때문에 미국의 국가채무(재정적자)와 무역적자는 세계경제에 미치는 파장은 절대적이고 막강하다.

전문가들은 부채 한도 상향 조정 실패가 블랙 스완(Black Swan)이 아니라고 본다. 그러나 블랙 스완은 거의 일어나기 어렵지만 한 번 터지면 경제와 시장에 돌이키기 어려운 심각한 충격을 준다는 점이다.

부채 상한 조정과 관련한 기 싸움은 헛소동에 불과한 사이드 쇼일 뿐이다. 진짜 걱정은 미국의 채무 규모다. 백악관과 의회가 단기적으로 디폴트(채무 불이행)를 면할지 모르지만 엄청나게 불어난 연방준비제도(연준)의 보유 채권은 갈수록 통제 불능이 될 수 있다는 점이다[서울=연합뉴스, 선재규 기자, 2013.10.14].

미국의 재정적자와 관련해 화폐당국인 미 연준이 금융 위기 이후 경기 부양용으로 약 4조 달러의 유동성을 풀었다는 점이다. 이는 연준이 시장을 대대적으로 왜곡시킨 것이다. 이런 규모의 통화 시장 왜곡은 결국 신용 붕괴로 이어질 수 있다. 증시 호조에도 성장이 여전히 부진한 괴리를 보이는 상황에서 연준의 초완화 기조가 낙관론의 뒷심이 돼왔다.

연준이 경기 회복의 현을 일시적으로 튕기는 것뿐이며 어느 시점이 되면 더는 반응하지 않을 수 있다. 마냥 유동성을 풀 수 없는 것이다. 따라서 연준과 미국 정부가 파국을 막으려면 지출을 줄이는 것이 시급하다는 것이다.

미국 재정이 디폴트로 이어지면 시장이 '더는 지탱할 수 없는 채무 규모 자체에 눈을 돌리게 될 것이다. 이것은 시장에 커다란 파장을 유발한다. 따라서 단기적인 부채 상한 조정은 일시적이며 파국을 뒤로 미루는 것에 불과하다.

지금 필요한 것은 왜곡된 시스템 자체를 손질하는 것이다. 이대로 놔두면 블랙스완이 이번은 아니겠지만, 장차 더 무섭게 날개를 펼 수 있다는 점이다[서울=연합뉴스, 선재규 기자, 2013.10.14].

유럽연합(EU)은 프랑스와 이탈리아가 재정적자를 국내총생산(GDP) 대비 3% 이내로 제한해야 한다는 EU 규정을 지키지 못했다는 이유로 양국에 벌금을 부과할 필요는 없으며 국가 채무와 재정적자를 감축할 시간을 더 줄 필요가 있다고 결정했지만 벌금 부과가 오락가락했다[베를린=AP/뉴시스, 유세진 기자, 2014.12.08].

이런 가운데 독일 총리가 프랑스와 이탈리아에 대해 재정과 경제를 바로 잡기 위해 더 많은 노력을 기울여야만 한다고 압박했다. 프랑스와 이탈리아가 마련하고 있는 대책들은 충분치 않다는 것을 강조했다.

이에 대해 프랑스와 이탈리아는 독일이 자국 경제에만 관심을 갖고 있을 뿐 회원국들 경제에 대해서는 전혀 관심을 갖고 있지 않다며 강력히 반발했다.

프랑스는 지금은 독일 경제가 자국보다 더 낫지만 이는 10년 전 이뤄진 개혁 때문이며 독일 역시 인구 감소 등 여러 문제들을 안고 있기 때문에 앞으로는 프랑스가 독일보다 더 나아질 수도 있다고 주장했다.

국제 신용평가사 피치가 프랑스 국가신용등급을 기존 AA+에서 AA로 한 단계 강등했다. 다만 등급 전망은 '안정적(stable)' 단계를 유지했다. 강등 배경은 프랑스 국내총생산(GDP) 성장률이 하락할 것으로 보이고 정부 재정 강화 노력이 불확실하기 때문이다. 애초 예상했던 것보다 성장률 둔화가 더 심각해지고 재정적자가 커질 전망이다.

프랑스가 현재 **GDP 대비 4.3%인 재정적자 비율**을 2015년 4.1%로 낮추기로 했지만 이 같은 경제 전망을 바꾸기는 힘드는 것으로 평가하고 있다. 또 2014년 프랑스 경제성장률이 유로 존 평균에 미치지 못할 것이며 **프랑스의 GDP 대비 부채 비율이 2016년 98%를 거쳐 거의 100%까지 상승하다가 2020년께 94.9%로 다소 하락**할 것으로 전망한다[매일경제, 김덕식 기자, 2014.12.14]

국제유가가 계속 급락하면 산유국과 신흥국들의 경제 불안 우려한다. 특히 우크라이나와 그리스가 국가디폴트 확률이 가장 높은 것으로 나타났다. CDS(Credit Default Swap:신용부도스와프) 프리미엄 등을 근거로 산출한 국가디폴트 확률에서 우크라이나가 20.53%로 가장 높았다. 이어 몇 년째 금융 불안이 지속되고 있는 그리스가 17.17%로 두 번째 높았다[서울=연합뉴스 추승호 기자, 2015.1.8 / 블룸버그].

산유국인 베네수엘라는 유가급락의 영향으로 국가디폴트 확률 8.17%로 3번째를 차지했다. 이어 수단(7.16%)과 카자흐스탄(4.31%), 라트비아(4.20%), 파키스탄(3.86%)의 순이었다.

일반적으로 외환보유액 인정 통화권(Reserve Currency)의 경우 이점 때문에 CDS 프리미엄과 디폴트 확률 자체가 상대적으로 낮게 나타난다. 외환보유액 인정 통화권 국가 중에선 그리스에 이어 포르투갈(2.31%)과 이탈리아(2.07%), 아일랜드(1.47%)의 순으로 높았다. 하지만 유가급락으로 경제위기설이 고조되고 있는 러시아의 국가디폴트 확률은 0.14%에 그쳤다. 수치상으로만 보면 오스트리아(0.18%)나 네덜란드(0.16%)보다 낮은 수준이다.

이와 관련, 일각에선 러시아가 1990년대 말 **국가 모라토리엄(지불유예) 선언** 때에 비해 외환보유액이 확대됐고 단기부채 비율도 낮아졌기 때문이란 분석도 내놓고 있다.

한편, 산유국별 올해 재정균형을 달성할 수 있는 유가 수준을 보면 리비아가 배럴당 184달러로 가장 높았고 베네수엘라(151달러), 예멘(145달러), 알제리(131달러), 이란(131달러), 바레인(127달러), 러시아(107달러)의 순으로 나타났다. 재정균형 유가수준이 높을수록 유가하락에 따른 경제적 타격이 심할 수밖에 없다. 현재 국제 유가는 배럴당 40~50달러 선으로 떨어진 상태다[서울=연합뉴스 추승호 기자, 2015.1.8 / 블룸버그].

12. 정부예산제약과 국가채무관리

• 정부예산제약

모든 경제활동주체는 일정한 예산 제약 하에서 지출 행위를 한다. 정부도 예산 제약 속에서 지출 행위를 한다. 예산 제약을 받는 지출행위방식은 보통 재정수입 T 과 재정지출 G 로 표현한 예산제약 등식으로 나타내고 있다.

이 식은 정부수입(재정수입은 조세수입만 간주)에서 정부지출을 뺀 균형등식[T−G=0]으로 나타낸다. 이 식[T−G=0]은 균형예산등식이라고 부른다. 이 식에 따라서 재정적자는 [(T−G)〈0]의 부등식으로 나타내고 재정흑자는 [(T−G)〉0] 의 부등식으로 표현한다.

재정적자는 경기변동과 경제정책에 따라 증감 변동한다. 또한 재정적자는 시간의 흐름과 경제국면에 따라 증감 변동한다. 재정적자는 경기순환 요인 또는 경제구조적인 요인에서 발생하는 것이냐에 따라 구분한다. 이 구분방식은 국가채무 관리 방식과 방향에 크게 영향을 미친다.

재정적자는 순수하게 경기순환에 따라 나타난 부분을 파악할 필요가 있다. 이러한 재정적자의 파악은 경기 변동에 따른 요인을 고려해 조정한 재정적자(cyclically adjusted budget deficit, full-employment budget deficit) 규모를 산출함으로서 정확한 정부부채 규모를 파악할 수 있다.

국가채무를 해결하는 방법에서 경기순환을 고려한 조정 예산 적자와 완전고용에 부합한 예산 적자(full-employment budget deficit)구분하여 구조적 재정적자의 산출한다.

또한 국가채무는 정태적 방법과 동태적인 방법에서 접근할 수 있다. 국가채무 상황은 부등예산식 (T−G) 〈 0에서 재정적자 D 〉 0 또는 식 (G−T) 〉 0에서 출발한다. 여기서 재정적자는 곧 국가채무와 같고 각 변수에는 시간(time)변수를 고려한다. 식 (G−T) 〉 0의 부등식 양편에 국내총생산 GDP로 나누어보면 (G / GDP − T / GDP) 〉 (0 / GDP)으로 전환시킬 수 있다. 시간변수를 고려하면,

$(\frac{G}{GDP})t - (\frac{T}{GDP})t > 0$ 이면 재정적자는 계속되고 국가채무는 지속적으로 늘어난다.

상기 식에서 보면 시간이 흐르면서 GDP 대비 정부지출 비율이 GDP 대비 재정수입 비율보다 더 크게 증가하면 GDP 대비 국가채무 비율이 빠르게 증가할 수 있다. 특히 경기침체의 경우 경제성장이 정체 상태에 있게 되면 정부지출이 늘고 재정수입이 줄어드는 경우가 일반적이므로 재정적자가 증가하고 국가채무가 증대하게 된다. 중장기적으로 저성장이 계속되고 정부지출이 계속 증가하게 되면 재정적자가 쌓이면서 국가채무는 증가할 수밖에 없다.

시간을 명시적으로 반영한 동태적 관점(시계열)에서 파악할 경우, GDP 대비 국가채무비율은 다음과 같이 나타낼 수 있다. 국가채무(t) / GDP(t) = 재정적자(t) / GDP(t)은 [재정수입(t) / GDP(t) − 재정지출(t) / GDP(t)] 〈 0 경우에 계속 증가한다. **상기 식은 몇 가지 가정 하에서 변수들 간의 장기적인 추세 및 인과 관계를 다음과 같이 정리할 수 있다.**

첫째, GDP 대비 국가채무 비율은 국가채무의 개념 파악에 따라 달라진다. GDP 대비 국가채무 비율의 중장기 추세의 의미가 달라진다. 국가채무(t) 〉 GDP(t)의 경우, GDP 대비 국가채무 비율(t)의 상승 속도는 빠르다. 국가채무(t) 〈 잠재GDP(t)의 경우, GDP 대비 국가채무 비율(t)은 지속적으로 하락한다.

둘째, GDP 대비 재정수입 비율과 GDP 대비 재정지출 비율의 관계에서 조세수입과 준조세수입 및 비조세수입, 재정지출의 범위와 종류 문제 등에 주목한다. GDP 대비 재정수입 비율(t) 〉 GDP 대비 재정지출 비율(t)의 경우, 국가채무를 줄이고 재정흑자까지 기대할 수 있다. 그러나 GDP 대비 재정수입 비율(t) 〈 GDP 대비 재정지출 비율(t) 의 경우에는 재정적자가 늘어나고 국가채무를 계속 증대시킬 수 있다.

마지막으로, GDP 대비 조세수입 비율과 GDP 대비 교육 사회복지 관련 지출 비율에서 주목할 점은 특히 한국의 경우 조세 포탈과 지하경제에 재정수입 손실 부분과 국방비 지출과 정부투자지출에 따른 교육 사회복지 관련 지출의 축소 가능한 부분이다. 선진국은 전체 재정에서 가장 높은 비중을 차지하는 부분이 교육 사회복지 관련 지출이고 이 지출부분이 제2차 대전 이후 지속적으로 증가해 온 점이다.

우리는 상기 식을 통해 한국의 중장기 재정 상태를 점검할 수 있고 한국재정의 장기 과제들을 부각시킬 수 있다. 국가채무는 각국의 경제구조적인 배경이 다른 점을 고려해 비교 분석할 수 있다.

• 국가부채관리방법

국가부채 관리는 3가지 방법이 있다. 그 중 하나는 미국, 영국, 일본, 유럽연합 등의 기축통화국가의 국가채무관리방식이다. 국가채무 관리는 인플레이션을 통해 부채의 실질가치를 떨어뜨리는 방법으로 국가부채를 해결하는 방법이 있다. 두 번째 국가채무 관리방법은 국민연금과 금융기관 등 기관투자기관에 낮은 금리로 국채를 매입 소화시키는 방법이 있다.

아일랜드는 특별 장기국채를 연금펀드에 매각하여 소화시켰다. 일본국채는 민간가계의 저축자금을 통해 가계의 재산 형성수단으로 흡수되었고 일부는 해외 기관에 의해 소화되었다.

세 번째 국가채무관리 방법은 정부부채를 줄이기 위해 재정 긴축방식이 있다. 이 방식은 세수입 범위 내에서 재정지출을 하는 방법이다. 이 방법이 실행되려면, 국민들이 많은 고통을 감수해야 한다. 또한 국가부채를 감소시키는데 오랜 시간이 걸린다. 이 방법은 그 효과가 불확실한 점도 단점이다. 지출예산을 짜야하는 정치적인 절차도 거쳐야 하고 시간도 소요된다.

자본주의 시장경제에 위기가 발생하면 국가재정에 부담을 유발한다. 나라마다 자본주의 시장경제의 발달 정도에 따라 경제구조와 수준은 다르다. **탄탄한 국민경제는 재정 부담을 일으키는 초대형 손실 기업과 금융기관들이 스스로 부채규모를 감당할 수 있기 때문에 거대한 재정지출이 소요되는 재정위기를 사전에 막을 수 있다. 또한 발생하더라도 심각한 재정위기로 확산되지 않고 재정긴축을 통해 단계적으로 해결할 수 있다.** 재정긴축을 선택한 정부는 세율을 올리거나 짠돌이 정부가 되어야 한다.

마지막으로 재정적자를 통화발행을 통해 조달할 수 있다. 이 방식은 일반적으로 인플레이션을 유발하고 실질금리를 하락시킨다. 통화증발로 유발된 물가상승은 더 나아가서 자국 상품의 수출가격을 높이고 외국상품의 수입가격을 떨어뜨리므로 경상수지적자를 가져오며, 동시에 국내금리의 하락은 규제 자본을 해외로 유출시키게 되어 자본수지 역시 적자가 된다. 그 결과 국제수지적자 확대는 환율의 상승을 초래하게 된다. 결국 재정적자의 재원이 통화 발행에 의해 조달되면 물가상승과 실질금리 하락(명목금리상승) 및 환율 상승을 압박한다.

이와 같은 파급과정을 보기 위해 국가채무 관리 방식을 개방 국민소득계정 항등식을 통해 살펴 볼 수 있다. 국민경제모형으로서 예산제약식과 국제수지균형조건식을 고려한 개방경제의 흐름을 분석해 본다. 예산제약등식은 $G - T = \Delta M + \Delta B$ 으로 나타내고 국제수지균형조건식은 $Ex - Im + Km - Kx = \Delta R$ 으로 표현한다. 여기서 예산제약등식은 정부지출 – 조세수입 = 통화발행분 + 국채발행분으로 나타낸다.

국제수지균형조건식은 수출 – 수입 + 자본유입 – 자본유출 = 외화보유를 나타내고 있다. 정부예산제약 등식 G – T = ΔM + ΔB 에서 재정적자의 발생 시에는 재정적자 분만큼 추가 통화발행(ΔM)이나 추가 본드발행(ΔB)을 통해 조달될 수 있다.

국제수지균형조건식 Ex – Im + Km – Kx = ΔR 에서 국제수지는 경상수지(Ex - Im)와 자본수지(Kx = Km - Kx)로 구성된다. 국제수지균형조건식의 우측 항목 (ΔR)은 국제수지의 흑자가 발생한 경우에 외화유입으로서 중앙은행의 추가 외화보유 증대(ΔR)를 가져온다.

중앙은행의 외화보유 증대는 동시에 시중 통화량을 증대시킬 경우에는 ΔR = ΔM (외화보유 증가 = 통화량 증가)으로 나타낼 수 있다. 국민경제에서 일반적으로 금융흐름은 실물경제의 흐름보다 더 빠르게 이동하므로 소국 개방경제의 국내외자본이동이 자유로우면 국내금리는 해외금리 수준에 따라 신속하게 적응하여 동일한 수준에 이르게 될 것이다. 다시 말해서 국내외 금리의 재정에 의해 즉시 자본수지균형이 달성될 수 있다.

환율, 금리, 국가채무의 상호의존 관계에서 살펴보자. 정부의 재정적자는 통화발행이나 조세 징수 또는 국채발행을 통해 조달한다.

재정적자의 재원이 통화발행을 통해 조달되면 일반적으로 인플레이션을 유발하고 실질금리를 하락시킨다. 통화증발로 유발된 물가상승은 더 나아가서 자국 상품의 수출가격을 높이고 외국상품의 수입가격을 떨어뜨리므로 경상수지 적자를 가져오고 동시에 국채발행과 인플레 등의 요인으로 발생하는 국내금리의 하락은 규제 자본을 해외로 유출시키게 되어 자본수지 역시 적자가 된다.

그 결과 국제수지적자 확대는 환율 상승을 초래하게 된다. 결국 재정적자의 재원이 통화 발행에 의해 조달되면 물가상승과 실질금리 하락(명목금리상승) 및 환율 상승을 초래한다는 것이다.

이것은 개방경제의 국민소득계정 항등식을 통해 살펴 볼 수 있다. 먼저 다음과 같은 예산제약식과 국제수지균형조건식에서 출발해 보자. 등식 $G - T = \Delta M$ 은 예산제약식이다. G는 정부지출, T는 조세수입, ΔM는 통화량 발행을 의미한다. 식 $Ex - Im + Km - Kx = \Delta R$ 은 국제수지균형조건식이다. Ex은 수출, Im은 수입, Km은 자본수입, Kx은 자본수출, ΔR은 외화보유량의 변화를 의미한다. 정부예산제약식에서 재정적자는 통화발행(ΔM)을 통해 조달되는 것을 의미한다.

국제수지균형조건식에서 국제수지는 경상수지와 자본수지로 구성된다. 국제수지균형조건식의 우측 항목은 국제수지의 흑자에서 발생한 외화유입은 중앙은행의 외화보유 증대(ΔR)를 유발한다. 중앙은행의 외화보유 증대는 동시에 시중 통화량을 증대시킨다.

소국 개방경제에서 국내외자본이동이 자유로우면 국내금리는 해외금리 수준에 따라 신속하게 적응한다. 다시 말해서 국내외 금리재정에 의해 즉시 자본수지균형이 달성될 수 있다.

다음 예산제약식과 국제수지균형조건식에서 경상수지와 재정수지에 집중하기 위해 자본수지를 무시하면 다음과 같은 식 G - T = Im - Ex으로 나타낸다. 국민소득계정 상기 식에서 재정적자[(G - T) 〈 0] 시 통화 발행이건 또는 국채 발행이건 상관없이 재정수지 적자는 무역수지 적자[(Im - Ex)〈0]에 의해 상쇄되어야 항등식이 성립한다.

상기 식에서 재정수지 불균형은 경상수지 불균형이 되어야 항등관계가 성립한다. 다음은 국제수지균형조건식과 연결하기 위해 대부자금이론을 살펴본다. 대부자금이론에 의하면 대부자금수요의 원천은 정부투자와 민간투자 및 자본수출이다. 반면 대부자금의 공급원천은 공공저축과 민간저축 및 자본수입이다. 총 저축은 이자율에 증가함수이고 총 투자는 이자율에 감소함수다.

대부자금 공급 원천 : 총저축 = 공공저축 + 민간저축 + 금융기관 저축 +자본수입

대부자금 수요 원천 : 총투자 = 공공투자 + 민간투자 + 자본수출

자본 수입 = 국내인의 해외현금 차입 + 내국인의 외국 증권 매입

자본 수출 = 외국인의 해외현금 차입 + 외국인의 국내 증권 매입

개방경제의 재정적자를 모두 국채발행을 통해 조달된다면 어떠한 사태가 발생할까. 앞서 본 국제수지균형조건 Ex − Im + Km − Kx = 0에서 출발하자. 자본과 상품이 자유롭게 유입과 출입이 일어나는 경우 국내 통화량은 더 이상 외생변수가 될 수 없다. 통화량은 경상수지 및 자본수지의 변동에 의해 증감 변동하므로 내생변수로 취급된다. 그러나 장기적인 균형조건에서는 통화량 변동이 일어나지 않는다.

재정적자 발생 시 정부의 대부자금 수요는 본드 발행을 통해 민간인에게 매각 흡수시킨다. 이 경우, 국내금리는 주어진 외국금리에 비해 상대적으로 높이 상승한다. 그러나 국내본드의 발행을 외국인의 매입을 통해 흡수시키면 외국자본이 국내로 유입된다.

이러한 자본 유입은 자본수지 흑자를 유발하므로 항등 조건을 유지하기 위해서는 경상수지 적자가 되어야 한다. 즉 자본수지 흑자 = 무역수지 적자 또는 자본수지 흑자 − 경상수지 적자 = 0 의 조

건에서 경상수지 적자 즉 (Ex - Im) 〈 0 인 경우, 반드시 자본수지 흑자를 유발하는 자본 유입 (Kx - Km) 〉 0이 되어야 균형이 성립한다.

재정적자 발생으로 정부의 대부자금수요가 본드발행으로 보전되면 국내금리를 상승시킨다. 금리 상승은 투자를 위축시켜 국민소득이 단기적으로 감소할 수 있다. 그러나 재정적자의 발생 시 정부의 대부자금수요를 외국인의 국내채권 매입을 통해 흡수시킨다면 경제에 어떠한 파급을 미칠까.

정부의 대부자금수요를 해외자금 도입으로 조달되면 자본 유입을 가져올 것이고 이것은 외화보유를 증대시킨다. 여기서 외국인의 국내채권 매입을 통해 이루어지므로 국내 통화량 증대를 초래한다. 통화량 증대는 금리를 하락시키고 금리 하락은 국내투자수요를 촉진할 수 있다. 동시에 통화량 증대가 물가 상승을 초래할 수 있다.

13. 국가채무는 국공채 형태가 대부분이다.

채무를 진 정부란 중앙정부, 중앙정부 산하 공공기관 그리고 지방정부와 지방정부 산하 공공기관 등을 모두 포함할 수 있지만, 국가채무의 파급효과를 분석하기 위한 국가채무는 이론모형에서 국공채 발행과 중앙은행 차입으로 한정한다. 국공채 발행과 중앙은행 차입은 공공부채의 증대 변화를 유발하면서 통화수요와 공급의 변화를 유발하는 등 금융시장 전반에 영향을 미친다.

정부부채의 효과는 여러 이론으로 설명한다. 고전학파에 따르면 정부부채의 증대로 파생되는 조세삭감은 소비지출을 증대시키고 총저축을 감소시키며 저축 감소는 이자율 상승시켜 민간투자를 축출한다. 여기서 실물투자에 미치는 장기적 효과에 주목하면서 국가채무의 증가는 실물투자의 감소를 유발함으로서 결국 낮은 생산을 가져온다. 낮은 생산량은 최적수준보다 낮은 자본축적에서 산출하는 것이고 동시에 낮은 소비수준을 가져오기 때문에 경제적 후생을 줄인다. 그러나 후기 케인스 학파는 조세삭감은 소비지출을 증대시키고 이것이 총수요 증대를 통해 생산량과 고용을 증대시키는 실물효과를 발휘한다.

고전학파의 개방모형에서는 확대 재정정책이 저축 감소를 가져오고 이것이 무역적자를 초래한다. 이 경우 해외에서 들어오는 자본유입으로 자본축적에 대한 확대 재정정책의 효과를 완화시키지만 대외채무 부담을 가중시키는 악순환을 가져온다.

이는 결국 자국 통화의 가치 절상을 가져와 수출품 가격 상승을 초래함으로서 가격 경쟁력을 떨어뜨리고 상대적으로 외국상품 수입을 늘리는 부작용을 초래한다. 국가채무를 수반한 재정정책은 순수출 감소를 일으키고 이는 생산량 감소와 실업 증대를 가져오는 부정적인 효과를 낳는다[개방 IS-LM모형].

리카도 등가 학설(Ricardian View of Government Debt)은 재정적자의 재원조달이 조세수입으로 조달되든 국공채 발행으로 조달되든 조달 방식에 상관없이 경제에 미치는 효과(총수요 변화)는 동일하다는 학설이다. 합리적인 민간인들은 정부차입을 미래의 과세부과로 간주한다. 현재의 공공채무에 대해 합리적인 경제주체들이 미래의 조세 부담으로 간주하여 현재지출을 줄이고 대신 현재저축을 늘려 미래의 조세징수에 대비한다는 것이다.

합리적인 민간인들은 미래조세에 대비하기 위해 현재소비를 줄이고 현재저축(미래소비로 연장)을 증대시킨다. 이렇게 늘어난 미래소비 증가(현재저축 증가)는 대부자금 공급을 증대시키는 것으로 이어진다.

대부자금 공급의 증대는 금리 상승을 억제하거나 떨어뜨린다. 당대의 국채 발행은 현재 세대가 미래의 조세부담을 고려하여 당대저축을 증가시키는데 이는 미래세대에게 부(wealth)의 상속으로 이어진다. 따라서 국가채무의 증대는 긍정적인 효과를 유발한다고 보는 것이다.

14. 국가채무의 파급 효과

재정적자와 국가채무의 누적이 경제에 미치는 파급 효과는 채권시장의 수요공급을 통해 설명하기도 한다. 국공채 발행을 국내시장에서 국내인에게 소화시키는 경우와 중앙은행 매입으로 소화시키는 경우 및 해외시장에서 소화하는 경우로 나누어 볼 수 있다.

재정적자 보전용 국채발행은 금융시장에 직접 영향을 미친다. 추가 국채발행을 통해 유발된 국채시장 금리 변동은 대부자금시장, 회사채시장, 주식시장, 부동산시장 등을 모두 동시에 변동시킨다.

시장금리는 금융시장의 흡수 능력과 미래금리에 대한 예상 ,화폐자산, 회사채, 주식, 부동산 등 자산과의 경쟁재 또는 보완재 관계에 따라 움직인다. 재정적자 누적으로 계속 국채발행이 지속되면서 미래의 재정상황도 더욱 악화될 것으로 전망되면 국채발행 공급은 공급물량 압박을 유발하고 현재 채권가격을 계속 하락시키거나 하락 가능성을 부추기면서 금리를 지속적으로 상승시키거나 상승압박을 일으킨다.

소위 샘물이론에 의하면 대부자금의 샘물이 소진되지 않고 지속적으로 솟아나오는 경제적 조건에서 국공채 발행이 공급되면 민간의 채권발행을 위축시키지 않고 시중금리의 상승도 유발하지 않으면서 민간시장에 의해 흡수될 수 있다. 이와 같이 국공채 발행의 효과는 일반 경제상황과 금융시장 및 기존의 국가채무 규모 등에 영향을 받는다.

한국의 경우, 국공채 발행은 크게 금융기관의 흡수 능력에 의존하고 있다. 일반적으로 채권수요는 기관수요, 금리부담과 경제상황이 결정적으로 작용한다.

케인스의 기대효과 가설에 의하면 과다한 재정지출과 재정적자의 누적은 미래경제에 대한 신뢰(confidence)와 기대(expectation)에 부정적인 영향을 미친다고 본다. 정부지출 확대가 민간인들의 신뢰에 나쁘게 영향을 미지게 되기 때문에 민간인들은 유동성을 선호거나 민간기업의 자본의 한계효율을 떨어뜨린다는 것이다.

이와 같은 효과는 추가 정부지출은 일시적으로 총수요를 증가시키지만 한편 추가 공공지출에 대한 비관적인 기대 또는 신뢰 부족을 유발하므로 총수요 창출을 상쇄하는 정부지출의 최종효과는 전혀 나타나지 않는다고 보는 것이다.

나이트 가설은 국가채무 증대는 시중금리를 상승시키고 투자를 위축시킨다는 가설이다. 이 가설은 금리가 실물투자와 긴밀한 관계를 갖고 있다는 사실을 전제한다. 그러나 나이트는 실물투자의 수익률은 감소하지 않는다는 색다른 주장을 한다. 신규투자는 기존의 자본스톡 규모에 비해 상대적으로 작기 때문에 신규 실물투자규모는 작은 기존 자본스톡의 수익률에 영향을 미칠 수 없다. 따라서 신규투자의 수익률이 감소한다고 말할 수 없다는 것이다.

실물투자는 이자율에 대해 거의 완전한 탄력성을 가지는 것으로 나타난다. 또한 실물투자는 연구개발 등 지식투자와 함께 일어난다고 보면 자본의 한계생산물 체감도 기술진보에 의해 상쇄될 수 있다고 보는 것이다.

따라서 거시적 실물투자는 자본의 수익률에 대해 거의 일정 수준에서 수평선을 가진다는 것이다. 결론적으로 정부의 신규투자는 현상을 그대로 유지될 만큼 미미하기 때문에 실물효과는 없다는 것이다.

합리적 가설과 데니슨 법칙은 재정활동을 기업의 경제행위와 동일한 시각에서 보고 초합리성가설을 주장한다(Paul David와 John

Scadding). 이 가설은 기업과 정부를 동일하게 취급하는 점과 민간 가계의 초합리성에 바탕을 두고 있다.

이 가설 하에서 정부지출이 추가로 증가하면 그만큼 똑같은 금액의 민간지출이 감소한다고 주장한다. 정부지출과 민간지출은 완전 대체관계에 있는 것이다. 따라서 민간인이 정부지출 증대를 인식하면 그 액수만큼 민간지출을 줄인다는 논리이다.

이러한 효과를 사전적 구축효과(ex ante crowding out)라고 부른다. 이러한 주장의 근거는 재정적자의 현저한 변화에도 불구하고 총저축률이 일정하다는 경험적 사실에서 찾고 있다. 총저축률이 일정하다는 사실은 민간채무와 정부채무가 서로 완전한 대체관계에 있다는 것을 암시한 것이다. 1달러 추가 재정적자는 1달러 민간투자지출로 완전히 대체된다는 것이다. 이것은 재정적자 조달을 국가투자로 간주하고 민간투자와 완전한 대체관계로 보는 것이다.

이와 비슷하게 조세수입에 의한 정부지출도 민간소비와 완전한 대체관계로 취급하고 있다. 결론적으로 말해서 조세로 조달한 정부지출은 민간소비와 완전히 대체되고 국채발행은 민간의 채권발행과 완전히 대체되기 때문에 어떠한 방식으로 재원이 조달되든 재정지출이 총수요에 미치는 효과는 전혀 없다는 것이다.

15. 한국 재정 살펴보기

(1) 장기 재정 전망

국내총생산 대비 국가채무비율은 국민연금 등 4대 공적연금의 적립금이 2060년 모두 고갈되면서 2013년 37%에서 2060년 105%로 치솟는다. 현재 일본(217%) 캐나다(111%) 영국(91%) 등 주요 선진국보다는 낮지만 안심할 수 없다[국민일보, 세종=이종상 기자, 2014.11.06/정부; 2013~2060년 장기 재정전망]. 통합재정수지는 2012년 GDP 대비 0.9% 흑자에서 2060년 마이너스 9.5%로 악화된다.

국민연금 재정수지는 지난해 GDP 대비 2.51% 흑자에서 2060년에는 4.12% 적자로 돌아서며 적립금이 고갈된다. 사학연금 역시 2031년 바닥을 드러낸다. 이미 고갈된 공무원연금과 군인연금은 나랏돈으로 충당되는 적자보전액이 2012년 각각 1조 9000억원, 1조4000억원에서 2060년에는 63조원, 15조 3000억원이 된다.

2012년 도입된 기초연금 지출 역시 고령인구 확대로 현재 GDP 대비 0.32% 수준에서 2060년 2.39%로 8배 가까이 확대된다.

(2) 정부 살림살이 훑어보기

정부의 살림살이는 예산을 통해 엿볼 수 있다. 한국 정부의 2015년 예산안은 2014년보다 20조 2천억원(5.7%) 늘어난 **376조원**으로 편성됐다. 증가율은 금융위기 이후 최고치다. 2015년 **재정적자는 33조원을, 국가채무는 570조원**으로 전망된다[세종=연합뉴스 이상원 기자, 2014.9.18].

예산안은 경기 부양을 위한 정책 의지를 반영했다. **예산은 경제 활성화, 안전, 서민 생활 안정** 등에 집중적으로 지원한다. 비정규직의 정규직 전환금 지급과 실업기간에 국민연금 보험료 지원 등 **비정규직 · 실업자 · 저임금직 생활안정 지원 제도**가 2015년 예산안에 반영됐다.

비정규직 고용안정과 처우 개선을 위해 중소 · 중견기업 사업주가 비정규직 근로자를 정규직으로 전환하고 나서 정규직과의 임금 차별 해소를 위해 임금을 올리면 인상분의 50%(월 최대 60만원)를 1년간 주는 정규직 전환 지원금 제도를 시행한다.

실업급여 수급자에 대해서는 실업 기간에 국민연금 보험료의 75%를 지원하는 실업크레딧제도가 실시된다. 2015년 7월에 도입되는 중소기업 퇴직연금기금에 가입하는 사업장의 저소득근로자를 대상으로 퇴직연금 사업주부담금(10%)을 지원하고 자산 운용수수료 50%를 보조해준다. 저소득근로자는 30인 이하 사업장의 월소득 140만원 미만 근로자다.

보건과 노동을 포함한 복지가 115조5천억 원으로 올해보다 8.5% 늘어나고 비중은 30.7%에 달한다. 복지 중 일자리 예산은 7.6% 증가한 14조3천억 원이다. 안전예산은 14조6천억원이 편성돼 올해보다 17.9% 늘어났다.

창조경제 관련 예산은 8조3천억원으로 17.1% 늘어난다. **사회간접자본(SOC), 농림 · 수산 · 식품, 환경 예산**도 3.0~4.0% 늘렸다.

공무원 보수 (봉급 + 수당)는 2015년 평균 3.8% 인상한다. 공무원 보수는 2011년 이후 5년째 오르고 있으며 내년 3.8%는 2011년 이후 최대 인상폭이다.

중소기업과 소상공인 관련 예산안은 1조1000억 원이 늘었다. 우선 중소기업의 원활한 자금 조달을 위해 융자 · 보증 · 투자 등 **정책금융을 97조원**으로 5조원 늘렸다. **기술혁신 형 중소 · 중견기업에**

대한 연구개발투자는 1조원 수준(9918억원)까지 높이고 **고용 창출력이 우수한 가젤 형 기업 500개를 선정, 3350억원의 신규예산을 투입**해 융자와 수출 마케팅을 결합해 글로벌 중견기업으로 키운다 [아시아경제 이경호 기자, 2018.9.18].

소상공인과 자영업자를 위한 정책자금 지원규모는 1조5000억원 확대됐다. 5000억원을 투입해 20%대인 민간의 고금리 채무를 7%대의 저금리로 전환해주는 **대환대출을 지원한**다. 이를 통해 1만 4000명의 소상공인 이자부담이 연간 500만 원 정도 줄어들 전망이다. 교육 → 창업체험 → 전담멘토링 → 정책자금을 원스톱으로 지원하는 **소상공인 사관학교**는 전국 5개 지역에 설치하고 경쟁력이 약화된 **소상공인 1만 명은 임금근로자로의 전환을 지원해줄 예정**이다.

이 외에도 **수도권 기업의 지방이전이나 신·증설에 대한 지원규모**(1026억 → 1258억원)를 늘리고 **청년층과 혁신기업이 모여들 수 있도록 260억 원 규모의 산단 혁신 펀드**(기업지원시설 및 근로자 편의시설 확충)를 조성한다. **서민층 노후가스시설 개선과 농어촌 소형LPG저장탱크 보급, 에너지 바우처 도입 등 저소득층 에너지 안전망**도 확충된다.

공공 사회간접자본 투자도 확대됐다. 2015년도 국토교통부 예산안은 2014년도 20조9000억 원보다 약 1조8000억 원 증액된 **22조**

7000억 원으로 편성됐다. 도로 · 철도 등 사회간접자본(SOC)시설에 21조4000억원을 투자하고, 사회복지 분야에도 1조1000억 원을 투입한다. 경기부양을 위해 SOC 지출을 확대한다[세종=뉴시스 서상준 기자, 2014.9.18].

도로 · 철도 · 주거급여 등 총 98개의 국정과제 및 지역공약 사업에 총 7조9000억원을 지원(2014년 6조3000억원)하고, 용산~문산 복선전철, 경부고속철도(대전~대구 도심구간), 성산~담양 고속도로(88고속도로 확장), 교통안전 시범도시 등 사업을 2015년 말까지 완료한다.

이 중 민자 도로 건설에 1조7472억원, 일반철도 건설에 3조9507억원을 투입한다. 사고 위험도가 높은 시설 및 지역 등에 대한 안전투자(4조68억원)도 대폭 강화한다. 2015년부터는 도시철도 스크린도어 설치(675억원) 및 내진보강(227억원)에도 신규로 지원한다. 아울러 내진설계가 반영되지 못한 서울 도시철도 1~4호선에 대한 내진보강 사업을 조속히 완료(2018년)하기 위해 예산을 지원한다. 싱크홀 문제에 대처하고, 도로굴착 등에 의한 대형 사고를 방지하기 위해 지반침하 예방을 위한 R&D 사업(42억원)도 추진한다.

기초생활보장제도의 개편에 따라 2015년도 새로운 주거급여 시행을 위해 예산 1조1000억원이 편성됐다. 따라서 2015년에는 주거급여 시행 대상가구가 소득 인정액이 중위소득 43%이하로 확대(73만 → 97만명)되고, 월평균 급여액도 9만원에서 11만원으로 늘어나게 된다. 구도심 · 주택가 등 주차난이 심각한 지역에 공영주차장 · 노상 무인주차기 등을 설치하고, 개별주차장의 주차정보를 실시간 제공하는 시스템을 구축하는 주차환경개선사업(221억원)도 신규 추진한다.

또한 ▲2018년 평창동계올림픽(1조3537억원), ▲2015년 세계물 포럼(44억원) ▲원주~강릉 철도건설 9200억원 ▲국도 6호선 · 59호선 2316억원 ▲제2영동 민자 고속도로 605억원 ▲동홍천~양양 고속도로 건설 1416억원 ▲산단 진입도로 길이 및 차로수 하향 조정(100만㎡ 미만의 산단 3㎞ → 2㎞, 2~4차로 → 2차로), 2+1 차로의 도입 등을 지원한다[세종=뉴시스 서상준 기자, 2014.9.18].

(3) 세입 세출

정부 예산은 세입과 세출로 나뉜다. 정부는 2015년 국세 세입예산안에서 국민과 기업들로부터 걷는 세금 규모를 221조5000억 원으로 전망했다. 2014년보다 5조1000억원 증가한 규모다. 세목별로 보면 법인세는 2014년보다 겨우 0.1% 많아진다.

반면 소득세와 개별소비세는 급증할 전망이다. 특히 담뱃값 인상에 따른 개별소비세 증가액은 1조원 잡혔다. 세금을 내는 근로자들의 소득세도 올해보다 5.7% 더 걷힐 전망이다. 실제 내년 국세와 지방세를 합친 금액을 추계인구로 나눈 1인당 세부담은 557만 1000원으로 관측된다.

문제는 기업보다 국민 세부담이 커지고 있는 점이다. 2012년 45조9000억원이던 법인세 수입은 지난해 43조9000억원으로 오히려 줄었다. 2014년에도 당초 46조원 예상했지만 44조원 정도로 낮춰 잡았다. 2012년부터 2014년까지 매년 우리 경제가 2.3%, 3.0%, 3.7%(잠정치) 성장했는데 법인세는 감소하고 있다. 반면 소득세와 개별소비세는 같은 기간 성장률과 비슷하게 증가했다[국민일보, 이성규 기자, 2014.9.19].

세입 세출에서 볼 수 있는 바와 같이 재정지출을 늘리는 바람에 재정건전성은 일시적으로 악화될 것으로 보인다. **2015년 총수입은 382조7천억 원으로 3.6% 증가할 전망이다.** 이런 증가율은 2013~2017년 국가재정운용계획의 6.2%보다는 낮다. 정부는 2015년 물가 상승률 2%, 실질 경제 성장률 4%, 경상 성장률 6%를 전제로 예측했다.

관리 재정수지 적자는 33조6천억 원으로 2014년 25조5천억 원보다 증가하고 **국가채무**도 570조1천억 원으로 2014의 527조원보다 늘어난다. **2015년 국내총생산(GDP) 대비 재정수지 비율은**

-2.1%로 2010년의 -2.4% 이후 5년 만에 최악을 기록할 것으로 예상되고 GDP 대비 국가채무비율은 35.7%로 전망한다. 정부는 관리재정수지 적자가 2015년을 정점으로 2016년 30조9천억원, 2017년 24조원, 2018년 18조1천억원 등으로 줄어들 것으로 예측했다. 현 정부 임기 내에 균형 재정 달성은 어려워 보인다.

정부는 확대 재정지출에 따른 경기 회복과 강도 높은 재정 개혁에 힘입어 중장기 재정건전성을 회복할 수 있다고 낙관한다. 정부는 스포츠 토토 수익금과 마사회 특별적립금을 국민체육진흥기금, 축산발전기금 수입으로 편입하고 국립대 기성회비를 내년부터 폐지, 수업료로 전환하는 한편 국립대 운영경비를 지원하는 세출사업을 신설하는 등 재정개혁을 추진하기로 했다[세종=연합뉴스 이상원 기자, 2014.9.18].

장기적인 성장정책의 관점에서도 조세정책은 거듭 실패하고 있다. 최근 4년과 2015년까지 5년 동안 국세 중 법인세의 비중은 2.5% 포인트 떨어지는 반면 소득세 비중은 4% 포인트 넘게 오를 전망이다[국민일보, 김경택 임지훈 기자 2014.9.20].

소득세의 경우 근로소득세 등을 서민 · 중산층이 주로 낸다는 점을 감안하면 기업이 덜 낸 세금에 대한 부담을 국민이 대신 짊어지고 있는 셈이다. 소득세, 법인세, 부가가치세 중 부가세가 전체 국세에서 차지하는 비중은 큰 변화가 없었지만 법인세와 소득세는 이 같은 추세를 보였다[국세통계연보와 기획재정부의 2015년 국세 세입예산안 등의 분석 결과/ 세종 이두걸 기자 서울신문, 2014.9.23].

2011년 국세 수입 중 법인세의 비중은 23.3%, 2012년 22.6%, 2013년 21.7%로 대폭 하락했다. 이명박 정부 때 시행된 법인세 인하 효과가 2011년부터 나타난 결과다. 법인세 비중은 올해 21.2%에 이어 내년에는 20.8%까지 떨어질 것으로 추산했다.

반면 2011년 소득세가 국세에서 차지하는 비율은 21.9%, 2013년 23.7%, 내년에는 26.0%까지 상승할 것으로 정부는 내다보고 있다.

정부는 세수확보를 위해서 사활을 걸고 있지만 2010년 이후 올 6월까지 받지 못한 세금이 36조7662억원에 달한다. 해당 연도에 결국 받지 못한 세금인 정리보류(결손처분) 세금이 2010년에 7조6772억원, 2011년 7조 8804억원 2012년8조7965억원, 지난해 7조7592억원, 올 들어 6월까지 4조6529억원에 이른다[강석훈 새누리당 의원; 국세청 제출 자료].

국세 체납 상황 역시 매우 심각하다. 해당 기간 연도별 총 징수 결정액 가운데 체납액은 평균 11%를 웃돌았다. 연도별로는 2010

년 체납액 22조(징수결정액 188조), 2011년 23조(징수결정액 205조), 2012년 25조(징수결정액 216조), 지난해 25조(징수결정액 219조)에 이른다[머니투데이 박용규 기자, 2014.9.29]. 세목별로는 소득세 체납액이 지난해 2조993억 원으로 가장 많았다. 상속 및 증여세도 3000억원 수준을 오르내려 비중이 컸다.4)

(4) 세수 결손 확대

올해도 예산상의 국세 수입보다 세금이 덜 걷히면 세수결손은 사상 처음으로 4년 연속 이어진다[세종=연합뉴스 이상원 김승욱 차지연 기자, 2015.1.11]. 올해 세수 결손이 3조원을 넘을 것으로 전망한다. 올해 경상성장률 5.6%를 전제로 올해 국세수입을 218조2천억원으로 예측했지만 올해 예산상의 국세수입 221조1천억원을 고려하면 3조원 정도의 세수 결손이 발생한다는 의미다.

이런 전망이 현실화되면 한국은 2012년(−2조8천억원)과 2013년(−8조5천억원)에 이어 지난해와 올해까지 4년 연속 세수 결손을 기록하게 된다.

지난해 세수 결손이 최근 3년간 평균 세수 진도비를 적용하면 최소 15조원 이상 예상한다. 세수 부족 등으로 지난해 재정 불용액도

4) 체납액 중 정리보류(결손처분)는 납세자가 재산이나 소득이 없어 세금을 사실상 세금을 걷을 수 없는 경우에 국세청이 잠정적으로 세금납부를 유예하는 것을 말한다.

전년의 18조1천억원보다 늘어난 22조원에 달할 것으로 예측한다.

지난해 세수 결손 규모가 늘어나면 올해 세수 결손 가능성은 더 커진다. 2015년 세수는 2014년 실적 전망치를 바탕으로 실질성장률과 물가 상승률을 감안한 경상성장률 등을 고려해 추산됐기 때문이다.

예산상 올해 세수 전망치는 221조1천억원으로 예산상의 지난해 세수 216조5천억원보다 2.1% 많다. 정부의 추산대로 지난해 10조원의 결손이 발생한다면 실제 세수 실적은 206조5천억원이 되고 올해 세수 전망치는 지난해보다 7.1% 많아진다.

정부가 전망한 3.8%의 올해 성장률로 세수를 7% 이상 늘리기는 쉽지 않다. 더구나 정부의 성장률 전망치는 3%대 중반인 다른 기관보다 높아 달성에 어렵다는 평가다[세종=연합뉴스 이상원 김승욱 차지연 기자, 2015.1.11].

16. 국채 발행 잔액 500조원에도 부진한 경제성장

국채는 대표적인 국가채무의 한 형태이다. 국채발행을 통해 조달된 재정자금이 재정지출로 나가면 국민소득이 늘어나면서 재정수입이 재정지출을 앞질러 증가해 가는 경우, 국가채무 행위는 정당성을 확보할 수 있다. 그러나 이런 상황이 악화되면 국가채무는 더욱 악화되기 마련이고 오히려 경제성장을 옥죄는 요인으로 작용한다.

최근 2~3년에 걸쳐 정부는 경기부양 목적으로 적극적인 확장적인 재정정책을 집행하였다. 계속 이어진 확대 재정정책으로 2014년 국채 발행 잔액이 사상 처음으로 500조원을 넘어섰다. 500조원에 이른 국가부채는 재정 건전성을 일부 훼손하더라도 경기부양에 나선 적극적인 재정정책이 빚은 결과다.

그러나 정부는 국채 누적을 통해 안정적 성장을 가져 오지 못한

체 다음의 미래 세대에 빚을 떠넘기는 행위만을 반복하고 있다[세종=연합뉴스 박용주 차지연 기자, 2014.9.30/ 기획재정부/통계청].

정부는 2015년 예산안을 편성하면서 2015년 말 국채발행 잔액을 539조9천억원으로 전망했다. 이는 올해 말 국채 발행 잔액 전망치인 494조7천억원보다 45조2천억원 늘어난 수치로, 내년 국채 발행 잔액이 500조원을 넘어선다는 이야기이다. 이는 2004년의 178조7천억원에 비하면 11년 만에 국채 발행 규모가 3배 이상으로 불어난 것이다.

정부는 2016년 국채 발행 잔액이 586조7천억원, 2017년 632조3천억원, 2018년에는 666조5천억원으로 점차 늘어날 것으로 전망한다. 국채 순증 발행 규모에서도 2015년은 사상 최대로 기록될 전망이다. 정부는 내년에 114조2천억원 상당의 국채를 발행하고 69조원 어치를 상환, 총 45조2천억원을 순증할 것으로 관측했다.

2004년에서 2005년까지 국채 발행 잔액이 178조7천억원에서 223조8천억원으로 45조1천억원 늘어난 적이 있으나 증가 규모가 내년 수준에는 미치지 못했다. 국채 순증 규모로 보면 내년에 이어 2016년에 46조8천억 원으로 다시 한 번 사상 최고치를 경신할 것으로 분석되고 있다.

국가가 세입 부족을 벌충하기 위해 발행하는 일반회계 적자보전 국채(이하 적자국채) 잔액은 올해 말에 200조6천억원으로 200조원을 처음으로 넘어선 후 내년에는 233조7천억원으로 늘어날 것으로 전망한다.[5)]

적자국채 순발행액은 올해 27조7천억원, 내년 33조1천억원, 내년 37조6천억원으로 가파른 증가세를 기록한 이후 2017년이 돼서야 둔화 국면으로 들어설 것으로 관측하고 있다.

국채 발행 물량이 늘어나는 가운데 **3년, 5년 등 중기물 비중은 여전히 50% 이상 수준**으로 유지되면서 내년 국고채 만기 도래액은 51조9천억원에 달하는 것으로 집계됐다. 국고채 만기 도래액은 2016년 61조1천억 원으로 사상 최고치에서 점차 감소할 것으로 전망되고 있다

이토록 정부 부채가 급증하는 것은 재정지출은 꾸준히 증가해 온 반면 세수입은 장기 침체로 인해 경제성장를 따라잡지 못하고 있는데다, 국고채 발행량이 늘어나면서 만기가 특정 시기로 집중되는 상황을 빚고 있기 때문이다.

---

5) 적자국채는 세출이 조세 및 기타 경상수입을 초과할 때 부족분을 메우기 위해 발행된다.

17. 정부, 공공기관, 가계 부채 모두 2천조 원

한국의 국가채무는 2014년 527조원에 이를 전망이다. 가계 빚은 2014년 6월 말 1천40조원에 이른다. 여기에 공공기관 부채까지 합치면 그야말로 천정부지로 치솟는다.

2013년 일반정부 부채에 비금융공기업까지 포함한 공공부문 부채는 2012년 GDP 대비 59.6%인 821조1천억 원이 된다. **정부와 공공기관, 가계의 부채를 합산하면 1천860조원에 달한다.**

공공부문 부채는 2012년 기준인데, 2년 새 정부 부채가 80조원가량 늘어난 것을 고려하면 이 수치도 **나라 전체 부채가 2천조 원에 육박할 수 있다.**

더 큰 문제는 앞으로도 빚이 눈덩이처럼 불어날 것으로 보인다는 점이다. 정부의 2014~2018년 국가채무 전망을 보면, 이 기간의

국가채무 증가율은 연평균 7.8% 정도다. 최근 **한국의 경제성장률이 2~3%대에 머물렀던 것**과 비교하면 매우 가파르다. **올해 하반기와 내년 경기가 회복해 성장률이 4%대까지 올라간다고 해도 여전히 국가채무 증가율의 절반 수준**이다. 세입 증가율도 마찬가지다.

국세수입은 2014~2018년간 연평균 5.9% 증가할 것으로 예상되고 있다. **곳간이 차는 속도보다 빚이 늘어나는 속도가 더 빠른 것이다.** 한국의 국가채무 수준이 다른 나라와 비해 높은 것은 아니지만, 국가채무 통계에 포함되지 않은 공공기관 부채를 함께 고려하면 안심할 수 없다.

국가채무의 질도 문제다. 2014년과 2015년 전망을 비교해보면 전체 국가채무 증가분 중 70% 이상이 **적자성 채무**인데다 **증가 속도도 전체 국가채무보다 적자성 채무가 빠르다.** 국가채무 중 금융성 채무는 융자금이나 외화자산 등 채무에 대응하는 자산이 있어 따로 채무 상환을 위한 자금 조성이 필요하지 않지만, 적자성 채무는 결국 국민 세금으로 갚아야 하는 빚이다.

한국의 국가부채는 다른 나라와 비교하면 부채 수준이 낮지만, 증가 속도와 숨겨진 부채가 문제다. 해외의존도 및 대기업의존도가 높은 한국의 부채 규모가 선진국 수준으로 높아지면 경제 붕괴를 맞을 수 있다.

2014년도 예산안은 1년 단기로 적자예산을 편성해 경기 활성화로 경제를 본궤도로 올리려는 목적이었다. 그러나 내수 부양을 위한 정부 지출이 일상적으로 이어지면 재정에 무리가 갈 수 있다. 재정적자가 늘어나고 국가부채가 증가하는 행로를 걷기 마련이다.

한국은 앞으로 고령화에 따라 복지 수요가 늘어나고 복지 관련 지출이 계속 늘어날 수밖에 없는 상황에서 재정건전성이 훼손되기 시작하면 위험하다. 특히 대외 의존도가 높은 한국 경제 특성상 재정건전성이 나빠져 대외신인도가 하락하면 외국인 보유 자금이 급속히 유출되면 경제 전체가 큰 타격을 입힌다. 가계부채도 이대로 방치할 경우, 금융기관 부실로 퍼지면 경제시스템을 마비시킬 수 있다.

가계부채도 심각하다. 올해 6월 말 기준 가계부채가 1년 전보다 6.2% 늘어난 반면, 비슷한 기간의 명목 국내총생산(GDP) 증가율은 4.2%에 그쳤다. 국민총소득(GNI)에서 해외로 무상 송금한 금액을 빼고 무상으로 받은 금액을 더해 실제 국민이 사용할 수 있는 소득을 의미하는 명목 국민총처분 가능소득도 같은 기간 4.1% 늘었다. 빚은 빠르게 늘고 있는데 소득 증가율은 그 속도를 따라잡지 못하고 있다.

따라서 향후 늘어날 복지지출을 감당하면서 재정건전성을 지키려면 증세가 필요하다. 담뱃세, 주민세 인상 등 서민들에게 부담을 전가하는 역재분배 정책은 성장을 위해서도 바람직하지 않다. 임대소득과 금융 양도소득 등 소득세 과세를 강화하고 법인세 세율을 올리는 것이 정도이다[세종=연합뉴스 이상원 박용주 차지연 기자, 2014.9.22].

(1) 국가채무 500조원

2013년 말 국가채무가 489조8천억 원으로[현금주의 계산 방식] 국내총생산(GDP) 대비 34.3% 수준이다. 항목별로 보면 중앙정부 채무는 464조원으로 1년 전보다 38조9천억원 늘었다.

일반회계 적자보전(24조3천억원), 외평기금 예탁규모 증가(18조원)에 따른 국고채권 증가 등이 원인이다. 지방정부 순채무는 25조7천억원으로, 7조7천억원 증가했다. 한편, 올해 1~7월 누적 국세수입은 124조4천억원으로 지난해 같은 기간보다 1조8천억원 늘었다[세종=연합뉴스 차지연 기자, 2014.9.23/ 기획재정부 발표 9월 재정동향].

그러나 진도율은 57.5%로, 작년 동기의 결산 기준 진도율(60.7%)보다 3.2%포인트 낮았다. 작년 동기에 견줘 소득세가 3조6천억원, 부가가치세가 1천억원 각각 증가했지만 관세는 8천억원, 법인세는 4천억원, 교통세는 2천억원이 각각 감소했다.

2014년 1~7월 누적 총수입은 209조5천억원, 총지출은 218조5천억원으로 통합재정수지 적자 규모는 9조1천억원이었고 관리재정수지 적자는 31조1천억원에 달했다. 7월 말 기준 중앙정부 채무는 503조3천억원으로 지난달보다 8조6천억원 늘었다. 올해 주요 관리대상사업 299조4천억원 중 8월 말까지 집행된 금액은 209조1천억원으로, 연간 계획 대비 69.9%가 집행된 것으로 집계됐다

(2) 적자성 국가채무 300조원

국가채무에서 적자성 국가채무가 2015년에 300조원을 넘어설 전망이다. 적자성 국가채무는 국민 세금으로 갚아야 하는 국가채무다. 적자성 국가채무는 오는 2018년 400조원에 달하고 국가채무에서 차지하는 비중도 지속적으로 늘어나 2018년에는 58%에 육박할 것으로 예상됐다[세종=연합뉴스 이상원 박용주 차지연 기자, 2014.9.22].

2015년 국가채무는 570조1천억원으로 2014년(전망치)보다 43조1천억원(8.2%) 늘어나고 국가채무 중 적자성 채무는 314조2천억원으로 31조5천억원(11.1%) 증가할 것으로 추산됐다. 적자성 국가채무가 전체 국가채무 증가분 중 70% 이상을 차지하고 늘어나는 속도도 전체 국가채무보다 빠르다.

국가채무는 금융성 채무와 적자성 채무로 구분된다. 금융성 채무

는 융자금이나 외화자산 등 채무에 대응하는 자산이 있어 상환을 위해 별도의 재원 조성이 필요하지 않다. 하지만 적자성 채무는 대응 자산이 없어 국민 세금으로 갚아야 한다. 현재 세대가 상환하지 못하면 미래 세대가 갚아야 한다.

2014년 282조7천억원을 기록할 것으로 보이는 적자성 국가채무는 2015년 300조원을 넘어서고 2016년 349조6천억원, 2017년 378조6천억원으로 늘어나 2018년에는 400조2천억원에 달할 것으로 전망됐다.

2014년부터 2018년까지 4년 동안 적자성 국가채무가 117조5천억 원 늘어나는 것이다. **적자성 국가채무**는 세입이 세출에 미치지 못해 발생하는 **일반회계 적자 증가**에 따른 것이다. 일반회계 적자 보전 규모는 매년 늘어나 올해 200조6천억원에서 2018년 325조9천억원으로 증가할 것으로 추산됐다.

정부가 2014년 추산한 2014년부터 2017년까지 적자성 국가채무는 지난해에 전망한 수치보다 더 늘어났다. 적자성 국가채무가 정부의 예측보다 더 빠른 속도로 악화되고 있다는 의미다. 2013년 추산에 따르면 적자성 국가채무는 2014년 274조1천억원, 2015년 294조7천억원, 2016년 312조8천억원, 2017년 328조6천억원으로 전망됐다.

국가채무에서 적자성 채무가 차지하는 비중도 확대될 것으로 예측됐다. 2013년 사상 처음 50%를 넘어선 적자성 채무 비중은 올해 53.6%, 2015년 55.1%, 2016년 56.8%, 2017년 57.4%, 2018년 57.9%로 상승할 것으로 정부는 예상했다.

전체 국가채무는 올해 527조원에서 2018년 691조6천억원으로 늘어날 것으로 전망됐고 국내총생산(GDP) 대비 국가채무 비율은 올해 35.1%에서 2017년(36.7%)까지 계속 올라가지만 2018년(36.3%) 하락할 것으로 예측됐다.

(3) 정부 이자지출 급증

국채 및 지자체와 교육청별 지방채 발행, 공공기관 부채, 통화안정증권 발행에 따라 2015년 한 해에 지급해야 할 이자비용이 모두 38조5천51억원이다. 국민 1인당 이자비용은 해당 비용을 내년 추계인구인 5천60만 명으로 나누면 1인당 76만원 꼴이다[세종=연합뉴스 차지연 기자, 2014.10.16].

세부 항목별로 보면, 국채 등 **국가채무로 인한 이자비용**은 2015년 예산안 기준으로 22조8천억 원이다. **지자체의 지방채 등에 대한 이자비용**은 2014년 예산안 기준 8천714억 원이며, **교육청별 지방채 등의 이자비용**은 2013년 결산 기준 991억 원이다.

한국전력공사와 한국도로공사 등 18개 주요 공공기관을 기준으로 한 **공공기관 부채 관련 이자비용**은 2013년 결산 기준 9조8천346억 원 정도다. **한국은행의 통화안정증권 발행에 따른 이자비용**도 2013년 결산 기준으로 4조9천억 원에 이른다.

국가채무뿐 아니라 **정부의 투자 · 출자나 재정지원으로 설립 · 운영되는 공공기관의 적자, 180조원에 달하는 통화안정증권 발행 잔액에 대한 이자, 지자체와 교육청별 지방채 발행 이자비용** 등은 모두 국민 부담으로 전가되고 있다[세종=연합뉴스 차지연 기자, 2014.10.16].

이자비용은 국민의 부담으로 바로 직결되며 최종적으로 모두 국민 주머니에서 나오는 돈으로 충당된다. 모든 이자비용은 최종적으로 모두 민간가계에 큰 부담으로 떠넘기게 된다. 늘어나는 공공기관 부채는 가계의 소비 의욕을 죽이고 이자부담 가중으로 공공기관의 투자활동의 제약을 가져와 경제성장의 발목을 잡을 수 있다. 한국경제가 특히 2000년대 들어와 저성장에 빠지는 배경도 그동안 쌓아온 국가채무의 누적과 과중한 이자부담이 작용한 요인이 부분적으로 작용하고 있다고 볼 수 있다.

18. 주요국가의 재정 엿보기

금융위기 이후 허리띠를 바짝 졸라맸던 선진국들의 재정여력이 커지면서 재정긴축의 시대가 끝나갈 조짐을 보이고 있다. 중앙은행들이 유동성 회수를 고민하는 시점에서 정부재정을 통해 그 충격을 완화할 수 있다면 경제성장률을 올릴 수 있을 것이라는 전망이 나온다[서울경제, 2013.12.06/블룸버그/IMF 통계].

선진7개국(G7)의 국내총생산(GDP) 대비 근본적자(primary deficit) 비율이 지난 2010년 5.1%에서 2014년에는 1.2%로 크게 줄어들 것으로 전망한다.[6]

다음은 주요 국가 별 국가재정지출 비중을 나타내고 있다.

---

6) 근본적자란 재정적자에서 국채이자 비용을 제한 것으로 순수한 의미의 재정적자를 의미한다.

국가	2001	2002	2003	2004	2005	2006	2007	2008
벨기에	51,1	49,3	52,1	48,6	48,4	50,1	54,1	52,8
덴마크	55,3	55,1	52,6	51,5	50,8	51,9	58,3	58,2
독일	47,6	48,1	48,5	47,1	46,8	45,4	43,7	43,7
핀란드	50,0	50,3	50,0	48,9	47,2	49,3	55,8	54,4
프랑스	53,4	53,2	53,3	52,7	52,3	52,8	56,0	56,2
그리스	49,2	49,8	43,8	44,9	46,2	49,1	53,2	51,0
영국	42,8	43,1	44,1	44,2	43,9	47,5	51,7	45,5
아일랜드	33,5	34,0	34,0	34,5	36,8	42,7	48,9	42,8
이탈리아	48,3	47,8	48,1	48,7	47,9	48,9	51,9	51,0
룩셈부르크	42,3	43,1	41,5	38,6	36,2	36,9	42,2	43,8
네덜란드	47,1	46,3	44,8	45,5	45,2	46,0	51,4	50,1
오스트리아	51,1	50,3	50,1	49,3	48,3	48,7	52,3	51,5
포르투갈	45,8	46,7	45,8	44,5	43,7	43,5	48,1	46,7
스웨덴	58,2	56,7	53,6	52,6	50,9	51,5	54,6	49,2
스위스	35,0	36,3	37,9	37,5	37,2	35,4	34,2	32,5
스페인	38,2	38,8	38,4	38,4	39,2	41,3	45,8	42,7
일본	38,4	36,0	35,8	36,4				
미국	36,6	36,5	37,4	38,6	43,2			

다음은 OECD 회원국 중심으로 주요 국가별 재정수입비중 Abgabenquote 을 비교하고 있다.

국가	1975	1985	1990	1995	2000	2005	2006
멕시코	—	17,9	17,3	16,7	18,5	19,9	20,6
터키	11,9	11,5	14,9	16,8	24,2	24,3	24,5
일본	20,9	27,4	29,1	26,8	27,0	27,4	27,9
미국	25,6	25,6	27,3	27,9	29,9	27,3	28,0
한국	15,1	16,4	18,9	19,4	23,6	25,5	26,8
스위스	23,9	25,5	25,8	27,7	30,0	29,2	29,6
슬로바키아	—	—	—	—	33,8	31,8	29,8
호주	25,8	28,3	28,5	28,8	31,1	30,8	30,6
그리스	19,4	25,5	26,2	28,9	34,1	31,3	31,3
아일랜드	28,7	34,6	33,1	32,5	31,7	30,6	31,9
캐나다	32,0	32,5	35,9	35,6	35,6	33,4	33,3
폴란드	—	—	—	36,2	31,6	33,9	32,5

뉴질랜드	28,5	31,1	37,4	36,6	33,6	37,5	36,8
독일	34,3	36,1	34,8	37,2	37,2	34,8	35,6
체코	—	—	—	37,5	35,3	37,5	36,9
포르투갈	19,7	25,2	27,7	31,7	34,1	34,7	35,7
영국	35,2	37,6	36,1	34,5	37,1	36,3	37,1
룩셈부르크	32,8	39,5	35,7	37,1	39,1	37,8	35,9
스페인	18,4	27,6	32,5	32,1	34,2	35,8	36,6
네덜란드	40,7	42,4	42,9	41,5	39,7	38,8	39,3
헝가리	—	—	—	41,3	38,0	37,2	37,1
아이슬란드	30,0	28,2	30,9	31,2	37,2	40,7	41,5
오스트리아	36,7	40,9	39,6	41,2	42,6	42,1	41,7
핀란드	36,5	39,7	43,5	45,7	47,2	43,9	43,5
이탈리아	25,4	33,6	37,8	40,1	42,3	40,9	42,1
노르웨이	39,2	42,6	41,0	40,9	42,6	43,5	43,6
프랑스	35,4	42,8	42,0	42,9	44,4	43,9	44,2
벨기에	39,5	44,4	42,0	43,6	44,8	44,8	44,5
스웨덴	41,3	47,2	52,2	47,5	51,8	49,5	49,1
덴마크	38,4	46,1	46,5	48,8	49,4	50,7	49,1
OECD-평균	29,4	32,7	33,8	34,8	36,1	35,8	35,9

다음은 독일, 스위스, 오스트리아 등 독일어권 국가의 재정수입 비중 Abgabenquote을 나타내고 있다.

재정수입 종류	독일	오스트리아	스위스	OECD-평균
사회적 수입	13,9 %	14,5 %	7,0 %	9,1 %
임금소득수입	—	2,7 %	—	—
소득자본이득세수입	9,8 %	11,9 %	13,0 %	12,8 %
재산세수입	0,9 %	0,6 %	2,3 %	1,9 %
재화서비스 과세 수입	10,1 %	12,0 %	6,9 %	11,3 %
재정수입비중	34,7 %	41,7 %	29,2 %	35,4 %

주) 사회보험 수입 Sozialbeiträge. 재정수입비중은 2005년

아시아 국가들의 부채 비율이 지속적으로 증가해 위험 수위에 올랐다고 경고한다. 아시아의 경우, 중국의 부채비율은 위험할 정도로 빠른 속도로 상승하고 있고 한국, 싱가포르, 홍콩 등도 심각한 수준으로 보고 있다. **2013년 아시아 국가들의 국내총생산(GDP) 대비 부채 비율은 192%에서 208%로 16% 포인트 상승했다.** 중국을 제외하더라도 172%에서 180%로 8% 포인트 증가했다.

정부와 가계, 기업 부문을 모두 포함한 GDP 대비 부채 비율은 싱가포르가 421%로 가장 높았다. 이어 일본 403%, 홍콩 319% 한국 258% 4번째로 높았다. 다음으로 말레이시아(241%), 중국(226%), 대만(200%)도 GDP 대비 부채 비율이 2배 이상이다. 아시아 국가들의 부채 비율이 싱가포르와 일본뿐만 아니라 홍콩, 한국, 말레이시아도 상당히 높다.

중국은 2008년 이후 부양 정책 탓에 부채 비율이 가파르게 상승한 것으로 분석한다. 중국은 2008년 이후 늘어난 부채의 40%를 부동산 담보 대출로 추정했다. 이 때문에 은행들의 대차대조표가 악화됐고 부채의 상당 부분이 감시의 기준에서 벗어난 것으로 보인다. 그러나 중국의 성장 속도와 1인당 GDP 성장률 등을 고려할 때 은행 융자를 제외한 부분은 그렇게 우려스러운 수준은 아닌 것으로 평가한다.

최근 아시아 국가들의 금리가 역사적인 바닥권이고 물가상승률도 낮아서 경기 부양을 위한 통화정책적 여력이 남아 있다. 또한 아시아 국가 전체적으로 지출 이상의 저축을 하기 때문에 은행들이 충분한 예금 잔고를 갖고 있다는 것도 높은 부채 비율에 대한 우려를 덜 수 있을 것으로 본다[베를린=연합뉴스 박창욱 특파원, 2014.5.20/독일 일간지 프랑크푸르터 알게마이네 차이퉁/ HSBC 은행 보고서].

19. 국가채무와 국채관리정책

한 나라의 재정건전성 및 투명성 정도는 **GDP 대비 국가채무 비율의 국제비교를 통해 측정한다.** 한국의 GDP 대비 국가채무 비율은 경제협력개발기구(OECD)의 평균치 107.1%(2012년)보다 훨씬 낮다. 국제 신용평가사인 스탠더드앤드푸어스(S&P)도 2014년 9월 19일 한국의 국가 신용등급 전망을 안정적 Stable에서 긍정적 Positive으로 상향 조정한 것도 한국의 재정건전성을 양호하게 평가했기 때문이다.

그러나 한국의 국가채무는 GDP대비 국제 비교에서 양호하지만 채무 증가 속도가 빠르고 본격적인 복지 지출이 시작되지 않는 점을 고려해야 한다. 발권력이 있는 미국, 재정이 넉넉한 독일, 외환보유액이 많은 중국, 국채 흡수 소화력이 높은 일본 등 주요 선진국을 빼놓고 보면 국가채무로부터 안전한 나라는 없다[부록1-14 참조].

한국은 개방 소국경제이고 남북이 첨예하게 대립하고 있으며 해외의존도가 높은 경제구조이기 때문에 재정 건전성에 이상이 오면 상당한 타격을 받을 수 있는 나라이다[세종=연합뉴스 이상원 박용주 차지연 기자, 2014.9.22].

미국의 재정적자가 내외 경제에 미치는 파급 효과는 한국과 크게 다르다. 미국의 재정적자는 2011년 1조2990달러로 사상 두 번째로 많다. 지금까지 사상 최고의 재정적자는 2009회계연도의 1조 4200억 달러였다. 2011회계연도의 재정적자 규모는 국내총생산(GDP) 대비 8.7%로 유럽 국가들보다 더 심각하다. 미국은 기축통화국이라는 이유로 상대적으로 안전할 뿐 실제 재정상황은 매우 불안한 편이다.

기축통화국의 재정적자는 국내외 경제에 미치는 영향이 한국과 전혀 다르다. 기축통화국의 재정적자가 국내외 경제에 미치는 파장이 매우 크고 전 세계적이다. 비기축통화국인 한국의 재정적자는 국내경제에 크게 영향을 미치는 반면 세계경제에 미치는 영향력은 미미하다.

신흥국과 개발도상국의 국가부채는 국내경제에 미치는 영향이 크다. 우선 과중한 국가부채로 노출되면 국가 및 공공기관 신용위험이 높아지면서 대량 자본이동을 유발한다. 과도한 재정적자 규모와 증가 속도는 해당 국가의 국가신용과 신용위험을 위협한다.

신흥국과 개발도상국의 국가신용 및 신용위험은 국가채무와 외채 및 외화보유고가 중요한 역할을 한다. 한국 정부와 은행들의 신용위험이 높아지면 외국인의 주식 매도세가 거세진다. 외국인들은 연속 국내 주식을 내다 판다.

외국인은 2011년 11월 들어 3조6천억 원 가량 순매도했다. 이로써 외국인의 올해 주식 순매도액은 10조원을 넘어섰다. 외국인의 순매도 규모는 월간 단위로 지난 8월에 이어 두 번째, 연간으로는 금융위기가 몰아쳤던 2007~2008년 다음으로 많았다.

외국인은 채권시장에서도 이달 들어 1480억원 순매도로 돌아섰다. 외국인 자금이 빠져나가면서 원-달러 환율은 1160원 선으로 급등했고 코스피는 1800선으로 급락했다. 앞으로 유럽불안이 계속되면 환율이 높이 오르고 코스피는 급락할 것이다.

한국경제는 무역의존도와 순외채(총외채-내외채권) 비중이 높아 대외변수에 취약하다. 특히 단기외채가 많아 세계 금융시장이 불안해질 때마다 환율이 민감하게 반응한다. 2008년 글로벌 금융위기 이후 원-달러 환율의 변동성은 22.1%로 세계 주요 통화의 평균 변동성(13.6%)을 크게 상회했다.

최근 유럽 발 재정위기 국면에선 유로화보다 등락 폭이 컸다. 코스피의 변동성도 역시 지난 8~9월 아시아권에서 가장 높았다. [국제금융센터/한겨레, 2011.11.27].

한국의 신용부도스와프(CDS) 프리미엄[7]이 최근 1년 새 최저 수준으로 떨어졌다. 신인도가 개선되면 낮아지는 외평채가산금리(2019년 만기)도 2010년 4월 이후 가장 낮았다. 최근 국가 부도 위험 지표가 개선된 것은 국제금융시장에서 한국과 연관된 이슈가 없었기 때문이지 펀더맨털(기초여건)이 좋아진 것은 아니다.

한국 국채(5년물)의 CDS 프리미엄(23일 기준)은 102bp(1bp=0.01%포인트)로 최근 1년 이래 최저치를 기록했다. 한국 채권의 CDS 프리미엄은 2010년 말 96bp에서 지난해 말 161bp로 상승했다가 올해 1월 9일 171bp로 최고점을 찍고 하락하고 있다.

외평채가산금리[8]는 지난 22일 79bp까지 떨어져 2010년 4월28일(77bp) 이후 최저치를 나타냈다. 전날에는 80bp로 소폭의 변화를 보였다. 다른 국가들의 CDS 프리미엄 역시 전반적으로 떨어지

---

7) CDS 프리미엄은 채권을 발행한 기업이나 국가가 부도났을 때 손실을 보상해주는 파생상품인 CDS에 붙는 일종의 가산 금리다. 이 수치가 떨어지면 발행주체의 부도 위험이 그만큼 낮아진다는 걸 의미한다.

8) 외평채가산금리는 국제금융시장에서 유통되는 한국 정부 채권의 수익률로 미국 재무부 채권에 대한 가산 금리로 표기되며 신인도가 개선될수록 낮아진다.

고 있다.

일본의 CDS 프리미엄은 79bp로 최근 1년새 최저치를 보였다. 중국의 CDS 프리미엄(22일 기준)은 97bp로 지난해 말(147bp)보다 크게 떨어졌다. 같은 날 미국은 40bp, 영국 51bp, 독일 58bp, 프랑스 130bp로 지난해 말에 비해 대체로 하락한 상태다[헤럴드경제=신창훈 기자. 2012.8.24./금융감독원/국제금융센터].

2012년, 무디스가 우리나라의 신용등급 전망을 '안정적'에서'긍정적'으로 높이면서 한국은 다시 한 번 도약할 수 있는 기회를 갖게 됐다(2012년 4월 2일). 신용등급 상향 조정은 상당한 경제적 심리적인 파급효과를 가져온다. 우리나라 제품의 해외 브랜드 가치가 올라가고 해외 차입에 따른 연간 이자비용만 4000억 원 이상 줄어드는 등 유·무형의 효과를 가져 온다.

하지만 경제사정이 급박하게 돌아가면 신용등급은 신속하게 변화하고 그 결과는 예측할 수 없을 만큼 급반전한다. 이번 등급 상향은 금전적인 의무를 이행하지 못할 가능성이 일부 존재하는 'A'에서 금전적인 의무를 이행하지 못할 가능성을 아예 배제한 'AA' 등급으로 올라섰다는 데 큰 의미가 있다. 이는 단순히 신용등급이 한 단계 올라선 것 이상의 의미다.

무디스 기준으로 우리와 같은 Aa3 등급인 국가는 일본, 벨기에, 중국, 사우디아라비아 등이다. 올해 들어 신용등급이 A 등급 이상 국가 중 무디스가 등급을 끌어올린 사례는 한국이 유일하다. 우리보다 등급이 높은 나라는 미국, 독일, 영국, 프랑스, 캐나다(이상 Aaa), 홍콩(Aa1) 정도다.

무디스의 한국 신용등급 상향 조정 배경은 양호한 재정 건전성이 결정적으로 작용했다. 비상 상황 때 국내외 충격에 대응할 수 있는 정책 여력과 경제 회복 잠재력을 높이 평가한 것이다. 거시건전성 규제로 은행의 대외 취약성이 완화된 점도 높게 평가했다. 무디스는 나아가 ▲은행의 대외자금 조달 여건 안정성 ▲공기업 · 가계 부채가 정부 우발채무로 전이될 가능성 등이 개선되면 등급을 추가로 올릴 수 있다고 밝혔다.

우리나라의 해외 차입 규모는 연간 2700억 달러 정도다. 신용등급 상향에 따라 가산금리가 0.15% 포인트 정도 하락할 전망이다. 연간 4억 달러(약 4540억원)의 이자 부담을 줄인다. 앞으로 국내 은행과 공공기관의 차입 비용도 떨어질 것이다. 일본, 중국과 신용등급이 같아진 점도 동북아시아 3개국이 같이 나란히 갈 수 있는 신용등급을 얻었다.

무디스는 앞서 지난해 8월 일본의 신용등급을 'Aa3'로 한 단계 강등했다. 반면 중국은 그해 11월 한 단계 끌어올려 'Aa3'를 부여했다. 우리나라 등급 상향의 단골 걸림돌이었던 북한 리스크와 일본의 한·일 통화 스와프 재검토 압박 등에도 일본·중국과 같은 수준의 신용도를 확보했다는 데 상당한 의미를 부여할 수 있다.

• 국가채무와 국채관리정책

재정적자와 관련된 국채관리정책은 재정정책의 중요한 핵심 축을 이룬다. 대규모 재정 지출은 세수 결함과 함께 재정적자가 늘어나면 국가채무가 급속히 증가한다. 국가채무 중 가장 큰 비중을 차지한 국채 발행 잔액은 457조3천억(추가경정예산안 반영)에 도달했다. 10년 이상 만기 국고채 비중도 2013년 들어 50% 선을 넘어섰다.

2013년 국채 발행 잔액 457조3천억이 2012년 말 기준 412조4천억 원보다 44조9천억원, 2006년말의 258조원보다 199조3천억원 급증한 수치다. 국채 발행이 크게 늘어나면서 국가채무에서 국채가 차지하는 비중은 올해 8월 기준으로 95.2%까지 상승했다[세종=연합뉴스, 박용주 기자, 2013.10.10].

통상 국가채무는 국채와 차입금, 국민연금 보유국채 등으로 구성되는데 국채 발행만 크게 늘면서 이런 현상이 나타난 것이다. 국고채 잔액이 올해 8월 기준 398조5천억원으로 2006년의 206조8천억원 대비 배 가까이 불어난 것도 같은 맥락이다.

국채는 국고채, 외화표시 외평채, 국민주택채권 중에서 국고채 발행만 크게 늘었다. 이에 따라 국가채무에서 국고채가 차지하는 비중은 2006년 73.2%에서 2013년 8월에는 83.0%로 10%포인트 가까이 올라갔다[부록1-14 참조].

2013년 발행된 국고채의 만기를 보면 10년물 이상 장기 국고채의 비중이 전체 국채발행액의 50.5%다. 국고채 10년물 발행액이 16조7천억원으로 29.5%, 20년물이 5조7천억원으로 10.1%, 30년물이 6조2천억원으로 10.9%에 달했다. 특히 올해는 지난해에 처음으로 도입된 30년물이 본격적으로 발행되기 시작하면서 장기채 물량 비중이 큰 폭으로 늘었다.

반대로 3년물은 13조8천억원으로 24.3%, 5년물은 14조2천억원으로 25.0%에 그쳤다. 3년물 비중이 2009년에 33.2%, 5년물은 2006년에 40.2%까지 올라갔다는 점을 감안하면 상당한 변화다.

장기 국채를 발행하는 것은 현 세대의 짐을 미래 세대에 떠안긴다는 점이다. 국고채 지표물을 5년 물에서 10년 물, 30년 물로 장기채 비중이 높아진 것은 채권 차환 발행 리스크를 줄이고 자금을 안정적으로 조달할 수 있는 장점도 있고 단기채와 적절하게 배분하면 자금

흐름을 더욱 좋게 만들 수 있다[세종=연합뉴스, 박용주 기자, 2013.10.10].

한국의 국내총생산 대비 중앙정부 채무비율은 1997년 11.1%, 1998년 15.9%, 1999년 19.4%로 꾸준히 증대하는 추세이다. 국내총생산 대비 지방자치단체 채무비율도 1997년 15.1%, 1998년 16.2%, 1999년 17.6%로 증가하는 추세이다.

중앙정부 및 지방자치단체를 합한 전체 정부채무는 국내총생산 대비 비율이 1997년 14.5%, 1998년 19.5%, 1999년 23.0%로 높아진다. 국가채무는 특히 1997년 외환위기 이후 계속 급증하고 있는 추세이다.

일본, 프랑스, 미국의 국가부채비율은 각각 97.3% 66.5% 57%로 한국은 OECD 회원국의 국가부채비율 평균치 69.5%(1999년)에 비하면 여전히 작다. 따라서 국내총생산 대비 국가부채비율은 국제비교에서 볼 때, 우리나라의 국가부채는 외환위기 이후 급속히 증대하고 있지만 국가채무의 한계에 도달했다고 볼 수 없다. 또한 국내총생산 대비 국가채무비율이 20~25%까지는 큰 문제가 없다는 주장이다.

국가채무의 한계로는 총예산 대비 이자지급 비율로도 평가할 수 있다. 한국의 예산 대비 이자지출 비중은 매년 10%대이며 절대규모만 봐도 8~10조원에 이른다. 이자지출규모가 예산에서 차지하는 비중이 매우 높다. 예산 대비 이자지출 비중이 높으면 재정지출의 운용 폭과 재정정책 운신의 폭을 제약한다.

또한 이자지출의 수령주체에도 국채 보유자가 기관투자가인지 가계인지도 주목해야 한다. 국공채 발행이 가계의 저축에 흡수되었다면 가계 저축이 증가하고 부(富)의 증식수단이 된다. 정부는 국채발행을 통해 저소득가계의 재산형성수단으로 활용할 수 있다. 이런 점에서 국가채무행위는 국민경제적인 부작용만 이야기할 수 없다.

한국의 **국가채무 중에서 대외채무**도 주목할 필요가 있다. 외화표시 국채발행이 외국인 보유로 흡수될 경우, 대외채무는 외화보유액 대비 **단기외채의 비중 즉 단기 대외지급능력과 총외화차입 중에서 단기외채 비중**을 눈여겨 볼 필요가 있다. 단기외채는 총 외화보유액에서 차지하는 비중이 30%을 넘지 않는 것이 바람직한 것으로 평가하고 있다.

단기대외지급능력이 전체 외화보유액 중 60%를 넘으면 경계할 수준이다. 1997년 말 외환위기를 가져온 결정적인 요인도 과도한 단기외화차입에 있었다. 총외화보유액 대비 단기외채 비중은 1999년 27.9%에서 2000년 상반기에는 30%선을 웃돌았다.

국가채무의 한계는 재정정책 차원에서도 살펴보아야 한다. 국가채무 문제는 국공채 시장의 육성과 국공채 발행이 금융시장에 미치는 차원에서 살펴보는 것도 중요하다. 재정적자와 국민경제를 동태적으로 볼 때, 재정적자는 경기 상황이 빠르게 호전되고 재정수입이 빠르게 증가하면서 재정지출이 감소하면 재정적자 규모는 시간이 흐르면서 빠른 속도로 줄어들 수 있다. 이 같은 개선이 시간이 경과하면서 계속된다면 재정적자는 크게 문제될 것이 없다.

일반적으로 재정적자 비율이 증가하면 국채수익율도 상승하는 것으로 알려져 있다. 우리나라의 국가채무에서 주목할 점은 한국은행이 발행하고 관리하는 통화안정증권이다. 통안증권은 선진국에서는 발행되지 않는 국채이다. 통화안정증권은 정부가 직접 발행하지 않고 상환할 의무도 없는 국채이기 때문인지 국가채무에 포함시키지 않는 것도 문제다.

통안증권은 채권은 선진국의 단기재정증권 및 단기국채와 유사한 채권으로 본다면 단기 채무에 속한다. 최근 우리나라 국가채무는 전체 규모가 꾸준히 늘고 있다는 점과 특히 국가부채의 개념과 포괄범위를 확정해 정보공개를 재정의 투명성을 제고할 필요가 있다.

또한 현재규모를 파악할 수 없지만 앞으로 발생할 것으로 예상되는 **국민연금, 공무원연금, 군인연금** 등 각종 연기금에서 발생하는

잠재 국가채무도 큰 문제다. 각종 연기금의 잠재적 채무를 국가채무에 포함시켜야 하는가 하는 문제점도 있지만 **국민연금, 공무원연금, 군인연금, 국민의료보험공단 등에서 발생하는 현재 부족액도 일시적 잠재채무로 미래의 장기채무**인 점을 고려하여 실현 국가채무에 포함시킬 수 있다.

그러나 미래에 발생하는 잠재채무를 현재 실현부채가 아니라는 이유로 현재 국가부채에 포함시키지 않고 있다. 또한 **철도공사, 도로공사 등의 공기업의 부채도 국가의 보증 유무와 상관없이 국가부채에 포함시킬 수 있다.**

국채관리 방법 중 국가부채를 줄이는 방안으로는 세계잉여금을 채무상환에 사용하거나 한국은행의 이익금을 사용할 수 있다. 공영기업을 매각하여 재정적자를 감축하는 방법도 동원할 수 있다. 재정적자 및 국가채무의 발생 요인을 사전에 억제하는 제도적인 견제장치를 마련할 수도 있다.

국가채무와 관련된 국공채관리정책은 중앙은행의 통화 및 금융정책과 긴밀한 관계에 있다. 따라서 재정정책과 금융정책은 정책 조화 여부에 따라 국민경제에 미치는 파급효과도 매우 크고 다르게 나타난다. 국공채관리에서 국공채시장의 활성화 정책은 국가채무 증대 문제와 정책목표 갈등 문제가 도사리고 있다.

국채는 중앙정부가 상환의무를 진 채권이기 때문에 상환불능 위험이 없는 안전한 채권이다. 안전자산인 국공채의 시장 중요성을 감안하여 국공채관리정책은 나라마다 국채시장을 정책적으로 육성한다. 국채시장의 금리형성은 여타 금융시장의 기준금리 역할을 하므로 시장의 양과 질을 육성하는 것은 중요하다.

현재 우리나라 국채는 3년, 5년, 10년, 30년물 등 만기 장기채 위주로 발행되고 있지만 선진국처럼 한국 국채시장이 발달되어 있지 않다. 단기, 중기, 장기 등 다양한 만기의 국채를 발행하여 유통물량을 풍부하게 하고 국채금리가 선도적인 지표금리 역할을 수행하는 것이 중요하다.

국채관리정책은 시장 활성화에 우선순위를 두고 국공채 발행 잔고가 국가채무의 중대한 압박 요인으로 나타나는 것을 사전에 억제하며 다양한 만기와 유형의 국채발행을 통해 금융시장의 적정금리를 유지 관리하는 것이 중요하다.

지방채 관리에서는 지방채를 국공채를 함께 관리하고 운영하는 상설협의체를 두는 것이 필요하지만 지방자치의 능력을 키우는 지방채관리정책이 필요하다. 정부보증 채무의 관리는 당장 빚으로 나타는 것은 아니지만 실제 정부부채이므로 선진국처럼 정부보증 채무가 사라지는 것이 좋다.

해외차입금관리는 외환시장과 관련되고 대외채무를 늘리므로 중앙기구를 통해 전체적으로 관리하고 운영하는 체계적인 시스템이 필요하다. 마지막으로 한국은행이 정부를 대리해서 채권을 발행하고 관리하며 운영하는 체제를 벗어나야 한다. 중앙은행의 역할과 임무가 정부의 재정역할의 분리 독립되어야 하고 직접 간접으로 침해받을 수 있는 소지가 제거되어야 한다.

선진국에서는 재정적자 재원조달이 은행자금에서 비은행자금으로 전환되고 시장 중심적인 공공채무 관리기법 개발되고 있다. 국가채무의 고정 금리부 중장기채무로 구성함으로서 차환 및 금리리스크를 줄인다. 또한 국채발행이 시장금리에 미치는 영향을 줄이고 공공채무관리와 통화금융정책 사이에 일어나는 마찰을 최소화하고 있다.

한국의 국가채무 유형은 단기 위주로 구성되어 있다. 따라서 시장 변화에 금리부담이 크고 부채규모가 금리에 민감하게 움직이다 보니 교란되기 쉬운 냄비특성을 지니고 있다. 이러한 환경에서는 한국은행의 통화금융정책이 충분한 운신의 폭을 갖기 어렵다.

또한 한국은행의 통화정책의 독립성과 목표 달성을 훼손할 수 있다. 미국의 경우, 1980년대 초 재정적자를 국내 조달로 금리가 대폭 상승하거나 통화량 급증이 일어날 수 있었지만 자본시장에서의 재원조달로 원활하게 작동함으로서 이를 억제하였다.

미국과 같이 자본시장이 제 역할을 다하기 위한 시장기반과 환경이 개선되고 확충되어야 한다. 1997년 외환위기 이후 국내 자본시장이 완전 개방되었지만 국채시장 등 여타 금융시장이 기반이 여전히 취약하고 통합이 결여된 상태이다.

역사적 경험은 GDP대비 재정적자비율이 높은 나라는 낮은 나라에 비해 실질금리수준이 높고 GDP대비 재정적자비율이 크고 인플레율이 높은 나라는 금리가 높이 상승하였다.

재정적자와 경상수지 적자를 동시에 가진 **쌍둥이 적자**가 크면 클수록 높은 인플레이션을 보여주었다. 특히 높은 재정적자와 높은 인플레이션을 가진 나라에서는 금리가 급격히 상승하였다.

1990년대 선진국의 채권수익율의 상승은 예상보다 높은 인플레이션 위험과 은행, 헤지펀드와 같은 기관투자가들의 향후 인플레이션의 기대 및 재정적자에 대한 지나친 비관적 기대에 따른 대량 채권 매입 그리고 기관투자자들이 투자 손실한도의 초과를 자동청산 매각시스템 등에 기인하였다. 이러한 현상들은 시장이 통합되면서 동시 다발적으로 일어났으며, 국가 간 상승률 차이는 인플레이션 및 재정적자의 정도를 반영하였다.

재정적자의 누적이 실업보험, 연금기금 등 정부이전지출 증대에 따른 구조적 요인 즉 **사회보장비 비중**이 지속적으로 증대한데 기인했던 미, 유럽 국가는 이미 세율이 높은 수준에 있어 세율의 추가 인상은 경제위축을 우려해서 세금인상보다는 사회보장제도의 개혁을 통한 사회복지비 지출의 삭감과 공기업의 민영화를 통해 정부채무의 누적을 삭감시켰다.

국가채무 증가율이 높을수록 실질GDP 성장률은 낮아져 경제성장이 둔화한다. GDP 성장을 위해서는 채무를 줄이는 것이 중요하다는 것이다. 경제성장률을 웃도는 정부지출과 국가채무는 국가 경제에 과도한 부담을 주는 요인으로 작용할 수 있다. 우리나라보다 경제능력과 국가신용평가 수준이 상대적으로 높은 선진국도 국가채무와 재정 적자로 어려움을 겪고 있다는 사실에 주목해야 한다.

한국의 최근 11년간 국가채무 증가율이 400%에 육박해 OECD 주요 20개국 가운데 가장 높았다. 현재의 추세가 계속된다면 다른 선진국들처럼 우리나라도 향후 심각한 재정 위기에 봉착할 수 있다. 4대강 사업 등 각종 국책사업과 무상급식, 무상의료 등 복지사회정책 등이 부문별하게 시행되면 가까운 장래에 재정 위기에 빠질 수 있다는 점도 유의해야 한다[재경일보, 2011.8.27.].

20. 국가채무 집계 논란

국가채무는 측정 기준에 따라 크게 달라진다. 일반적으로 국가채무는 중앙정부와 지방정부의 채무를 합산해 산출한다. 이러한 산출 방식은 IMF의 기준에 따른 것이다. IMF 기준은 정부가 상환해야 하는 확정 채무만을 계산한다. 확정채무란 이미 실현된 채무이다. 확정채무는 (1) 정부차관을 포함한 차입금 (2) 국채 (3) 국고채무 부담만을 포함한다.

미래에 발생할 수 있는 국가채무는 포함하지 않는다. 예를 들면 정부보증채무와 사회보장제도에서 발생하는 미래채무를 포함하지 않는다. 또한 공기업의 부채와 IMF 차입과 같은 통화당국의 채무 등도 포함하지 않는다. 우리나라 재정통계는 국가채무를 중앙정부의 국내차입금과 해외차입금, 국채 및 국고채무 부담행위를 모두 포괄하고 있다[기획예산위원회, 한국의 재정, 1999].

미국, 영국, 독일, 프랑스 등은 지방 채무를 국가채무에 포함시키고 있다. 반면 일본, 이태리는 지방 채무를 포함시키지 않고 있다. 대부분의 선진국들은 국가기관의 보증 채무는 없다. 따라서 통계에도 나타나지 않는다.

우리나라에서는 국가채무의 성격에 따라 융자금 회수, 자산 매각 등으로 자체상환이 가능한 금융성 채무와 조세 등 국민 부담으로 상환해야 할 적자성 채무로 분류하기도 한다.

금융성 채무는 외환시장 안정을 위해 외화자산을 매입할 목적으로 발행하는 **외국환평형기금채권,** 국민 임대주택 건설, 근로자 서민주택구입 등을 지원하기 위해 발행하는 채권이 해당된다. 채무와 동시에 자산이 생성되기 때문에 자체상환이 가능하다.

그러나 적자성 채무는 경기침체로 재정수입이 좋지 않은 상황에서 적자보전용 국채를 발행하거나, 공적자금이 국채로 전환될 경우, 중앙정부가 지방정부에 채무가 있을 경우 적자성 채무로 잡힌다.

국내차입금은 중앙정부가 한국은행과 국내 금융기관 및 민간 연기금 등으로 부터 차입한 것으로 나눌 수 있다. 한국은행 차입금은 상환 기간 1년 미만의 일시차입금 및 1년 이상의 중기차입금이 있다. 일시 차입금은 예산총칙에 따라 국회의 의결을 얻어 차입한 것이고 중기차입금은 재산형성 저축 장려 기금에서 차입한 것이다.

그 밖에 재정투융자특별회계, 한국과학재단 등 민간기금으로부터 차입한 것과 산업은행 등 금융기관으로부터 차입한 것이 있다. 해외차입금은 중앙정부가 국제기구, 외국정부 및 외국금융기관으로부터 도입한 차관만 포함한 재정차관이다. 이 재정차관에는 지방자치단체와 국내기관 등이 도입한 차관에 대해 정부가 보증한 보증차관을 제외시키고 있다. 재정차관은 예산총칙에 차입한도를 설정하고 있다.

국가부채를 투명하게 공개하는 것은 국가적 신뢰를 높인다. 이러 차원에서 한국은행은 국민계정(SNA)에 나타난 국가부채 범위를 대폭 확대해 공공부문 부채를 새로 넣었다. 이는 **IMF가 추진하고 있는 국가부채 가이드라인**에 부합하고 선진국의 비교에도 객관적인 근거를 제공한다.

한국은행의 새 기준은 국가채무를 **282개 공기업 중 145개 공기업의 부채도 포함시키는 것이다. 그 동안 IMF가 지난 1986년에 제시한 기준을 써왔는데 이보다 국가부채 범위를 넓힌 2001년도 기준으로 변경**했기 때문이다. 그러나 여기에도 대형 공기업이 빠져 있다는 점이며 공기업 선별이 자의적일 수 있다는 점이다. 국가채무를 아주 넓게 파악할 수 있다. **정부부채뿐만 아니라 비금융 공공**

기관 · 공공 금융기관 · 통화안정증권 · 외환평형기금채권 · 공적연금 부채 등을 모두 포함한 공공부문의 부채를 산출할 필요가 있다.

통화안정채권은 국가채무에 포함되지 않는 국채로서 한국은행의 판단에 따라 발행되고 있다. **통화안정채권**은 금융구조조정에 따른 공적자금투입, 정부의 대규모 재정집행, 단기성 외화유입으로 유발된 원화절상을 막기 위한 당국의 시장개입을 위해 수시로 발행되고 있다.

외국환평형기금채권은 줄여서 외평채라고도 부른다. 외국환평형기금(Exchange Equalization Fund)은 자국 통화가치의 안정을 도모하고 투기적인 외화유출입에 따른 외환시장의 혼란을 방지하기 위하여 정부가 직접 또는 간접으로 외환시장에 개입하여 외환을 매매하기 위하여 조성한 기금이다.

대부분의 국가에서도 유사한 형태로 시행하고 있는 곳을 찾아 볼 수 있다. 미국에는 Exchange Stabilization Fund, 영국에는 Exchange Equalization Fund가 있다. 한국의 외국환평형기금은 달러화 등 외화의 가격이 급 등락하는 것을 막고 원화의 가치를 안정시키기 위해 1967년에 조성되었다. 외국환평형기금은 외화기금계정과 원화기금계정으로 구분되어 한국은행에 설치되어 있다.

자금의 운용은 한국은행, 국내외국환은행, 외국금융기관 등에 예치 또는 대여하거나 외환매매 시 결제자금으로 사용되고 있다. 기금 재원은 외국환평형기금채권을 발행하여 마련한다. 따라서 외평채는 환율안정을 위해 정부가 지급보증형식으로 발행하는 채권이며, 외국환평형기금의 주요 재원이다.

외국환평형기금채권은 재정경제부장관이 건의하여 국회 동의를 거쳐 발행되며, 한국은행이 발행과 운용 사무를 맡고 있다. 원화와 외화표시 두 가지로 발행할 수 있다. 우리나라는 그동안 원화표시로만 발행되었으나 IMF 구제금융 지원 이후 부족한 외화조달을 위해 1998년부터 외화표시 증권을 발행하였다.

외평채는 달러화 기준으로 발행된 유일한 국채로 우리 국가신인도를 나타내는 지표역할을 한다. 5년 만기와 10년 만기 2종류가 있으며 미 재무부채권(TB) 금리에 위험도에 따라 가산금리가 붙는다. 국가 신용도가 떨어지면 가산금리 오른다. 가산금리가 오르면 채권값이 그만큼 떨어진다.

IMF는 현재 개별국가마다 서로 달리 적용하고 있는 국가부채 정의와 내용을 손질하는 작업을 하고 있다. 중앙정부와 지방정부 부채만을 국가부채로 규정하는 국가가 있는가 하면 공기업과 중앙은행 부채를 모두 포함해 국가부채를 산정하는 국가도 있다. 개별 국가들이 국가부채를 자의적으로 조절할 수 있는 셈이다.

실제 국가부도 사태에 직면한 그리스가 지난해 일부 부채를 은폐한 채 국채를 발행했다. 또 포르투갈 정부는 2001년 리스본 지하철 건설보조금을 자본계정에 포함시켜 재정적자 규모가 국내총생산(GDP) 대비 2.2%라고 발표했지만 유럽연합(EU) 통계기관 유로스타트가 집계한 재정적자 규모는 GDP 대비 4.1%에 달했다.

IMF는 국가부채 범위를 정부부채와 공기업부채·중앙은행 부채·공적연금 부채를 모두 포함한 가이드라인을 마련하고 있다. 이에 준하는 국가부채를 산출하면 한국토지주택공사(LH), 수자원공사 등과 같은 대형 공기업 부채도 국가부채로 잡게 된다.

다만 국민연금·공무원연금 등 공적기금의 미 적립부채는 제외하고 공적기금 차입 등 일부 부채만 공공부문 부채로 편입한다. 이에 대해 일각에서는 정부가 눈 덩이처럼 불어날 수 있는 국가부채의 '진실'을 숨길 수 있다고 본다.

21. 선진국과 신흥국의 국가채무

공공부채 위기가 전 세계를 집어삼키려 하고 있다. 이 위기에서 벗어나려면 신속한 대응이 절실하지만 문제의 심각성을 깨닫기까지는 너무 오랜 시간이 걸린다. 국가의 부채 문제를 해결할 수 있는 뚜렷한 대책은 없는 점도 문제다[머니투데이 김신회 기자, 2015.1.7 / 파이낸셜타임스(FT)].

2010년 그리스가 구제 금융을 지원받으면서 터뜨린 유로존(유로화 사용 19개국) 재정위기가 많이 누그러졌지만 당시 문제가 됐던 나라들의 사정은 별반 나아진 게 없다. 그리스는 2012년 사상 최대 규모의 채무 조정을 실시했는데 **GDP(국내총생산) 대비 공공부채 비율은 여전히 174%나 된다.**

지난해 구제금융 프로그램을 졸업한 **포르투갈의 GDP 대비 공공부채 비중도 130%에 달했다.** 그리스 포르투갈 아일랜드 이탈리아

스페인이 연간 세수의 10%를 채무상환에 쏟아 붓고 있지만 유로존 주변국의 재정위기는 프랑스 벨기에 네덜란드 등지로 전이될 조짐을 보이고 있다[영국 투자은행 바클레이스].

유로존의 많은 나라가 위험 한계에 이미 진입했거나 거의 도달한 게 확실해 보인다. 풀리지 않은 채무 문제가 여전히 남아 있다. 공공부채를 둘러싼 위기는 비단 유로존만의 문제가 아니다. 우크라이나 베네수엘라 자메이카 가나에 이르기까지 많은 나라가 막대한 부채로 신음하고 있다.

선진국의 GDP 대비 공공부채 비율은 108%에 이른다. 신흥국 평균치는 48%에 불과하지만 민간부문(은행 제외) 채무까지 합하면 151%로 급격히 늘어나고 있는 추세다. 세계통화의 지위를 누리는 선진국들은 기업처럼 사업을 중단하거나 청산되지 않는다는 이유로 무너지는 일은 없다고 주장할 수 있다.

그러나 **국가 부도 사태를 경험하지 않는 나라는 소수에 불과하다.** 실제로 1820년부터 2013년까지 176개국의 사례 분석은 107개국이 대외채무로 모두 248차례의 디폴트(채무불이행)를 경험했다는 사실을 보여줄 뿐이다[미국 스탠퍼드대의 마이클 톰즈, 마크 라이트 교수].

GDP 대비 부채 비율로 위험 수위를 특정할 수 있는 방법은 대충 짐작할 수밖에 없다는 게 중론이다. **IMF는 선진국의 경우 85%, 신**

홍국은 70%로 보고 있다. 실증 연구도 1970~2008년 **디폴트를 선언한 나라들의 GDP 대비 외채 비율은 평균 69.3%**라고 말한다[미국 하버드대의 카르멘 라인하트, 케네스 로고프 교수]. 여기서 제시된 수치에는 국내 채무 반영되지 않았지만 국내 채무는 돈을 찍거나 정부가 시장에 개입하는 금융억압을 통해 해결할 수 있기 때문에 문제될 게 없다고 설명한다.

공공부채 위기에서 벗어나려면 2000년대 초의 터키처럼 신속한 대응에 나서는 것이 최선의 해결책으로서 경제성장을 촉진하는 것이다. **터키는 2000년과 2001년 두 차례 금융위기를 겪었다.** 2001년에는 한때 1년 만기 국채의 발행 금리가 130%까지 치솟았다. 그러나 터키는 IMF의 지원 아래 경제개혁에 박차를 가했다. 자유변동환율제도 이때 도입했다. 세계 경제의 훈풍도 터키 경제 회복에 도움이 됐다. 덕분에 터키는 2004년 1분기 10%가 넘는 성장률을 달성했다.

문제는 재정위기 국가들이 터키처럼 신속하게 움직이지 않는다는 짐이다. 채무조정에 관여한 나라들의 공통점 가운데 하나는 현실을 부정한다는 점이다. 이들 나라들은 하나같이 문제의 심각성을 너무 늦게 깨달은 것이다. 이들이 움직였을 때는 질서정연한 채무조정을 하기엔 너무 늦었을 때로 밝혀진 것이다[머니투데이 김신회 기자, 2015.1.7 / 파이낸셜타임스(FT)].

22. 정부부채, 국가채무, 공기업 부채

한국의 공공부문 부채가 2012년 820조원을 넘었다. 공무원 연금을 비롯한 충당 부채와 민간부문에서 채무 불이행 시 공공부문으로 넘어오는 보증채무도 613조원에 달했다. 공공부문 부채는 한국은행과 수출입은행 등 금융공기업 부채를 배제한 부채이다. 일반정부(중앙정부 + 지방정부)와 한국토지주택공사(LH), 한국전력 등 비금융공기업을 포함한 공공부문 부채가 2012년말 현재 821조1천억으로 1년 전보다 67조8천억원 늘었다.

공공부문 부채는 중앙 및 지방정부의 회계 · 기금과 국민연금공단 등 비영리공공기관을 포함하는 일반정부 부채 504조6천원과 비금융공기업 부채 389조2천억원으로 구성된다.

일반정부와 비금융공기업 간 채무거래 72조8천억원은 국제지침에 따라 내부거래로 간주해 제거했다. 국민연금과 비금융공기업 간

채무증권(30조8천억원)이나 국민주택기금과 LH 간 융자(29조7천억원) 등이 이에 해당한다. 일례로 국민주택기금이 채권 100을 발행해 이중 30을 LH에 융자했다면 내부거래 30을 제외한 100이 공공부문의 부채규모가 되는 것이다.

한국의 부채는 크게 국가채무(443조1천억원 · GDP 34.8%)와 일반정부 부채(504조6천억원 · GDP 39.7%), 공공부문 부채(821조1천억원 · 64.5%)) 등 3가지로 분류된다. 현금주의에 입각해 작성하는 국가채무는 중앙 및 지방정부의 회계 · 기금만 감안하는 가장 보수적인 지표이고, 발생주의 원칙에 따라 국가채무에 비영리공공기관 채무를 포함한 일반정부 부채는 국제비교 기준이 된다.

공무원연금, 군인연금 등 연금충당부채가 436조9천억원, 퇴직수당 등 충당부채가 30조5천억원에 달한다. 민간 부분에서 채무 불이행 시 공공부채로 전환되는 중앙 회계 · 기금과 비영리공공기관, 비금융공기업의 보증채무도 145조7천억 원에 달한다.

공공 부문 통계에서 **한국은행과 수출입은행 등 금융공기업 부채와 주요 연기금이 보유한 국공채(105조8천억원)가 빠졌다**[세종=연합뉴스 박용주 이지헌 기자, 2014.2.14/ 기획재정부].

공공부문 부채 가계, 개인사업자(자영업자) 부채 공공부문 부채, 가계부채 합계	총 821조1000억 원(주1) 총 1200조원(추정) 총계 2000조원
중앙정부, 지방정부 포함 일반정부 부채 비금융공기업 부채 금융공기업 포함 공공부문 부채	504조6000억원(GDP의 39.7%) 389조2000억원 1000조원 추정

중앙정부와 지방정부, 비영리 공공기관과 비금융 공기업 부채 포함 공공부문 부채 2012년 말 기준 821조1000억원이고 국내총생산(GDP) 대비 공공부채 비율은 64.5%(2012년 기준)이다. 한국의 국내총생산(GDP) 대비 일반정부 부채비율 39.7%는 경제협력개발기구(OECD) 평균(107.4%)보다는 낮고 호주(32.4%), 노르웨이(34.4%)보다는 높다.

금융공기업과 공적연금의 부채를 국가부채에 포함할 경우 우리나라의 국가부채는 무려 1000조원을 넘는다. 우선 공공부문의 부채를 포함하는 국가부채의 규모를 엄밀하게 산출해야 한다. 금융공기업의 경우 정부로부터 상당한 재정지원을 받거나 정부보증을 받고 있어 이들 부채 역시 공공부문 부채에 포함시켜야 한다.

이를 감안한 국가부채는 무려 1207조1000억원~1218조4000억원으로 증가하게 된다. 이 가운데는 다소 중복 계상된 부분이 포함돼 있다는 점을 고려하더라도 상당히 많은 수준이다. 앞서 기획재정부에서 발표한 일반 정부를 포함한 공공부문 부채는 821조1000억 원이었다[머니투데이 서명훈 기자, 2014.2.25/ 한국경제연구원 김영신 부연구위원, 허원제 연구위원; 국가부채의 재구성과 국제비교].

또 공무원연금과 군인연금과 같은 연금충당 부채와 퇴직수당 충당부채 사립학교교직원연금과 국민연금에 대한 부채(미적립부채)도 국가부채로 포함시켜야 한다. 국가가 부족분을 보장해야 한다고 법률로 명시되어 있지 않지만 강제가입 제도이고 결국 국가가 책임질 수밖에 없는 만큼 국가부채로 보기 때문이다. 이 같은 공적연금의 부채까지 다 포함하는 **최광의의 국가부채 규모는 2124조1000억원~2135조4000억 원에 이르며 2012년 명목 GDP의 166.9~167.8%에 해당한다.**

• 공기업부채 한국의 경우

공공부문을 포함한 일반정부 부채 규모는 높은 수준이 아니지만 공기업 부채는 매우 높다. GDP 대비 공기업의 부채비율은 50%가 넘어 비교 가능한 대상국 중 일본 다음으로 높은 수준이다. 해외 국가에 비해 빠르게 고령화되는 인구구조로 볼 때 공직연금 충당부채와 미적립 부채에 대한 국가 부담이 더욱 증가할 것이다.

2013년 말 공공부문 부채는 900조원을 돌파했다. 2013년 말 현재 **일반정부**(중앙정부 + 지방정부)**부채는 496조6천억원, 비금융 공기업**(정부가 출자했거나 기관장을 임용한 45개 기관) **부채**(주식 · 출자지분 제외)**는 412조1천억원이다. 이들을 합친 공공부문 부채는 908조7천억원으로 1년 전인 2012년 말(871조8천억원)보다 36조9천억원(4.2%) 늘었다**[서울=연합뉴스 고유선 기자, 2013.3.19/ 한국은행 경제통계시스템].

2003년 말 276조3천억원 수준이었던 공공부문 부채는 이후 매년 10% 안팎의 높은 증가율을 기록하며 10년 만에 3배로 불어났다. 특히, 비금융 공기업 부채는 2012년 403조6천억원에서 지난해 말 412조1천억원으로 2.1% 증가하는데 그쳤다.

일반정부 부채 가운데는 **채권**이 2012년 말 437조8천억원에서 **463조9천600억원**으로 26조1천600억원(6.0%) 늘어 증가폭이 가장 컸다. **대출금**은 같은 기간 10조1천300억원에서 **10조3천200억원**으로 1천900억원(1.9%) 증가했다. 파생금융상품과 기타 대외채권채무는 모두 감소했다.

비금융 공기업 부채 가운데는 **채권**이 225조9천800억원에서 232조7천200억원으로 6조7천400억원(3.0%) 가량 늘었고 **정부융자**도 18조300억원에서 18조2천600억원으로 2천300억원(1.3%) 증가했다. 이에 비해 **대출금**은 62조9천600억원에서 61조원으로 1조9천

600억원가량(3.1%) 줄었다.

2013년 말 현재 **가계 및 비영리단체, 비(非)금융 민간기업, 일반 정부의 부채 총액은 3천783조9천억원**이다. 이에 따라 새 기준으로 집계된 **2013년 명목 국내총생산(GDP · 1천428조3천억원)에 대한 부채 총액 비율도 264.9%**에 달했다.

2004년 202.7%, 2006년 222.5%, 2007년 229.8% 등으로 상승하더니 글로벌 금융위기를 맞은 2008년 254.4%로 훌쩍 뛰었고 2012년은 260%선으로 한 단계 더 높아졌다.

우선 작년 말 **가계 및 비영리 단체의 부채**는 1천223조1천억원으로 그 10년 전인 2003년의 2.3배로 늘었다. **비금융법인(민간기업+공기업 · 주식 및 출자 지분, 직접투자 제외) 부채도 206조4천억원**으로, 10년 전의 2.2배로 불었다. 특히, **정부(중앙+지방)의 부채는 496조6천억원**에 달해 3.4배로 늘었다. 이 기간 **새 기준 명목** GDP는 810조9천억원에서 **1천428조3천억원**으로 76.1% 증가하는 데 그쳤다.

• 급속한 국가부채증가

우리나라 국가부채는 무서운 속도로 불어나고 있다. 박근혜 정부

출범 첫해인 2013년 사상 처음으로 1000조원을 돌파한다.[9] 2013년 국가부채는 1053조원으로 국내총생산(GDP)의 80%에 달할 전망이다. 2007년 571조2000억원이던 국가부채가 MB정부를 거치면서 481조8000억원이나 불어난 결과다. 국가부채가 두 배 가깝게 불어나는 데 걸린 시간은 불과 6년밖에 걸리지 않았다[세종=중앙일보, 김동호 기자, 2013.10.17].

400조원대로 알고 있던 국가부채가 이렇게 늘어난 데는 고무줄 잣대 탓도 있다. 정부는 그동안 국가부채는 협의의 의미에서 중앙정부 채무만을 공시적인 통계로 발표했다. 공기업은 국민 세금을 투입해 설립됐지만 별도의 살림이라는 논리였다. 하지만 국가채무와 국가부채의 개념이 구분되면서 숨어 있던 빚이 속속 나타나고 있다. 국가채무는 국가가 직접 갚아야 하는 빚이다. 부족한 세입을 확충하기 위해 최근 발행량이 급증하고 있는 국채가 대표적이다. 이로 인한 이자만 올해 20조원이 넘는다.

국가부채는 국가가 직접 갚을 필요는 없지만 국가가 사실상 보증을 선 것이나 다름없는 채무를 포함한다. 공공기관의 부채가 그런 경우다. 공공기관은 출자 또는 출연을 통해 정부가 소유권을 갖고 있기 때문에 부채를 갚지 못하면 최종적으로 정부가 책임져야 한

9) 국가부채는 중앙정부 채무 + 지방정부 채무 + 국가공기업 부채 + 지방공기업 부채를 합산 한 것으로, 보증채무를 제외한 직접 부채만을 집계한다.

다. 국제적으로도 앞으로 공공기관의 채무는 정부 책임이라는 점을 명백히 하고 있다. 지난해 IMF에서 '공공부문 부채 작성지침'을 발표함에 따라 우리나라도 이에 맞춰 내년 3월부터 국가부채의 범위를 사실상 크게 확대할 것으로 보인다.

이렇게 되면 사실상 국가부채를 의미하는 공공부문 부채는 지난해 말 기준으로 1500조원에 달한다. 국가채무 443조1000억원에 정부가 지급해야 할 군인 · 공무원 연금 지급액을 포함하면 중앙정부 부채가 902조4000억원으로 늘어난다. 여기에 중앙 공공기관 부채 493조4000억원, 지방정부 부채 18조원, 지방 공공기관 52조4000억원을 모두 합하면 1500조원에 달하는 것으로 추정되고 있다. 여기에 국민 · 사학연금이 갖고 있는 충당부채까지도 포함하면 더 늘어난다[세종=중앙일보, 김동호 기자, 2013.10.17].

우리나라 국가부채가 이렇게 많이 늘어난 것은 중앙정부와 공공기관의 빚 덩이 살림 탓이다. 올해 정부가 밝히고 있는 국가채무 가운데 가장 큰 폭의 증가액을 보인 것은 공공기관 부채다. 2007년 249조3000억원에서 2배 이상 증가해 올해 말 520조3000억원에 달할 전망이다. 공공기관의 부채가 국가채무를 앞지른 것은 2010년부터다.

특히 295개 전체 공공기관 가운데 자산 기준 2조원 이상 대형 공공기관 41개 곳은 총체적 실패의 전형을 보여주고 있다. MB정부에서 4대강 사업을 비롯한 대규모 사회간접자본(SOC) 투자에 나서면서 공공기관 부채가 급증하기 시작했다. 정치권과 국민 눈치를 보면서 전기 · 가스 · 교통 같은 공공요금을 원가에도 못 미치게 운용해온 것도 부채를 키워 왔다. 이에 따라 최근 5년(2008~2012년)간 SOC · 에너지 주요 10개 기관에서 140조원의 부채가 새로 발생했다. 이는 전체 공공기관 부채 증가 규모의 69%를 차지한다.

MB정부에서도 국가부채는 눈덩이처럼 불어났다. 정부 출범 직전 299조2000억원이던 국가채무는 올해 연말 480조3000억원에 달할 것으로 예상되고 있다. 올해 말 기준 국가채무 가운데 세입보다 쓰는 돈이 많아 국채 발행을 통해 조달한 적자성 채무는 245조2000억원에 달한다. 이렇게 적자성 채무가 불어나는 데는 정부의 고질적인 장밋빛 경제 전망이 주된 원인으로 꼽힌다. 이날 정성호 민주통합당 의원은 "주요 경기기관들이 내년 성장률을 낮추는데 기재부만 최고치(3.9%)를 제시했다"면서 "현오석 부총리는 직을 걸고 이 문제를 책임지라"며 기재부의 '뻥튀기' 성장률 전망을 비판했다.

정부가 해마다 실제보다 부풀린 세입 전망을 앞세우는 바람에 부족한 세입을 적자국채로 메워온 지도 오래다. 지난해에도 정부는 올해 성장률 4%를 전제로 예산 총수입을 372조6000억원으로 잡았다. 그러나 성장률이 2%대로 주저앉으면서 지난 4월 추가경정예산

(추경)을 통해 12조원 규모의 세입확충을 했는데도 또다시 7조~8조원의 세입결손이 예상되고 있다. 올해 재정적자는 최대 30조원에 달할 것으로 예상되고 있다. 이 부분은 또다시 국가부채를 눈덩이로 만드는 원인이 된다.

이렇게 해마다 실제보다 부풀려진 예산을 편성한 뒤 세입이 부족한 것으로 나타나면 추경을 통해 국채를 발행하는 일이 반복되면서 국가채무가 눈덩이처럼 불어나고 있는 것이다. 공공기관 부채가 급증하는 것도 속을 들여다보면 '경제 체력'보다 과장된 정부 예산증가와 밀접한 관계가 있다. 정부가 세입예산이 부족하면 공공기관이 빚을 내도록 해 정부 사업을 추진하기 때문이다. 4대강 공사를 주관한 수자원공사의 부채비율이 2007년 16%에서 지난해 말 123%로 늘어난 것이 대표적인 사례다. 지난해 말 167조8000억 원으로 공공기관 부채 규모 1위인 LH의 부채비율이 466%까지 치솟은 것도 정권이 바뀔 때마다 쏟아 붓는 도로, 주택 등의 공공 사회간접자본 건설 사업의 결과다.

국가부채는 2015년에도 늘어날 것으로 전망한다. 숨어 있는 부채도 속속 표면으로 떠오른다. 2014년 3월 말 발표됐던 공공부문 부채에는 2013년 시장 형 공기업이라는 이유로 부채 포함 대상에서 제외됐던 206개 공공기관의 부채가 추가로 포함될 전망이다.

정부가 그동안 일반정부 부채 통계에 포함하지 않았던 LH · 한국수자원공사 · 한국은행 · 금융감독원 · 산업은행 · 기업은행 등 금융 · 비금융 공공기관이 대상이다. 이에 따라 공공부문에 포함되는 공공기관은 모두 439개로 늘어날 전망이다[세종=중앙일보, 김동호 기자, 2013.10.17].

• 국가채무 500조원, 이자지출 20조3천억원

한국의 국가채무가 500조원에 가까워지면서 2014년 한 해 이자비용만 20조원을 돌파, 사상 최고를 기록했다. 2013년 국가채무에 따른 이자(예산안 기준)로 20조3천억 원을 지출한다. 이로서 국민 1인당 이자지출로만 40만4천원(통계청 추계인구 2013년 5천21만9천669명 기준)을 부담을 진다[세종=연합뉴스, 박용주 박수윤 기자, 2013.9.24].

2013년 국가채무는 확정채무 기준에 따라 500조원이고 한 해 총 이자지출 20조원 그리고 국민 1인당 이자지출 40만4천원이다(주1). 지방정부를 제외한 중앙정부의 국가채무 이자는 2006년 11조4천억 원에 그쳤으나 2007년 13조원, 2008년 13조4천억원, 2009년 14조4천억원, 2010년 17조1천억원, 2011년 18조9천억원 등을 거쳐 지난해 19조1천억원으로 뛰어올랐다. 2014년에는 20조3천억 원으로 역대 최고 수준이다.

이자비용이 중앙정부 예산에서 차지하는 비중은 2006년 이후 6% 안팎이었지만, 2014년에는 7.7%까지 오른다. 예산 1천원 당 70원 이상 이자지출로 나가는 꼴이다. 이와 같은 급증세는 경제위기 때 재정지출을 늘리면서 나랏빚이 늘어난 데 따른 것이다. 국가채무가 늘면서 불어난 이자가 또다시 채무 증가를 불러 재정 건전성을 위협하고 재정정책의 운용 폭을 좁히고 있다.

실제 국가채무는 2006년 282조7천억원에서 2007년 299조2천억원, 2008년 309조원 등으로 안정적인 증가세를 보였다. 그러나 경제위기 직후인 2009년 359조6천억원으로 껑충 뛰었고 2010년 392조2천억원, 2011년 420조5천억원, 2012년 443조1천억원 등으로 고공행진을 이어갔다.

특히 올해는 추가경정예산 편성으로 국채를 대규모로 발행하며 국가채무가 480조3천억원에 달할 전망이다. 2015년엔 510조5천억원을 기록, 나랏빚이 처음으로 500조원을 돌파한다. 이를 전년 대비 증가율로 보면 2007년 5.8%, 2008년 3.3%로 증가 폭이 작았다. 반면 리먼 브러더스 파산 직후인 2009년 16.4% 뛰어 오른 뒤 2010년 9.1%, 2011년 7.2%, 2012년 5.4%, 올해 8.4% 등 위기 이전에 견줘 높은 수준을 유지하고 있다.

국가채무 이자는 주로 국채 발행으로 발생한다. 작년에는 19조1

천억원의 국가채무 가운데 19조원이, 올해는 20조3천억원 중 18조 1천억원이 국채에 따른 이자다. 국채 대부분을 차지하는 **국고채 발행액**은 2008년 52조1천억원에서 올해 79조9천억원(본예산 기준)으로 늘어났고, 추경 편성에 따라 95조5천억원으로 증액돼 앞으로 이자부담은 지속적으로 늘어날 전망이다[세종=연합뉴스, 박용주 박수윤 기자, 2013.9.24].

국가채무가 어느 경제주체에 얼마만큼 어떻게 소화되고 있는냐 하는 것도 중요한 논쟁거리다. 한국의 경우, 국채의 소화방식에 많은 문제점을 안고 있다. 특히 국고채는 자동차, 부동산 구입 시 민간가계에 의해 자발적인 방식보다는 강제적인 방식으로 관행처럼 소화되어 왔다.

• 통화안정증권과 외평채

또한 국가채무 중 통화안정증권과 외국환평형기금채권 발행이 국가채무에 포함할 것인지 여부와 그에 따른 이자지불규모, 금리수준 등에 구조적인 왜곡 유발 문제이다. 정부는 입맛에 따라 수시로 외화보유고 관리를 고려하여 통화안정증권과 외국환평형기금채권을 고우-스톱 식으로 발행해 왔다.

해마다 추가로 발행되는 국채 소화도 민간가계 및 외국금융기관에 의해 흡수되는 방식에 따라 경제에 미치는 파급효과가 전혀 다르다. 외국금융기관의 국내 국채시장 지배적인 점유는 자본유출입과 관련해 많은 문제점을 던진다.

국채소화에서 민간가계 특히 서민가계의 재산형성과 저축 촉진 수단으로 이용되는 경우와 보험회사 등 금융기관 특히 재벌계열 금융기관에 돈을 벌어주는 수단으로 이용되는 경우도 분석해 보아야 할 것이다.

외국환평형기금의 누적 결손액이 20조원을 넘어서면서 세월이 갈수록 정부부채 규모를 키우는 요인이 되고 있다. 외환시장을 안정화하기 위해 정부가 운용하는 외국환평형기금의 누적 결손액이 20조원을 넘어섰다. 구조적인 역마진에서 비롯된 이차손실이 많이 늘어난 게 가장 큰 요인이다.

2011년 외국환평형기금의 당기순손실은 3조3천48억 원에 달했다. 이에 따라 누적 결손액은 22조1천882억 원으로, 2008년 9조900억 원에서 3년 만에 두 배 이상으로 불어났다. 당기순손실은 선년의 5조968억 원보다 1조7천920억원 감소했다. 외화자산을 원화로 환산하는 과정에서 발생한 환 평가이익 덕분이다. 연도 말 기준 원 · 달러 환율이 2010년 1,134.8원에서 지난해 1,151.8원으로 오름에 따라 1조5천78억 원의 환 평가이익이 났다. 2010년 1조4천

457억 원의 환 평가손실이 난 것과 대조된다.

문제는 이차손실이 크게 확대됐다는 것이다. 지난해 조달 금리와 운영 금리 간 차이에서 오는 금리차 손익이 4조8천126억 원으로 전년의 3조6천511억 원에서 1조1천615억 원(31.8%)이나 늘었다. 이차손실은 정부가 국채를 발행해 외평기금 재원을 마련하고, 기금 운영 등을 통해 얻은 외화자산을 주로 미국 국채를 비롯한 안전자산에 사들이는 데서 발생한다.

비싼 금리로 돈을 빌려 상대적으로 싼 금리를 주는 곳에 자산을 운용하다 보니 구조적으로 역마진이 생긴다. 조달 · 운용금리 차이는 지난해 3.24%포인트로 전년 2.70%포인트에서 더 벌어졌다. 글로벌 재정위기로 안전자산 선호현상이 강화함에 따라 미국 국채 금리가 낮게 형성돼서다.

2011회계연도 결산분석 보고서에 의하면 이차손실은 연도 중 실제 발생한 손실이라는 점에서 직접적으로 기금 재정수지에 악영향을 준다. 이차손실의 확대로 인한 외평기금의 만성적인 적자누적은 기금재정의 불안정성을 심화시켜 정책 당국의 외환시장 개입능력에 대한 시장신뢰를 저하한다[국회예산정책처].

정부는 외평기금이 글로벌 재정위기로 금융시장 변동성이 큰 상

황에서 외환시장을 안정하기 위해 불가피한 기금이며 내외금리차가 외환시장 안정을 위해 쓰였고, 외환시장이 상대적으로 안정되는데 당국의 역할이 컸다는 자체 평가를 내리고 있다.

2011년 외환시장안정용 국고채(외평채) 발행 잔액은 136조7천억 원으로 2010년보다 16조1천억 원 늘었다. 외국환평형기금의 누적 결손액 확대는 정부적자의 구조적인 확대 요인으로 자리 잡고 있어 실물경제와 금융경제부문 및 국가재정과 금융시장에 광범위하게 악영향을 미친다. **CDS 프리미엄이란 채권의 부도 위험을 보상해주는 보험 성격의 파생상품으로, 수수료에 해당하는 프리미엄이 오른 것은 부도 위험이 커졌다는 의미다**[서울=연합뉴스, 구정모 기자,2012.7.11.].

2분기 말 정부(중앙+지방)부채는 517조9천억원에 이른다. 1분기(514조8천억원)보다 소폭 늘었다. 지난해 말(469조6천억원)보다는 50조원 가량이 더 많다. 이에 따라 정부와 공기업의 부채를 모두 합한 공공부문의 부채는 2분기 말 920조3천억원으로 집계됐다. 이는 10년 전인 2003년2분기(259조7천억원)의 354%에 해당하는 수치다[서울=연합뉴스, 방현덕 기지, 2013.9.21/한국은행 자금순환통계].

23. 정부이자지출

공공부문의 부채가 해마다 누적되면서 한해 이자가 60조원에 달할 정도로 이자 부담이 급증하는 추세다. 특히 금융업종을 뺀 일반 공기업은 1년간 지출한 이자가 2007년 3조3천억원대에서 2012년 6조6천억원대로 늘었을 만큼 가파른 상승하고 있다. 일부 공기업은 빚을 내 이자를 상환하고 있는 지경이다[서울=연합뉴스 경수현 기자, 2014.4.6].

2012년 전체 공공부문의 이자 지출이 60조3천499억원으로 2007년보다 13조1천884억원(28.0%) 증가했다. 공공부문의 손익계산서 격인 공공계정 통계를 내면서 지급소득 항목에 이자지출을 별도로 구분 산출한 것으로, **전체 공공부문의 이자지출**이 집계되기는 이번이 처음이다. 집계 대상은 일반정부(중앙 및 지방정부, 사회보장기금)와 공기업(금융 · 비금융) 등 공공 부문 5천255개 기관이다[한국은행].

공공부문 영역별로 보면 일반정부의 이자지출은 2012년 29조8천258억원으로 그 5년 전인 2007년 20조5천832억원보다 9조2천429억원(44.9%) 증가했다. **2008년**에는 고금리 환경에서 글로벌 금융위기에 대응하면서 **이자지출이 32조1천665억원**까지 늘기도 했으나 2010년 25조원대까지 줄고서 다시 매년 2조 원가량씩 늘어났다.

비금융 공기업의 이자지출은 2012년 6조6천44억원으로 5년 전인 2007년(3조2천870억원)의 2배로 늘었다. 규모는 일반정부보다 작지만 한해도 빠지지 않고 늘면서 증가 속도도 가파르다. 금융 공기업은 23조9천198억원으로 6천284억원(2.7%) 늘어나는 데 그쳤다. 이번 집계 대상은 올 2월 정부가 사상 처음 공표한 공공부문 부채 산출 대상 기관을 기준으로 했으며 여기에 금융 공기업만 추가했다. 금융공기업은 한국은행, 산업은행, 한국주택금융공사 등 15개다.

정부의 **공공부문 부채 통계 산출은 공기업의 부채 등이 향후 재정 부담으로 전이될 가능성이 있는 만큼** 이를 파악, 선제적으로 관리하려는 취지이지만 금융공기업은 부채 성격이 다르다는 점에서 제외했다. 예금 등 금융공기업의 부채는 일반적인 공공 부채와는 달리 **대출, 투자 등 실물경제 활동에 투여되는 자금으로 부채에 상응하는 금융자산을 보유**한다는 이유에서다. 금융공기업을 뺀 공공부문 부채는 2012년 말 일반정부 504조6천억원, 비금융공기업 389조2천억원 등 821조1천억원이다[서울=연합뉴스 경수현 기자, 2014.4.6].

한국의 공공 부문의 전체 이자 지출은 60조원에 이른다. 공공 부문의 부채가 가파르게 늘고 있고 재정균형도 요원한 상황이다. 일부 공기업들은 이미 이자를 갚기 위해 빚을 내고 있다. 이자를 갚기 위해 빚을 내고 있는 공기업은 한국토지주택공사, 한국전력, 한국도시철도시설공단, 한국철도공사, 한국수자원공사 등이 이자보상배율 1미만(2012년 기준)이었다[국회 예결위; 2012 회계연도 결산 검토보고서]. 이자보상배율은 영업이익을 이자비용으로 나눈 수치로, 1 미만이면 벌어들인 돈으로 내야 할 이자도 다 감당할 수 없다는 의미다. 결국, 부도를 내지 않으려면 빚을 내 이자를 갚아야 하는 셈이다[서울=연합뉴스 경수현 기자, 2014.4.6].

가장 큰 원인은 부채가 늘었기 때문이다. 예를 들어 4대강 사업에 동원된 수자원공사의 경우 2008년 약 2조원이던 부채가 작년 말에는 14조원으로 늘었다. 이에 정부는 토지주택공사(LH), 수자원공사, 철도공사, 도로공사, 철도시설공단, 수자원공사, 한국전력 등 18곳을 부채 과다 공공기관으로 지정해 2017년까지 자구노력 등을 통해 경영을 정상화하도록 지시했지만 수자원공사 등 일부 기관은 여의치 않은 상황이다.

일반 정부는 공기업에 비하면 사정이 나은 편이지만 증가세라는 점에서는 같은 방향이다. 국가채무는 2007년 299조2천억원에서 2012년 425조1천억원으로 늘었다. 무엇보다 이 기간 **일반회계 적자국채 등 적자성 채무는 127조4천억원에서 202조원으로 연평균 12.2%씩 늘었다. 국내총생산 GDP의 성장률(연평균 3%대 기준 계산)보다 4배 이상 빠른 속도로 늘고 있다**[10].

따라서 균형재정은 꿈이 지나지 않을 가능성이 높다. 기획재정부가 국회에 제출한 2013~2017년 중기 국가재정운용계획에 따르면 지난해 추가경정예산안 제출 기준으로 −1.0%인 국가총생산(GDP) 대비 관리재정수지 적자 비율이 현 정부 마지막 해인 2017년에는 −0.4%로 낮아질 것으로 제시됐다. 이는 균형 재정 달성 시기를 차기 정부로 넘긴 것이고 제정균형의 실현도 높지 않다.

이명박 정부 때에도 취임 첫해에는 임기 마지막 해인 2013년 이 비율을 0.0%로 낮추겠다며 균형 재정 의지를 보였지만 글로벌 금융위기 이후 이를 −0.5%로 수정했다. 국채 발행 잔액은 이미

---

10) 일본 정부는 올해 회계연도(2014.4~2015.3) 세출의 24.3%인 약 245조원을 국가채무의 이자로 쓸 예정이다. 세입을 국채 발행으로 메워오다가 산더미처럼 불어난 결과다. 올해도 세입 예산의 43.0%를 국채 발행에 의존하는 상황이다. 이에 비하면 한국 사정은 나은 편이지만 일본과는 경제 환경이 전혀 다르다는 것을 인식할 필요가 있다. 일본은 엔화가 기축통화 국가이고 경제대국이며 국채소화도 대부분 민간저축에 의해 흡수되고 있다는 점과 일본의 복지 그물망도 앞으로도 계속 노력을 기울여야 할 한국보다 충분히 잘 갖추어져 있다는 점이다.

2014년 2월 476조3천억 원으로 늘었다. 앞으로 미국의 양적완화 축소가 진행되면서 금리가 오를 때에는 공공부문의 이자 지출 부담이 급증할 것이다[서울=연합뉴스 경수현 기자, 2014.4.6].

향후 시중금리가 오를 때는 이자부담이 크게 늘어날 수 있기 때문에 공기업 부채도 조기에 감축해야 한다. 앞으로 한국 재정수지도 고령화, 복지지출의 증가 등으로 안심할 수 없다. 특히 낙후한 복지그물망을 확충하는 과제도 안고 있어 적극적 복지정책을 추진하려면 정부의 국채관리 등 전반의 재정 정책적 관리가 요구되고 있다. 최근 정부가 공기업을 포괄하는 공공부문 부채를 발표하는 등 이 부분에 관심을 기울이는 것은 때 늦은 조치이지만 진일보한 모습이고 좀 더 계획적인이고 치밀한 대책이 필요한 것이다.

정부이자지출은 채권보유자를 살찌게 한다. 국내금융기관, 외국인 또는 근로가계를 부자로 만드는 요인으로 작동할 수 있다. 그렇다면 한국은 누구에게 부의증식을 이전시키고 있을까? 주목해 볼 일이다. 외국인과 재벌계열금융기관에게 가장 많은 이득이 돌아가는 것은 아닐까? 비효율적인 부의 배분은 아닐까?

2012년 국가채무 이자부담은 21조5천억 원에 이를 것으로 본다. 2012년 1~7월까지만 9조6천억 원을 지급했다. 국민 1인당 국가채무 이자 부담액이 43만원인 셈이다. 여기에다 지방정부가 진 채무

이자까지 합치면 전체 국가채무 이자는 더 늘어난다.

2012년 지방정부의 순채무(지방자치단체 채무 중 중앙정부에 진 빚을 뺀 금액)규모는 **18조2천억 원**에 이른다. 한국은행 기준금리 3%만 적용해도 연간 이자액은 5천460억 원에 달한다. 지방정부를 제외한 **중앙정부의 국가채무 이자**는 **2008년 13조4천억원, 2009년 14조4천억원, 2010년 17조1천억원, 2011년 18조9천억원, 2012년 21조5천억원으로 늘었다.**

2012년 국가채무(적자성 채무+금융성 채무)는 2008년보다 47.5% 늘어난 445조9천억 원으로 추정된다. 국가채무 가운데 적자성 채무 비중은 2008년 42.9%에서 2012년 49.6%로 올라간다.

세입 부족분을 채우고자 발행하는 적자국채의 발행규모는 2008년 7조4천억 원에서 2009년 35조원으로 급증하고 2011년에는 16조5천억 원을 기록했다. 2012년 1~7월까지는 9조8천억 원 어치를 발행했다.

2014년 세입 감소분이 세계잉여금과 한국은행잉여금 등 가용재원(2조1천억원)을 초과하면 적자국채 발행이 늘어날 수도 있다. 세입은 국세 1조6천300억 원이 줄고, 주식매각 대금으로 잡힌 1조9천억 원이 줄어 총 3조5천300억 원 감소할 것으로 전망된다[서울=연합뉴스, 김준억 박수윤 기자, 2012.9.24.].

2014년도에도 10개월 동안 이자비용만 최소 1천500억원 이상 지출됐다[세종=연합뉴스 박용주 기자, 2014.11.12/기획재정부/국회예산정책처]. 정부의 이자지출 규모는 2014년 1~9월까지 1천540억 원에 달했다. 이는 2천644억원의 이자비용을 지출했던 2013년, 2012년의 1천815억 원보다는 작은 수준이지만 2012년이나 2013년 수준을 넘어설 가능성이 높다.

세수 실적의 근본적인 개선과 재정 여건을 고려한 집행이 뒷받침되지 않고 이자 지급 재원인 국고금 운용수익금이 저조한 수준에 머무르며 2015년에도 적극적 확대 재정 집행이 계속되면 정부의 이자지출도 계속 늘어날 것이고 정부의 재정부담을 가중시킬 것으로 보인다[세종=연합뉴스 박용주 기자, 2014.11.12/기획재정부/국회예산정책처].

재정적자와 이자의 증가추세에서 주목할 점은 한국은행잉여금 등 가용재원과 정부소유 국책은행 지분 매각 부문이다. 정상적인 경우, 한국은행잉여금 등 가용재원과 정부소유 국책은행 지분 매각은 특별한 상황에서만 사용되고 일반적인 경우, 비축해 두거나 보다 높은 수익성 투자용도에 사용된다.

우리나라의 국가채무는 2050년이면 국내총생산(GDP) 대비

137.7%로 급증할 것으로 진단한다. 관리대상수지가 2010년 GDP 대비 1.1% 적자에서 2050년 8.3% 적자로 7.2%포인트나 악화한다.

재정적자가 누적되면서 국가채무는 2010년 말 GDP 대비 33.5%에서 2050년 137.7%로 크게 불어난다. 현행 공적연금과 의료보장제도가 그대로 유지된다 해도 인구고령화 관련 재정지출 규모가 2011년 GDP 대비 6.0%에서 2050년17.8%로 증가할 것이기 때문이다.

아울러 2010~2050년 기간 연금과 의료재정 지출의 증가규모도 GDP 대비 11.8%포인트로, 유럽연합(EU) 국가(5.6%포인트), 선진 7개국(G7) 국가(7.3%포인트) 증가규모의 2배 정도 불어날 것으로 전망했다.

인구고령화 관련 재정지출 증가가 현행 제도별 재원부담 구조가 그대로 가정하면 중앙정부가 GDP 대비 3.1%포인트, 사회보험료로 2.7%포인트, 지방자치단체가 0.8%포인트 가량을 추가 부담해야 한다는 것이다. 나머지 5.2%포인트는 국민연금과 사학연금의 적립금 등으로 충당해야 한다. 현행 제도를 유지하더라도 연금 · 의료 등 지출이 급증해 재정의 지속가능성 확보가 곤란한 상황이 된다[파이낸셜뉴스,2011.6.22].

24. 추가 채권발행의 영향

국채 발행 규모는 박근혜정부가 들어선 2013년 사상 최대를 기록했다. **2013년 국채 발행 규모는 전년보다 21.4% 늘어난 135조7천488억원으로 사상 최대였다. 이는 국고채와 국민주택채권, 재정증권 등을 포함한 것이다.** 국채 발행액은 2008년 59조원에서 2009년 94조원으로 급증했다가 2010년 86조원으로 다시 소폭 줄었다. 이어 2011년 103조원으로 처음 100조원 선을 넘었고 2012년 112조원에 이어 지난해 다시 급증했다[서울=연합뉴스 박상돈 기자, 2014.1.12].

글로벌 금융위기 광풍이 몰아친 2009년과 유럽 재정위기 여파가 미치기 시작한 2011년부터 국채 발행이 크게 늘었다. 지난해 국채 중 국고채 발행액은 88조5천억원으로 전년보다 11.0% 늘었다. 국고채 발행액은 2008년 52조원 규모에서 2009년 85조원으로 급증했다가 2010년 77조7천억원, 2011년 81조3천억원, 2012년 79조

7천억원에 이어 지난해 추가경정예산이 편성되며 90조원 선에 근접했다.

정부의 올해 국고채 발행 계획은 97조9천억원으로 100조원에 육박하고 있다. 정부가 복지 등을 위해 쓸 돈은 많지만 거둬들이는 돈은 그만큼 적을 것으로 예상하기 때문이다.

국고채를 비롯한 국채 발행이 증가하는 것은 경기 부양 및 복지 지출 확대의 필요성에 부응하기 위해서다. 국채발행을 통한 **재원조달 방식은 증세를 피하고 국민들이 체감하기 힘든 우회하는 길을 선택한 것이다. 공공의 감시가 허술한 한국의 경우, 집권자의 마음대로 쓸 수 있는 필요 악 인지도 모른다.** 재정건전성을 위해서는 줄여야 하지만 경기가 어렵고 복지예산은 필요한 상황이고 경기 회복을 위해 국고채 발행이 늘어날 수밖에 없는 상태다.

지난해 특수채 발행액은 88조3천784억원으로 전년보다 17.3% 줄었다. 특수채 발행액은 2008년 48조원에서 2009년 77조원, 2010년 81조원, 2011년 71조원에 이어 2012년 107조원으로 정점을 찍었다. MB정부에서 4대강 사업 등을 위해 특수채를 많이 찍어 발행액이 늘어났다가 이번 정부 들어 감소한 것으로 보인다.

지난해 말 국채와 특수채 발행잔액은 453조543억원과 355조

779억원으로 전년 말보다 각각 9.6%, 11.6% 늘었다. 발행 잔액은 발행액에서 상환액을 빼고 남은 금액이다.

기업체들이 공급하는 **회사채 발행액은** 2013년 **66조6천752억원**으로 전년보다 13.1% 줄었다. 회사채 발행액은 2008년 38조원에서 2009년 57조원으로 급증했고 2010년 52조원, 2011년 73조원, 2012년 77조원으로 늘었다가 지난해 소폭 감소했다.

국내 채권발행시장에서 공공채권 발행 규모 135조7천488억원이 회사채 발행 규모 66조6천752억원을 두 배 이상 크게 압도하고 있다. 발행 물량으로 봤을 때, 신규 채권 공급시장에서 공공기관이 시중금리 상황을 보면서 발행물량을 공급하며 발행금리를 선도적으로 이끌고 가고 있다.

• 정부이자지출

2014년에 나라 빚 이자로만 지급해야 할 돈이 22조6000억원에 달한다. 지난 10년 동안 국가채무 이자 지급액의 연평균 증가율은 9.8%로 일반회계예산의 평균 증가율 7.8% 보다 빠르다.

2014년에 나라 빚 이자로만 지급해야 할 돈이 22조6000억원에 달한다. 나라살림 예산인 일반회계예산의 9.1%에 달하는 수치다.

2004년부터 2013년까지 지난 10년 동안 일반회계예산에 포함된 국가채무 이자 지급액이 146조5000억원에 달하며, 같은 기간 국가채무 이자 지급액의 연평균 증가율은 9.8%로 일반회계예산의 평균 증가율 7.8% 보다 빠른 속도로 늘어나고 있다[헤럴드뉴스, 2013.10.30].

2004년 국가채무 이자지급액은 9조원이었으나 올해 이자지급액은 20조3000억원으로 약 2.3배 증가했고, 일반회계 예산대비 이자지급액의 비중도 이 기간 7.6%에서 2013년 8.6%로 높아졌다. 지난 10년간 낸 나라 빚 이자를 모두 합치면 146조5000억원이나 된다.

내년 국가채무 515조2000억원에 대한 이자지급액은 올해보다 11.3% 증가한 22조6000억원으로, 정부가 제출한 일반회계 예산안의 9.1%에 달할 것으로 예상됐다. **특히 내년 이자지급액 증가율 11.3%는 내년도 정부 총지출 증가율 2.5%보다 4.5배나 높다.**

이러다보니 정부가 내년에 지출할 12개 재원배분 분야와 비교하면 이자지급액은 23조3000억원 규모인 사회간접자본(SOC) 예산보다는 적지만, 농림수산식품 예산 18조6000억원보다 많은 6번째에 해당할 정도다.

국가채무 이자지급액이 일반회계 예산의 10%를 넘어서면 원리금 부담 가중으로 재정의 경직성이 높아진다. 올해 세수부족액이 10조원 이상 발생할 것으로 우려되는 상황에서 내년 재정적자가 25조 9000억원에 이르고 국가채무도 34조9000억원 늘어나게 되면 재정 경직성이 높아져 원리금 상환부담이 눈덩이처럼 불어날 수밖에 없다. [헤럴드뉴스, 2013.10.30].

25. 선진국 국가채무의 파급영향

일본의 국가채무와 유럽국가의 재정위기, 미국의 쌍둥이 적자는 그의 배경이 다르고 파급효과도 크게 다르다. 일본의 경우, 국채의 95%는 일본은행과 연금펀드 등 국내 기관투자자들에 의해 소화되고 있다. 일본은 국가채무 943조 엔보다 훨씬 많은 가계 금융자산 1,500조 엔이 재정파탄을 막아주는 방패 역할을 한다.

또한 일본은 대규모 경상흑자국가로 외환보유액이 1조1,161억 달러에 달한다. 일본 실물경제의 국제경쟁력이 탄탄해 외화획득이 용이하다. 또한 수출경쟁력과 함께 만성적인 경상수지흑자가 튼튼히 받쳐주고 있다. 일본 엔화는 세계적으로 통용되는 기축통화이다.

미국은 만성적인 쌍둥이적자에 시달리고 있지만 기축통화국가이자 세계경찰국로서 미국부채가 외국기관들에 의해 흡수되고 있다는 점이다. 국가부채의 일부가 외국인의 재원으로 조달되고 있다.

미국의 국가채무는 단기적으로 불안이 제기되기도 하지만 미국 국가신용등급이 강등되더라도 국가파산 가능성은 현실적으로 매우 희박하다. 그 이유는 미국의 막강한 힘 때문이다.

미국은 올해 GDP 대비 재정적자가 10%를 넘어 일본보다 높다. 그러나 미국의 국가채무비율은 100%로 일본의 절반밖에 안 된다.

미국과 일본의 국가채무 조절은 세계경제에 크게 영향을 미친다. 미국과 일본의 신용등급 불안은 장기금리의 불안을 유발한다. 금리 불안정은 세계경기 회복에 찬물을 부을 수 있다.

미일 장기금리의 급등락은 세계 금융시장과 실물경제에 영향을 미친다. 양국의 국가채무정도에 따라 해외경제가 민감하게 반응하면서 한국경제도 예민하게 반응한다.

해오쇼크에 민감한 한국경제는 취약한 내부경제 때문에 언제든지 출렁거릴 수 있다. 경제 불안이 가중되면 중소업체와 중산층 및 서민가계는 제일 먼저 피해를 입는다.

최근 일본의 대지진과 유럽의 재정위기는 위기 대처 능력에 한계를 보여 주었다. 선진국들은 또 다른 위기에 대처할만한 재정적 여력을 거의 소진했다. 일본의 위기는 자연재해에서 온 것이고 유럽의 위기는 인간이 초래했다는 차이가 있지만 양국의 막대한 재정적자와 함께 온 가중된 재정부담은 공통점을 갖고 있다.

일본은 국가 부채가 국내총생산(GDP)의 226%에 달한다. 유럽에서는 그리스, 아일랜드, 포르투갈이 구제 금융을 받고 있다. 선진국은 위기 때 국민과 투자자, 은행, 기업들이 피해를 입지 않도록 해왔는데 이제 선진국의 정부재정이 한계에 도달했다.

선진국은 이제 또 다시 닥칠 위기에 봉착할 우려를 낳고 있다. 문제 심각성은 또 한 번 시스템을 구제할만한 재정 여력이 거의 소진했다는데 문제가 있다.

최근 IMF는 23개 선진국에 대해 감내 가능한 최대부채규모를 분석했다. 이 분석 결과에 의하면 **일본, 그리스, 이탈리아, 포르투갈, 아이슬란드는 이미 부채 규모가 한도에 도달했다.** 미국도 GDP 대비 부채비율이 51%로 역사상 최대치에 도달했다.

미국이 아무런 조치를 취하지 않고 방치하면 15년 뒤 국가부채의 한계에 달했다. 일본의 경우, 대지진에 따른 복구비용으로 현재 226%인 GDP 대비 국가부채비율이 몇 %포인트 더 늘어날 것으로 전망됐다.

유럽도 구제금융 비용이 늘어나면서 **GDP 대비 84%인 유로존 국가 부채비율이 6%포인트 가량 높아질 것으로 예상된다.** 이처럼 정부의 부채비율이 늘어나면 투자자들의 신뢰가 떨어지면서 정부가 대처능력이 취약해 질 것이고 결국 또 다른 금융위기를 가져올 수 있다[월스트리트저널, 2011.3.28.].

미국과 일본은 재정적자와 무역적자에 빠진 쌍둥이적자 상태다. 양국의 국가채무는 대외채무와 대내채무로 조달된다. **해외채무 조달은 외국인투자자들이 채무국가의 환율이 안정적이라는 신뢰를 줄 수 있을 때 가능하다.**

만약 해당 채무국가의 환율안정을 신뢰하지 못하면 해당국은 금리를 올리거나 국내소비를 제한해야 한다. 이는 경제성장에 부정적인 영향을 미친다. 최악의 경우, 늘어나는 국가채무는 금융위기를 초래할 수 있다.

미국은 수년 간 쌍둥이 적자에 시달리고 있다. 그러나 미국은 기축통화국가로서 세계통화인 달러를 발행하는 나라라는 점이다. 최근 미국은 국가부채가 법정한도를 초과하여 국채 발행이 잠정 중단된 상황에 도달하기도 했다.

세계의 투자자들은 미국 달러가치의 미래를 우려하였다. 일각에선 미국의 달러 가치가 앞으로 5년간 30%남짓 폭락할지 모른다고 예측하기도 하였다.

한편 중국 위안화가 앞으로 5년간 달러 대비 연간 5~7%씩 절상되면 달러 가치는 20~30% 폭락할 것으로 예상한다. 중국 통화가 절상되면 중국의 무역 상대국들은 자국 통화의 절상을 편안하게 받아들일 것으로 예상된다. 더구나 최근 몇 년간 위안화와 유로화는 같은 방향으로 함께 움직여왔다.

중국의 경제 성장세는 자원부국인 캐나다와 호주 달러에도 긍정적인 영향을 미쳤다. 이를 감안하면 위안화 절상은 신흥국뿐 아니라 유로화, 호주 달러 가치까지 끌어올려 미국 달러의 가치는 급락할 것으로 본다. 달러 가치가 장기적으로 더 떨어지면 미국 경제와 글로벌 경제에 미치는 영향은 매우 클 것이다.

미국 제조업체의 가격 경쟁력은 더 높아지지만 수입 물가는 올라가 유통업체와 소비자들은 타격을 받을 것이다. 또 미국 방문자들의 비용이 낮아지고 미국 부동산은 미국인들이 사기에는 가격이 높아지는 반면 외국인들이 매입하기에는 저렴해진다. 이는 미국의 무역수지와 경상수지 적자를 개선하는데 도움을 줄 것이다.

그러나 미국 정부의 재정적자와 국가부채는 더욱 심각하게 악화될 수 있다. 달러 가치가 급격하게 떨어지면 물가상승이 치솟을 것이고 아울러 중국 등 대미 채권 국가들이 미국 국채 보유량을 줄이면 미국 국채수익률이 급등하면서 미국 정부의 이자 부담은 눈 덩이처럼 불어나는 연쇄 효과를 가져 올 것이다.

위안화가 절상되면 유로화도 동반 절상할 것이다. 이는 달러/위안 환율이 과거 달러 인덱스와 매우 밀접한 연관성이 높이 때문이다. 달러 인덱스는 주요 6개 통화 대비 달러 가치를 나타내지만 유로화가 절반 이상의 비중이고 다른 통화는 위안화(12.6%), 영국 파운드화(11.9%), 캐나다 달러(9.1%), 스웨덴 크로나(4.2%), 스위스 프랑(3.6%) 등이다.

중국이 2005년부터 2008년까지 관리변동 환율제를 운영하는 동안 달러화 가치는 위안화 대비 18% 떨어져 같은 기간 동안 달러 인덱스 하락률 22%와 큰 차이를 보이지 않았다. 따라서 달러 가치가 더 떨어질 것으로 예상되면서 미국이 중국에 국채를 팔아 경상적자와 재정적자를 메울 수 있을 것이란 기대감은 점점 더 낮아지고 있다.

이러한 쌍둥이 적자는 어디서든 돈을 빌려와 메워야 하는데 유럽 국가들, 특히 대규모 경상흑자를 내고 있는 독일이 미국에 자금줄 노릇을 해줄 것으로 예상된다[머니투데이, 2011.5.18].

달러 가치가 앞으로 5년간 위안화 대비 연간 5%씩 절하되면 위안화와 상관계수를 감안할 때 **달러 인덱스**는 20~25% 하락할 것으로 추산된다. 달러가 위안화 대비 연간 7.8%씩 하락할 경우 달러 인덱스는 향후 5년간 40% 폭락할 것으로 전망한다. 예를 들어 호주 달러는 2008년부터 3년간 81% 급등했다. 환율은 사람들이 생각하는 것보다 더 급격하게 움직이고 있다[머니투데이, 2011.5.18].

유럽 및 미국의 국채소화 통로는 개발도상국과 다르다. 이런 차이에서 오는 거시경제적인 효과를 보기 위해 재정수지 균형조건식을 통해 살펴보기로 한다. 재정수지 균형조건은 재정지출 = 재정수입 일 때 성립한다. (재정지출 - 재정수입)〉0 인 경우, 재정적자가 발생한다.

재정적자는 보통 중앙은행의 통화발행과 국채발행을 통해 조달한다. 따라서 식은 다음과 같이 나타낼 수 있다; 재정적자 = 통화발행 + 국채발행. 재정수지균형조건식은 G - T = D = M + B의 식으로 나타낸다. 다음은 이 식을 이용해 두 지역의 국채소화 방식에 대해 생각해 보자.

미국, 일본, 영국 등 선진국은 중앙은행이 연방정부가 발행한 국채를 무제한으로 사들일 수 있다. 따라서 정부는 국가채무가 눈덩이처럼 불어남에도 불구하고 소화할 수 있는 한 유동성을 확대할

수 있다. 연방정부에게 매우 낮은 이자율로 신용대출 할 수 있는 상황을 만들 수 있다. 정부나 중앙은행은 어떤 벌칙을 받지 않는 면제를 받아가면서 국가채무를 키울 수 있다.

그러나 유럽의 경우, 좀 더 복잡한 절차와 과정을 거처야 한다. 유럽의 중앙은행은 국가에게 직접 자금을 조달해 주지 않는다. 다시 말해서 각국 연방정부는 유럽의 중앙은행으로부터 재정적자를 메우는 데 필요한 자금을 직접 조달 할 수 없도록 엄격히 제한하고 있다.

국채 발행으로 조달하는 방법이 있지만 이 시장은 상당히 왜곡되고 있다. 리스크는 결코 이자지불에 충분히 반영되지 않고 있는 체 국가의 거대한 신용차입이 이루어지고 있다. 일본은 대지진으로, 유럽은 계속되는 재정위기로 위기 대처 능력이 한계에 도달했다. 선진국은 또 다른 위기에 대처할만한 재정적 여력을 거의 소진했다.

일본과 유럽이 직면한 위기는 각각 자연 발생적이고 인간이 초래했다는 차이지만 막대한 재정적자에 빠져있는 두 정부의 재정 부담을 더욱 가중시킨다는 공통점을 갖고 있다. **일본은 국가 부채가 이미 국내총생산(GDP)의 226%에 달했다. 선진국 가운데 최고 수준이다. 유럽에서는 그리스, 아일랜드, 포르투갈, 스페인 등이 불안한 재정위기에 처해 있다.**

이들 위기국가들은 더 큰 문제로 정부책임이 커지고 있다. 선진국 정부는 어떤 위기에서도 국민과 투자자, 은행, 기업들이 피해를 입지 않도록 하는데 정부재정 여력이 한계에 도달했다. 선진국들은 또 다른 새로운 위기에 대처할 수 있을지 의심하고 있고 상당수 국가가 또 한 번 시스템을 구제할 재정 여력이 없는 실정이다. **선진국의 평균 국가 부채비율은 2010년 기준으로 국내총생산(GDP)의 74%로 1970년대에 비해 세 배 이상 늘었다. 이는 제2차 세계대전 이후 최고 수준이다.**

그 동안 선진국의 부채는 정부의 역할이 크게 바뀌면서 늘어왔다. 정부는 위기 상황에서 마지막에 의지할 수 있는 자금줄로 여기고 있다. 정부는 자연재해로 피해를 입은 마을을 재건해야 하며 은행과 민간 기업들의 빚까지 지급 보증한다. 국가재정 의존도는 점점 늘고 있지만 재정수입은 반대로 줄고 있다.

선진국은 경제성장률이 개발도상국에 비해 낮은데다 인구 고령화까지 진전되고 있어 건강보험과 국민연금 제도를 유지하기조차 버거운 상태다. 세율은 정치적 반대로 올리지 못하고 있다. 정부는 어려울 때 항상 옆에서 사람들을 구제해야 한다는 기대감이 있지만 세율은 언제나 낮게 유지돼야 한다는 인식 또한 공고해서 지원을 마냥 계속될 수 없다.

IMF는 최근 23개 선진국에 대해 실질부채 수준을 계산한 뒤 과거 지급 불능 상태에 빠지지 않는 선에서 부채비율이 가장 높았던 때와 비교해 감내할 수 있는 최대 부채규모가 어느 정도인지 파악했다. 이 분석 결과에 의하면 일본, 그리스, 이탈리아, 포르투갈, 아이슬란드는 이미 부채 규모가 한계에 도달한 것으로 평가했다. 이들 국가 중 그리스는 이미 구제금융을 받았고 포르투갈은 구제금융 문턱에 와 있다.

미국도 GDP 대비 부채비율이 51%에 달하는 역사상 최대치에 도달했다. 만약 아무런 조치를 취하지 않고 방치하면 15년 뒤 미국의 국가부채도 한계에 도달할 것으로 본다. 일본은 대지진에 따른 복구비용으로 현재 226%인 GDP 대비 국가부채비율이 몇 %포인트 더 늘어날 것이다. 유럽도 구제금융 비용이 늘어나면서 GDP 대비 84%인 유로존 국가 부채비율이 6%포인트 가량 높아질 것이다. 이처럼 정부의 부채비율이 높아지면 투자자들의 신뢰가 떨어지고 정부의 대처능력이 약화되며 다른 금융위기를 유발할 것이다[월스트리트저널, 2011.3.28].

재정위기를 겪어오던 포르투갈, 그리스, 아일랜드, 스페인 등 유로 존 국가들이 구제금융을 받게 됐다. 유로존 국가 가운데 유럽 변방 국가들은 방만한 국가경영으로 국고가 고갈되면서 지난해 재정위기를 맞았다. 그러나 재정위기로 정치 불안이 불거지면 가뜩이나

높은 국채 수익률이 급등하기 시작한다. IMF 구제금융은 엄격한 경제 구조조정 프로그램을 수용해야 하는, 견딜 수 없는 아픔을 겪어야 한다.

국제금융시장에는 호재로 작용한다. 지금껏 발목을 잡아왔던 불확실성이 해소되면 증시나 외환시장에 호재로 반영된다. EU에 IMF가 가세하면 충분히 지원할 수 있는 규모다. EU는 관련 규정에 따라 최대한 신속히 절차를 진행하려고 한다. IMF도 자금을 지원하려고 한다. 스페인 구제 금융 사태는 포르투갈과 그리스, 아일랜드 3개국을 합친 것과 비교할 수 없을 정도로 타격이 크다.

그러나 최근 들어 스페인 재정상황과 경제는 호전돼 당초의 우려에서는 벗어났다. 스페인 정부가 연금 문제와 노동시장, 은행 개혁과 관련 재정적인 측면에서 취한 적절한 정책을 취했다. 스페인이 어떤 종류의 재정지원도 필요하지 않을 것으로 진단한다.

정부부채를 해결하는 방법은 크게 3가지가 있다. 미국, 영국처럼 자국 통화가 국제통화인 경우 인플레이션을 통해 부채의 실질가치를 떨어뜨리는 방법이 있다. 다른 방법은 국민연금과 금융기관에 낮은 금리로 국채를 매입케 하는 방법이 있다.

아일랜드는 특별 장기국채를 연금펀드에 매각할 계획이다. **세 번째 방법은 재정긴축 방법이다. 이는 세수입 범위 내에서 지출한다. 이 방법은 효과를 얻는데 오랜 시간이 걸린다. 또한 정부의 지출예산을 다시 짜야하는 고통이 따른다.**

예를 들어 개인과 은행이 부담 가능한 부채규모를 정해 놓는다면 거대한 비용이 드는 금융위기를 줄어들게 할 수 있다. 또한 발생하더라도 덜 심각하다. 결국 정부는 세율을 올리거나 너그럽지 못한 정부가 되거나 아니면 세율 인상과 너그럽지 못한 정부를 동시에 채택해야 한다[월스트리트저널, 2011.3.28].

26. 미국 양적완화 축소 유발 글로벌 자금이동

미국 연방준비제도(Fed · 연준)가 양적완화 축소에 나서면 '글로벌 자금 대이동(그레이트 로테이션)'을 초래한다. 글로벌 금융시장은 연준이 '출구전략 로드맵'을 공개한 이래 '패닉' 상태를 경험한 바 있다. 이후 벤 버냉키 연준 의장 등의 양적완화 축소시점을 늦추겠다는 구두 개입 등에 힘입어 장기금리 인상 기조가 한풀 꺾이는 등 글로벌 금융시장은 '속도조절' 하는 모습을 보여 왔다[서울경제, 2013.8.8].

그러나 출구전략이 실행된다면 다시 한 번 글로벌 금융시장이 요동칠 것이다. 글로벌 로테이션이 진행될 것이다. 이미 신흥국으로부터의 자금이탈 및 주식자금 유입 추세 등이 이어지고 있다. 일본국채와 엔화, 아시아 하이일드채권이 각광을 받는 등 새로운 흐름이 나타나고 있다. 반면 달러화와 기타 안전통화 등은 당분간 투자자들의 관심권에서 멀어지고 있다.

7월 미국 주식형펀드에는 403억 달러가 유입돼 두 달 연속 역대 최고 유입 기록을 경신했다. 반면 채권시장에서는 6월 역대 최대인 691억 달러가 빠져나간 데 이어 7월에도 211억 달러의 자금이 유출됐다. 연준의 구두개입에 힘입어 채권 순유입 국면이 급격한 장기금리 인상을 피하고 21개월 만에 마무리된 셈이다. 신흥국에서 빠져나온 자금의 상당액은 아직 현금 상태이지만 주식시장 유입 기조는 지속될 것이다.

채권시장의 점진적 안정기조가 확산되면서 단기 채권에만 관심을 보였던 투자자금의 일부가 장기 채권으로 흘러가고 있다. 지난달 보험업계 등에서 채권시장 안정화에 힘입어 신규 장기채 매수를 재개했다.

출구전략 로드맵이 공개된 뒤 급격한 자금유입을 경험했던 달러화는 갈수록 투자자들의 관심권에서 멀어지고 있다. 전일 엔 · 달러 환율은 96.98엔을 기록하며 달러화 가치를 약 1개월 반 만에 최저치로 끌어내렸다. 달러화는 대표적인 '투자피난처'로 위기 때마다 각광을 받아왔지만 일본과 유럽의 경기가 살아나고 지난 위기국면에서 별다른 방어능력을 입증하지 못하면서 나 홀로 강세 국면을 벗어나고 있다.

앞으로 단기금리 인상 등 본격적인 출구전략이 실행되면 달러강세가 나타날 수 있다. 양적완화 축소 여부가 이미 시장에 반영된 만큼 좀 더 분명한 회복기조가 나타날 때까지 횡보세를 보일 것이다. 엔·달러 환율이 88엔까지 밀릴 가능성이 있다.

안전자산으로 분류되는 스위스프랑화와 독일국채의 인기도 시들해지고 있다. 스위스 프랑은 5월 초 유로 당 1.2214프랑에 거래됐지만 미국의 출구전략 관련 첫 언급이 나온 5월22일에는 가치가 월초 대비 2.9%나 떨어진 유로 당 1.2579프랑에 장을 마쳤다. 현재는 유로 당 1.23프랑에 거래되고 있다. 독일 10년물 국채금리 역시 5월 초 1.16%였으나 6월 1.81%까지 치솟아(국채가격 하락) 약 17개월 만에 최고치를 기록했으며 현재도 1.7% 내외에서 움직이고 있다.

이는 미국 경기가 강한 회복세를 보이고 유럽 또한 살아날 조짐을 나타내자 자금이 미국·유럽으로 몰렸기 때문이다. 현재 미국 다우지수는 연초 대비 18% 급등했고 범유럽지수인 STX600지수 또한 8.6%나 올랐다. 프랑 가치가 내년 중반까지 현재보다 10%가량 더 떨어실 것으로 본다. 투자자들 사이에서 1%내의 낮은 이자를 주는 독일국채를 꺼리는 경향이 확산되고 있다[서울경제, 2013.8.8].

반면 일본국채는 투자자들의 관심을 새롭게 받고 있다. 7일 아시아시장에서 10년 만기 일본국채 수익률은 0.752%를 기록해 6월4

일 이래 최저치로 떨어졌다. 엔화가치 급등이 일본 증시를 끌어내리면서 '안전자산 매입세'가 일본국채로 몰리고 있기 때문이다. 미국채 수익률이 상승 기조를 보이는 점도 '자산피난처'로서의 일본국채 가치를 높이고 있다는 평가다. 일본은행(BOJ)이 단기국채 매입에 나서면서 국채 품귀현상이 촉발되고 있다. 시중 매수세가 장기채로 몰리고 있어 국채 인기가 지속될 가능성을 더해준다.

글로벌 헤지펀드들은 아시아 부실채권 매입에 열을 올리고 있다. 헤지펀드들의 아시아 부실채권 매입동향을 보여주는 유레카헤지 아시아부실채헤지펀드지수는 3월 433.88로 사상 최고치를 기록했으며 6월 현재도 424.93으로 비슷한 수준을 유지하고 있다.

아시아 기업들은 2008년부터 무분별하게 회사채를 발행해 부실채가 늘어났고 투자자들이 떠나 가격은 하락했다. 하지만 헤지펀드들은 이들 회사가 생각보다 부도 날 확률이 작아 리스크를 감안하더라도 높은 수익을 올릴 수 있다고 판단한다. 2008년 이후 아시아 정부는 막대한 돈을 뿌려 기업들을 살렸지만 최근에는 중국 정부가 룽성중공업 구제를 거절하는 등 변화의 기류가 감지되고 있는 상황 변화다[서울경제, 2013.8.8].

미국에서 유럽 정크본드(투자부적격 등급 기업이 발행한 회사채) 판매가 급증해 올해 발행량이 역대 최다치를 기록했다. 고수익 채권에 대한 미국 투자수요가 높았고, 자금 조달을 위해 채권을 발행하는 유럽 기업이 많았기 때문이다 [헤럴드경제=강승연 기자, 2013.8.8].

금년 초부터 현재까지 미국에서 발행된 유럽 정크본드 판매량은 전년 동기 대비 70% 늘어난 290억 달러(약 32조2712억 원)로 집계됐다. 같은 기간 미국에서 판매된 유럽 전체 회사채 발행량은 11% 많아진 1060억 달러(약 117조9568억 원)로, 역시 사상 최다 수준이었다.

정부의 한국은행 차입이 2013년 들어서 급증하였다. 한은이 올해 1~9월 정부 통합계정에 빌려준 돈은 72조5천억원으로 이미 작년 연간 차입액(37조)의 2배에 달했다. 공공자금관리기금의 한은 차입액도 15조2천억원으로, 작년 1년간 차입액(9조1천억원)보다 67% 많았다.

다만, 상환도 함께 진행되면서 9월말 현재 정부 통합계정 차입액 잔액은 5조원, 공공자금관리기금 차입액 잔액은 7조4천억원인 것으로 집계됐다. 정부의 한은 차입 급증은 세수부족 등 어려운 재정 사정 영향이 큰 것으로 풀이된다[서울=연합뉴스, 경수현 기자, 2013.10.18].

그러나 정부의 한은차입은 중앙은행의 통화발행과 같은 성격을 가지고 있기 때문에 그만큼 통화량이 늘어나고 한은은 늘어난 시중

통화량을 통안증권 발행 등을 통해 흡수하는 방식이어서 후진국 통화관리이고 부담 요인으로 작용한다.

이에 따라 한국은행은 정부의 차입액을 최소화하고자 재정의 일시 부족자금은 재정증권 발행으로 조달하고 한은 차입을 희망할 때에는 사전에 협의를 거치도록 하고 있다. 여기서도 한국은행의 대정부 독립성이 문제되고 재정정책과 금융정책의 갈등 문제가 제기된다.

정부 대출이 관련 법령 취지에 맞게 운용되도록 노력할 것이라고 밝혔지만 앞서 본대로 무분별한 중앙은행 차입이 이루어진 것을 보면 사실상 한국은행은 독립적인 정책을 포기한 것이나 다름없다[서울=연합뉴스, 경수현 기자, 2013.10.18].

27. 한국의 재정정책 운용 폭 협소

• 불안한 장기적 불균형 재정

현행 재정정책이 계속 유지되면 2060년경에는 정부지출이 국내총생산(GDP)의 42% 수준까지 늘어나 장기적으로 지금의 재정정책도 유지하기 힘들어진다. 현행 재정정책을 유지한다면 이전지출액과 정부소비를 합한 정부지출액은 2060년대에 GDP의 42% 수준까지 늘어날 걸로 본다. 현재의 정부지출액이 GDP의 29%를 웃도는 점을 고려하면 앞으로 정부지출액이 더 빠른 속도로 증가할 것이다.

반면, 정부수입은 현행의 조세정책과 사회보험료 관련 정책을 조정하지 않을 경우, 현재 GDP의 27% 수준에서 앞으로 10년 정도 증가하다가 그 이후 하락해 장기적으로 25% 수준에서 안정될 것으로 추정했다. 이 같은 **정부수입 감소 전망은 고령화 진전에 따라 불가피하게 일어날 수밖에 없다. 현행 정책을 유지할 경우, 장기적으**

로 재정지출과 수입의 차이는 GDP의 16%에 이를 것이다. 따라서 현재의 재정정책은 유지될 수 없으며 앞으로 재정지출을 삭감하거나 조세부담을 상향조정할 수밖에 없을 것이다.

이런 정부재정의 불균형 요인은 고령화에 따른 세입 기반 약화와 노인인구 층에 대한 이전지출과 정부소비의 증가에 기인한다. 이밖에 현행 재정정책 기조 하에서 평가한 현재 세대의 재정부담과 장기재정 불균형 해소를 위해 부담해야 할 미래세대의 재정부담을 비교한 세대 간 불평등도 매우 커질 것이다. 세대 간 불평등도는 281%이며 이는 현재 세대의 재정부담에 비해 미래세대의 재정부담이 281% 높은 수준이 돼야 정부의 장기재정균형이 회복되는 풀이 된다[파이낸셜뉴스, 2011.6.1].

정부는 2012년 예산 편성과 2011~2015년 재정운용계획에서도 2010~2014년 재정운용계획에서 도입한 재정준칙을 준수해 지출 증가율을 수입증가율보다 2~3%포인트 낮게 유지한다. 정부는 5년 평균 국내총생산(GDP · 명목 기준) 증가율을 7.6%, 세금 등 정부 수입 증가율을 7.7%로 전망하고, 정부 지출 증가율은 4.8%로 억제한다. 따라서 GDP 대비 정부지출 규모는 계속 작아지는 셈이 된다.

전망에 따라 GDP 대비 중앙정부 비중을 계산해보면, 2009년 28.3%(추경 포함)까지 올라갔던 정부 비중은 2010년부터 낮아져

2014년에는 22.4%까지 하락한다. 지방정부를 합친 일반정부 비중도 마찬가지다. 경제협력개발기구(OECD) 자료를 보면 우리나라의 GDP 대비 일반정부 비중은 2009년 31.9%로 정점을 찍은 뒤 2012년 27.3%까지 떨어진다. 이는 OECD 30개 회원국 가운데 가장 낮은 수치다.

OECD 평균 일반정부 비중은 매년 40% 안팎으로, OECD 평균과 우리나라의 격차는 2008년 11.1%포인트까지 좁혀졌다 이후 다시 2012년 15.3%포인트까지 벌어진다. 선진국에서는 복지 교육 등 관련재정지출이 커지고 있는데, 우리는 관련 지출이 거꾸로 가고 있다.

• 국가채무급증세 전망

우리나라의 국가채무는 장기적으로 저출산 · 고령화 등의 요인으로 사회복지 관련 지출이 급증할 것으로 예상된다. 한국의 노령인구는 현재 전체 인구 중 11% 수준이지만 2030년에는 25%까지 올라간다. 현재 한국의 국가채무비율은 유럽연합(EU) 국가들에 비해 절반 미만이지만 노령화로 사회복지 관련 재정지출이 급증하면 2030년에는 그 격차가 거의 좁아진다. **사회복지지출과 보건, 교육 관련 지출이 크게 늘어나면 국가채무는 대폭 늘어난다.**

여기에 현재 대규모 적자인 공무원연금과 건강보험, 군인연금과 국민연금 등을 고려하면 국가채무는 크게 증폭된다. 공공기관의 부채까지 포함하면, 국가부채는 상상을 초월하는 규모로 불어난다. 막대한 통일비용까지 가산하면 국가부채는 상상하기 어려울 정도다 [조세연구원, 이투데이, 2011.1.28].

• 보건사회복지지출 급증

우리나라는 2050년이 되면 건강보험 및 노인 장기요양보험, 산재보험 등 사회보장 보험들, 저출산 및 고령화 관련 재정지출 등의 보건 · 사회복지지출의 급증으로 국가채무가 국내총생산(GDP) 대비 116%까지 늘어난다. 저출산 및 고령화의 가속화로 보건사회복지지출 총액은 2009년 GDP 대비 9.4%에서 2050년 22.3%로 50년 사이 13% 포인트 정도 늘어날 것이다.

이 중 순수한 보건지출은 2009년 GDP 대비 2.9%에서 2050년 5.3%, 사회복지지출은 6.5%에서 17% 정도로 늘어날 것이다. 추계된 사회복지지출 확대로 조세부담률 20.8%로 가정할 경우 2050년 국가채무는 116%에 달한다. 2007년 국가채무비율은 30.7%로 유럽연합 평균 60%대에 비해 매우 양호했다. 앞으로 재정악화가 EU 국가들보다 빠르게 진행될 경우, 2050년에는 국가채무가 EU 수준으로 늘어나게 된다.

앞으로 사회복지지출비용을 감당하려면 중앙정부의 국고부담을 2050년에는 2009년보다 GDP 대비 2.36% 포인트, 지자체의 지방비 부담을 0.63% 포인트, 국민의 보험료 부담을 5.42% 올려야 한다. 특히 건강보험 및 노인 장기요양보험, 산재보험 등 사회보장 보험들의 재정 적자 해소를 위해 보험료율을 인상하면 중앙정부 국고부담과 국민의 보험료 부담이 각각 2.87% 포인트와 8.59% 포인트씩 추가로 상승한다[이투데이, 2011.1.28].

- 건강보험 재정적자

건강보험의 재정적자 폭은 2011년부터 건강보험 보장성 확대와 보험료 및 수가인상 등 제도적 변화가 이뤄지지 않을 경우, 2020년이면 16조원에 이른다. 건보 재정적자는 2009년 32억원, 2010년 1조2천994억원, 2011년에는 281억원에 도달할 것이다. 그 이후부터는 2013년 1조5천122억원, 2014년 3조1천69억원, 2015년 4조7천756억원으로 매년 1조5천억원 정도씩 늘어나고 2018년에는 적자규모가 10조7천57억 원을 돌파한 뒤 2020년 15조9천155억원, 2022년 20조4천186억원, 2025년 29조2천537억원, 2030년 47조7천248억원으로 팽창할 것이다.

이런 증가추세는 건보재정 지출이 수입보다 빠르게 급증하기 때문이다. 특히 고령화에 따른 노인의료비 급여지출이 건보재정지출보다 더 크게 증가할 것이다. 이런 분석결과는 오는 2030년 직장가입자가 전체 가입자의 75% 수준에 이르고 피부양률이 지속적으로 감소하며 보험료 수입의 20%를 지금처럼 정부가 계속 지원해준다는 전제하에 산출된 것이다. 건강보험 지출의 급격한 증가추세 속에서 보험료 인상의 어려움, 낮은 정부지원 등으로 인해 줄곧 적자와 흑자를 반복해오던 건보 재정이 앞으로는 적자 규모를 계속 불어날 것이다.

이에 따라 의료기관에 대한 건보 수가를 물가인상 수준에 맞춰 매년 2.5%씩 인상한다고 가정할 때 전체 지출은 2022년 100조원을 넘어서 2030년에는 180조원에 이를 것이다. 이렇게 되면 당기수지 균형을 맞추기 위해 2011년 5.64%였던 직장가입자의 보험료율을 2030년에는 11.69%까지 올려야 된다. 소득의 10% 이상을 건보료로 내야 하는 것이다.

수가를 3%씩 인상하게 되면 2021년 전체 지출이 100조원을 초과하고 2030년에는 190조원에 이르게 되는데 당기수지 균형을 위해서는 직장가입자 보험료율을 2021년 8.67%, 2030년 12.41%까지 올려야 한다. 이 경우 직장가입자가 월평균 부담해야 하는 건강보험료가 2010년 8만원에서 2020년 19만원, 2030년 36만원으로 늘어나게 된다. 물가상승 수준대로 수가를 인상한다 하더라도 수지균형을 위해서는 매년 3~5%의 보험료 인상이 필요한 셈이다.

건보제도의 지속 가능한 유지는 장기적인 재정 안정성에 있고 이를 위한 해결책은 재정수입을 확대하고 재정지출을 합리적으로 절감하는 것이다. 이에 따라 적정 수준의 보험료 인상은 불가피하고 건보보험료 부과체계 개선, 주류 등 목적세 신설, 국고보조방식 개선 등을 통한 추가 수입 확보가 필요하다. 동시에 부당청구방지시스템 개발, 합리적 의료이용 유도 등을 통해 재정지출을 합리화하는 방안이 요구된다[국민건강보험공단 건강보험정책연구원; 중 · 장기 재정전망 연구 보고서, 연합뉴스, 2011.1.17].

28. 한국의 가계 부채

한국의 가계 빚은 국가신용도와 경제발전의 발목을 잡을 수 있다. 지나친 가계 부담은 소비 여력을 줄여 내수 부진을 가져오고 성장 잠재력을 훼손하는 것은 물론, 금융위기와 같은 외부 충격에 취약한 상태를 노출할 수 있다.

현재의 가계부채 수준이 금융시스템 리스크로 전이될 가능성은 낮아 보이지만, 가계부채의 양과 질에 대한 우려는 높다. 대출 구조를 고정금리 · 분할상환으로 전환하는 정책 방향에 대체로 공감하는 분위기이다.

이번 가계부채 대책은 2013년 10월에 이어 4개월 만이다. 작년 6월 하우스 푸어 지원 방안까지 포함하면 박근혜 정부 들어 이미 세 번째가 된다. 이번 대책은 2013년 10월 제2금융권의 가계부채 관리를 강화하려는 방안의 후속조치이면서 경제개혁 3개년 계획의 후속조치이기도 하다[서울=연합뉴스 김태종 기자, 2014.2.27].

2013년 말 가계부채는 1천21조를 기록했다. 가계부채가 1천조를 넘은 것은 이번이 처음이다. 2004년 494조였던 가계부채는 9년 만에 두 배 이상 증가했다. 2013년 가계부채의 증가는 정부의 4·1 부동산대책, 8·28 전·월세 대책 등이 빌미를 제공했다. 공유형 모기지, 취득세 인하 등 정부의 부동산 관련 대책 영향으로 가계부채가 주택 대출을 중심으로 빠르게 늘어난 것이다. 여기에 생애 최초 주택구입자에 대한 세제혜택 종료를 앞두고 은행과 공적 금융기관의 주택 관련 대출이 크게 늘었다.

가계부채의 질은 더욱 나빠졌다. 상호저축은행·상호금융 등 제2금융권(비은행 금융기관) 대출이 늘어난 탓이다. 2013년 말 현재 비은행 금융기관의 대출은 543조6천326억원을 기록했다. 이 규모는 예금은행 총 대출 대비 47.1%에 달하는 수준이다[한국은행]. 이 비율은 10년 전인 2004년만 해도 42.5%였으나 글로벌 금융위기 때인 2008년 46.2%로 급등했다 2009년 45.8%로 떨어진 뒤 다시 상승세를 보이고 있다.

한국 가계부채는 국제 비교에서도 많은 편에 속한다. 2011년 기준 한국의 GDP 대비 가계부채 비중은 89.2%로, **경제협력개발기구(OECD) 국가의 평균치 74.5%보다 15%포인트 가량 높다.** 영국이나 미국은 각각 100.8%, 89.9%로 한국보다 높지만, 일본은 82.1%로 한국보다 낮다. 금융자산 대비 가계부채 비중은 한국이 48.0%로 미국 26.5%, 영국 35.5%, 일본 24.5%보다 크게 높다.

가처분소득 대비 가계부채 상황은 더욱 좋지 않다. 우리나라는 2012년 말 163.8%로, OECD 평균 134.8%보다 30%포인트 가까이 높다. 이는 미국(114.9%), 캐나다(154.3%)보다도 높다. 특히, 글로벌 금융위기 이후 부채 비율이 줄어드는 선진국과는 정반대로 가고 있다. 금융위기 이후 가계부채 비율은 영국과 미국이 각각 20% 이상 줄어들었다. 독일, 스페인, 포르투갈, 일본 등도 감소했다. 그러나 한국은 18.1% 급등했다.

취약계층의 상환 능력이 악화되고 있는 것도 문제다. 중위소득 50% 이하인 저소득층은 2013년 부채 증가와 함께 상환 능력이 오히려 하락했다. 저소득층의 금융대출 잔액은 2012년보다 2013년에 42.2%가 늘었지만 가처분소득은 오히려 5.4%가 줄어들었다. 이에 따라 원리금 상환액을 가처분소득으로 나눈 채무상환비율도 지난해 56.6%에 달했다. 2012년 42.6%보다 14.0%포인트나 상승했다. 그만큼 채무 불이행에 빠질 위험이 커진 것이다[현대경제연구원/통계청; 2013년 가계금융 복지조사 자료]. **저소득층의 가처분소득 대비 금융대출 잔액도 2002년 276%에서 2013년에는 414%로 급등했다. 가처분소득을 모두 원금상환에 사용해도 4년 이상 걸린다는 의미다.**

정부는 현재의 가계부채가 금융시스템 리스크로 전이될 정도의 위험한 수준은 아니라고 진단한다. 이유는 총량은 늘었지만, 증가 속도가 둔화하고 있기 때문이다. 경제 규모가 커갈수록 가계부채가 일정 부분 늘어나는 것은 당연하지만 가계부채 증가율과 명목 국내 총생산(GDP) 성장률 간의 격차가 최근 하락하고 있다는 점은 긍정적이다. 2006년 6.8%포인트였던 두 비율의 격차는 2011년에는 3.4%로 줄어들었고, 2012년에는 2.2%에서 지난해에는 2.0%로 감소했다. 또한 소득 상위 40%가 총 부채의 70%를 보유하고 있기 때문에 가계부채총량 자체를 위험수준으로 판단하긴 이르다는 것이다.

정부는 대출 구조를 고정금리와 분할상환의 비중을 확대해 나가면 가계부채를 안정적으로 가져갈 수 있다고 보고 있다. 변동금리 대출은 정책 금리 인상 시 자주 부담을 가중시키기 때문에 거치식 일시상환 방식 역시 어느 순간 폭발할 수 있다.

이에 따라 정부는 경제혁신 3개년 계획의 조치로 고정금리와 비거치식 분할상환 대출 비중을 2017년까지 40%까지 확대한다. 이를 위해 고정금리 · 비거치식분할상환 요건을 갖추면 소득공제 한도를 늘리고, 제2금융권까지 이 방식을 늘려나간다. 이를 통해 소득 대비 부채 비율도 2017년 말까지 현재보다 5%포인트 하향 안정된다는 것이다.

그러나 가계부채의 위험 폭발은 특히 취약계층에 집중된 만큼 저소득층이나 서민계층을 대상으로 하는 서민금융체계를 더 효율화한다. 또 대출 규모가 큰 자영업자에 대한 대책도 여전히 미흡하다. 금리 부담을 덜어주기 위해 주택금융공사가 발행하는 채권을 한국은행에 의지하는 것도 우려다.

전체 가계부채(가계신용) 1천21조3천억 원에 지방의 가계부채 증가율이 수도권의 6배 이상에 달했다. 2013년 말 현재 **예금취급기관의 전국 가계대출 잔액은 687조1천864억 원**으로 2012년 말(659조8천583억원)보다 4.14% 증가했다. 이중 **수도권(서울·경기·인천)의 가계대출**은 2012년 말 415조8천927억 원에서 작년 말 **421조7천199억 원**으로 1.4% 늘었고, **비수도권**은 243조9천656억 원에서 **265조4천665억 원**으로 8.81% 증가했다. 비수도권의 증가율은 수도권의 6.28배에 달했다. 금액상으로는 수도권 가계대출이 5조8천272억원 증가하는 사이 비수도권은 21조5천9억원이나 늘었다[서울=연합뉴스 김승욱 기자, 2014.3.2/ 한국은행; 가계신용 통계].

전체 가계부채(가계신용) 2013년 말 현재 1천21조3천억 원 중 **예금취급기관 가계대출은 687조1천864억 원, 기타 금융기관 가계대출은 275조8천236억 원, 판매신용은 58조3천284억 원**이다. 기타 금융기관 가계대출, 판매신용은 특성상 지역별 통계가 없다.

비수도권의 가계대출 증가율이 수도권보다 훨씬 큰 것은 부동산시장의 영향 때문이다. 지방의 주택시장이 수도권보다 활발한 모습을 보였던 반면 수도권의 부동산시장이 지지부진하면서 대출을 통해 주택을 구입한 사람이 비수도권에 더 많았다. 가계대출에서 60% 이상을 차지하는 **주택담보대출의 비수도권 증가세가 수도권을 크게 앞질렀다**는 점이 이런 분석을 뒷받침한다. 2013년 2월 말 대비 2014년 1월 말 아파트 매매가격은 전국적으로 0.63% 상승했으나 서울은 1.18% 하락했다[KB부동산알리지]. 2008년 금융위기 이후 수도권은 부동산 시장이 침체됐지만 비수도권은 기업도시 유치, 세종시 등으로 수요가 늘고 공급이 뒤따라 시장이 성장했다.

29. 지자체의 재정자립도, 지방정부부채, 지방세수입

• 지자체 재정자립도

전국 244개 지자체의 평균 재정자립도는 51.1%로 작년의 52.3%에 비해 낮아졌다. 재정자립도가 50% 미만인 지자체는 전체 244개 중 90.2%인 220개에 달했다. 이처럼 지방자치단체들의 재정자립도가 2013년 51.1%로 떨어지면서 1991년 지방자치제 시행 이후 최악의 상황에 도달했다.[11)]

광역지자체 중에는 서울의 재정자립도가 87.7%로 가장 높고, 전남이 16.3%로 가장 낮았다. 지자체들의 평균 재정자립도는 2008년 53.9%, 2009년 53.6%, 2010년 52.2%, 2011년 51.9%로 계속 낮아지다가 작년 52.3%로 소폭 반등했으나, 올해 다시 1991년

11) 지자체의 재정자립도는 지자체의 전체 재원 대비 지방세와 세외수입 등 자주 재원의 비율을 말한다. 지자체가 재정활동에 필요한 자금을 국고보조금이나 교부세로 충당하지 않고 어느 정도나 스스로 조달하고 있는가를 나타내는 지표다.

집계 이후 최저치로 뚝 떨어졌다.

지자체들의 재정자립도가 떨어짐에 따라 지방세로 공무원 인건비를 해결하지 못하는 지자체도 전체 244개 중 51.2%인 125개에 달했다. 이와 같이 해가 갈수록 지방 재정 자립도가 계속 하락하는 것은 지방세나 세외수입 등 자체재원의 증가 폭보다 사회복지비 비중 증가로 교부세와 국고보조금 더 많이 늘어난 점, 지방세의 규모가 영세한 점, 지자체 간 불균형도 심화되고 있는 점 등이 함께 작용했다[서울=연합뉴스, 이 율 기자, 2013.4.10./안전행정부; 2013년 지자체 예산개요].

• 공기업 부채

한국토지공사와 한국전력공사 등 10대 공기업의 평균 부채비율이 253%에 달한다. 특히 대한석탄공사, 한국철도공사는 자본잠식 상태로 차입금 이자를 갚기도 힘든 상태다[이익단체인 민간 대기업 경제단체 소속 한국경제연구원 주장].

10대 공기업은 수익성 · 안정성 · 유동성 등 주요 재무지표들이 민간기업과 비교해 현저히 낮다. 10대 공기업 평균 영업이익률은 3.2%로 대기업 전산업(4.7%), 제조업(5.6%)에 미치지 못했다. **자기자본 대비 차입금 의존도**는 177.2%로 전산업 31.5%, 제조업 24.5%보다 훨씬 높았다. **유동성을 반영하는 평균 현금비율**은

10.8%로 전산업 13.8%, 제조업 14.2%보다 낮았다.

특히 **10대 공기업의 평균 부채비율**은 252.9%로 대기업 제조업 평균치인 77.5%보다 3배 이상 높았다. 정부의 공공기관 지원 예산이 증가하고 있지만 부채규모를 크게 감축할 수준에는 못 미친다. 정부가 추진 중인 공공기관 정상화, 부채관리 방안으로는 공기업 부채문제를 근본적으로 해결하기 어렵다고 평가한다.

• 지방부채

한국 지방정부의 부채 규모는 2012회계연도 발생주의 회계기준으로 40조원에 이를 것으로 전망한다. 지방정부 채무는 2012년 말 현재 현금주의 회계기준 27조1000억 원이지만 발생주의 회계기준 부채로 환산해 크게 늘어난 것이다.

부채에는 **공무원들의 연금충당부채** 등이 포함돼 채무를 공개하던 때보다 규모가 크게 늘어날 것이며 작년 말 지방채무 27조1000억 원을 부채로 환산하면 40조원이 될 것이란 예상이다. 여기에 2011회계연도 기준 69조1000억 원에 달하는 **지방공기업 부채**를 더하면 **지방공공부문의 부채가 100조원**을 넘는다. 올해 지방공기업 부채가 지난해보다 6% 안팎으로 증가할 것으로 내다본다. 앞서 정부는 2011회계연도 발생주의 회계 기준 일반정부 부채 규모가 468조 6000억 원이라고 처음 발표했지만 중앙정부와 지방정부 부채 규모나 지자체별 부채 규모를 나눠서 공개한 적은 없었다[연합뉴스, 2013.5.26.].

• 지방세수

2013년 지방세수가 4년 만에 감소, 복지비 부담에 짓눌린 자치단체 살림살이에 그늘을 드리웠다. 2013년 결산 결과 지방세수는 총 53조 7천789억원으로 확정됐다. 2013년 지방세수 예산 53조 7천470억원을 간신히 넘겨 예산 대비 펑크가 나지는 않았지만 지난 2012년의 지방세수 53조 9천381억원과 비교하면 1천592억원이 감소했다. 지방세수가 감소한 것은 지난 2009년 이래 4년 만이다.

작년 지방세수 감소는 **취득세 수입** 감소가 가장 컸다. 부동산 거래 부진에 따라 취득세 수입이 줄어든 것으로 추정한다. **담배소비세**, 사행산업에 부과되는 **레저세**도 각각 줄었다. **재산세** 등 나머지 지방세는 소폭 증가하거나 큰 변화가 없었다. **2013년 지방세 수입 중 취득세 비중은 24.8%, 지방소득세 19.2%, 재산세 15.4%, 자동차세12.5%, 지방교육세 9.3%, 지방소비세 5.8% 등 순이었다**[서울=연합뉴스 하채림 기자, 2014.9.24/ 안전행정부].

30. 조세정책과 조세개혁

(1) 조세개혁 방향, 정책 목표

2013년 세법개정안과 향후 5년간 중장기 조세정책 방향은 과세기반을 확충하는 것과 복지지출을 늘리는 것이다. 과세기반의 확대는 증세보다 비과세 · 감면 정비, 지하경제 양성화 등에 치중한다.

고소득층에 유리한 소득공제를 세액공제로 전환하면서 확보한 세수는 전액 근로 장려 세제(EITC)나 자려장려세제 등으로 서민 · 중산층에 돌아가게 해 소득재분배 기능을 강화한다[세종=연합뉴스, 박용주 기자, 2013.8.8].

조세정책의 정책목표는 조세부담 수준을 적정화하고 조세구조를 정상화하며, 조세 지원을 효율화하는 것에 둔다. 세법개정안은 경기회복의 불쏘시개가 되고 서민 · 중산층의 아랫목을 지펴주는 장작불이 돼 타오르도록 한다[세종=연합뉴스, 박용주 기자, 2013.8.8/ 현오석 경제부총리].

(2) 농어촌 특별세 연장

2004년 10년 한시 운용하기로 한 농어촌 특별세12)를 2024년 6월까지 연장한다. 농특세는 1994년 우루과이라운드(UR) 협정 가입의 후속조치로 신설했다가 2003년 한 · 칠레 자유무역협정(FTA)의 국회 비준을 앞두고 적용 기한을 2014년 6월로 이미 10년간 연장한 바 있다[한겨레, 2013.8.9].

농림어업의 경쟁력 강화와 여건 개선을 지원하는 안정적 재원을 확보하고자 **농특세의 유효기간을 연장한다.** 최근 농특세 세수는 2010년 3조9000억원, 2011년 4조9000억원, 2012년 3조9000억원이며 세수는 농림어업인 복지와 소득보전, 농산어촌 교육여건 개선 등에 쓰였다.

(3) 증여세, 사행 행위 과세

2014년부터 성년 자녀에게 5천만 원까지, 미성년 자녀에게는 2천만 원까지 증여세를 내지 않고 물려줄 수 있다. 카지노, 경미 등 사행행위에 대한 세금을 두 배로 높이고, 렌터카를 1개월 이상 장

---

12) 농특세는 농어촌 경쟁력 제고라는 특정 목적에만 사용되는 목적세로, 증권거래액(0.15%), 취득세액(10%), 레저세액(20%), 종합부동산세액(20%) 등 다른 세목의 세액을 과세표준으로 삼아 부가세(sur-tax) 방식으로 부과된다.

기대여하면 과세한다. 사행행위에 대한 개별소비세를 강화 등을 통해 개별소비세 과세를 합리화한다. 카지노, 경마장 · 경륜장 · 경정장 등의 입장료를 인상하는 방향으로 개별소비세를 강화한다.

사행산업 개별소비세는 최초 과세 이후 장기간 인상되지 않았다. 이에 따라 사행업소 입장료는 내년 1월1일부터 ▲카지노 7000원 ▲경마장 1000원 ▲경륜장 · 경정장 400원 등으로 모두 두 배로 일괄 인상된다. 사행행위 과세액은 최초 과세 이후 장기간 인상되지 않아 사행행위 억제기능이 떨어졌다.

이밖에 렌터카 개별소비세 면제요건도 강화됐다. 그동안 동일인에게 1년을 초과해 대여한 경우에만 과세했지만 내년 1월1일부터는 대여기간이 1개월을 넘기면 과세 대상이 된다.

(4) 자녀 장려세와 근로 장려세 지원

2015년부터 총소득 4천만원 미만인 가구는 18세 미만의 자녀 수만큼 자녀 장려세(CTC)를 받는다. 자녀 장려세는 부부합산 총소득이 4천만원 미만이면 18세 미만 자녀 1명당 최소 30만원에서 최대 50만원까지 지급받으며, 혜택을 받는 자녀의 수에는 제한이 없다.

일하는 저소득 가구에 지급되는 **근로장려세(EITC) 대상도 확대된다.** 단독가구(60세 이상)의 경우 가구 총급여액이 1천3백만원 이하, 홑벌이의 경우 2천100만원 이하, 맞벌이는 2천5백만원 이하이면 근로장려세를 신청할 수 있다. 소득수준에 따라 단독가구는 최대 70만원, 홑벌이는 170만원, 맞벌이는 210만원까지 근로장려세의 혜택을 받을 수 있다[CBS노컷뉴스 장규석 기자, 2013.8.8].

중산층 이상 가구가 받던 각종 자녀관련 인적공제는 모두 세액공제로 전환된다. 인적공제 항목이던 다자녀공제, 6세 이하 자녀양육비, 출산입양 공제가 없어지고, 그냥 자녀 한 명 당 15만원씩 세액에서 공제된다. 대부분 자녀 양육비에 포함되는 의료비, 교육비도 공제한도를 유지한 채 세액공제 15%로 바뀐다[CBS노컷뉴스 장규석 기자, 2013.8.8].

(5) 근로소득, 종교인, 고소득 농업인

연간 근로소득 3천450만원을 넘는 근로자 434만명(전체의 28%)의 세금 부담이 2014년부터 늘어난다. 이들의 내년 소득분 세 부담 증가액이 평균 16만~865만원, 1인당 평균 40만6천원인 것으로 추산한다. 이를 통해 확보하는 1조3천억원은 박근혜 정부의 복지공약인 자녀장려금(CTC)과 근로장려금(EITC) 지급에 활용된다[세종=연합뉴스, 유경수 기자, 2013.8.8].

소득공제가 세액공제로 바뀌고 연소득 4천만원 이하 가구에 자녀 1인당 50만원을 지급하는 CTC의 도입, EITC 확대 등으로 세 부담이 줄거나 환급액이 늘어나는 근로자는 1천189만명으로 예상된다. 이들은 평균 2만~18만원의 세 혜택을 더 받는다. 그러나 정부가 '증세 없는 복지'를 위해 상대적으로 세원이 노출된 중산층 근로자의 세부담을 늘린 결과를 가져왔다.

그동안 **세금을 물리지 않던 목사, 스님 등 종교인과 10억원이상 고소득 농업인은 처음으로 과세 대상에 포함된다.** 연봉 4천만원 초과~7천만원 구간인 근로소득자는 평균 16만원, 7천만원 초과~8천만원은 33만원, 8천만 초과~9천만원은 98만원, 9천만원 초과~1억원은 113만원, 3억원 초과는 865만원의 세 부담이 증가할 것으로 본다.

2011년 귀속분을 시뮬레이션 한 결과, 전체 근로자 28%의 세 부담이 늘어난다. 면세자는 36%에서 30%로 줄어들지만 세액공제, CTC 등으로 실제 납세자 수는 오히려 170만명 감소한다. 과세형평성 논란을 낳았던 공무원 직급보조비(직급에 따라 월 9만5천원~320만원)는 2015년부터 과세로 전환하고 월 100만원을 초과하는 재외근무수당도 세금을 물린다. 음식점업, 제조업 등에서 경비로 인정받는 농수산물 매입 공제한도는 매출액의 30%로 조정된다.

성형수술은 치료목적을 제외하고 모두 과세범위에 들어가 수술비용이 부가가치세(10%)만큼 오를 것으로 보인다. **창업 및 가업승계 부담 완화, 기술이전소득 감면, 비정규직의 정규직 전환시 1인당 100만원 세액공제 등** 중소기업 세제지원은 대폭 늘어난다.

반면 각종 투자세액공제에서 대기업 공제율을 현행 7~10%에서 3%로 줄여 중견 · 중소기업보다 축소범위를 늘리고 연구개발 관련 혜택을 축소 · 폐지하는 등 대기업 세제지원은 줄였다. 또 해외자원 개발투자 세액공제 폐지 등 일몰이 도래한 44개 비과세 · 감면 가운데 38개가 종료 또는 축소된다. 문화예술진흥 지원을 위한 고용창출투자세액공제 확대, 카지노 등 사행성 업종의 개별소비세 인상, 농어촌 특별세 적용기한 연장, 일감몰아주기 과세완화, 신용카드 소득공제율 축소 등도 세법개정에 포함됐다.

지하경제양성화를 위해서는 현금영수증 의무발급 기준금액을 현행 30만원에서 10만원으로 하향하고 탈세 제보 포상금 지급 한도를 10억원에서 20억원으로 높인다. 정부는 이번 세법개정에 따른 세수효과가 2조4천900억원일 것으로 예상한다. 부문별 세부담을 보면 고소득자와 대기업은 2조9천700억원 증가하고, 서민 · 중산층과 중소기업 6천200억원 감소한다[세종=연합뉴스, 유경수 기자, 2013.8.8].

(6) 근로소득자의 세부담

2014년부터 연간 근로소득 3,450만원을 넘는 근로자 434만명(전체의 28%)의 세부담이 소득 규모에 따라 작게는 16만~865만원 늘어난다. 이번에 세부담이 늘어나는 소득 기준점은 3,450만원이다. 지난 2011년 근로소득자 1,548만명을 기준으로 하면 해당자가 434만명(28%) 정도 된다. 소득별로 살펴보면 4,000만원 초과 소득자는 약 360만명에 달한다. 상위 23%에 해당하는 사람들이다. 이들이 이번 세제개편으로 더 내는 세금은 1인당 47만원 꼴, 총 1조7,000억원이 넘는다[한국일보, 2013. 8.9].

구조를 보면 소득이 늘수록 세부담이 증가한다. 연봉 5,000만~6,000만원에 속한 근로자는 79만명의 세부담은 16만원 늘어난다. 8,000만원~9,000만원은 98만원, 9,000만원~1억원은 113만원 증가한다. 1억원 초과는 36만명으로 근로소득자의 2% 정도다. 근로소득자의 1%가 되려면 연봉 1억2,000만원 넘게 받아야 한다. 연봉 1억2,000만~1억5,000만원 근로자는 9만3,000명인데, 256만원 가량 세부담이 늘어난다. 1억5,000만~3억원(6만7,000명)은 342만원을 더 내야 한다. 3억원 초과(1만6,000명) 근로자의 세부담은 865만원 추가된다.

소득계층별 총 세수증가분을 보면 1억2,000만~1억5,000만원

계층이 2,380억원이 가장 많고, 1억5,000만~3억원 계층이 2,291억원이 뒤를 이었다. 3억 초과 계층(1,384억원)을 포함하면 근로소득자 1%의 세수증가분이 6,000억원을 웃돈다. 연봉 1억원을 넘는 고소득층(근로소득자의 2%)의 세부담 증가액은 8,420억원 정도로 전체 세수 증가분의 절반을 차지한다고 정부는 추계하고 있다. 그러나 정부 추계에서 세액공제로 전환되지 않는 항목은 고려하지 않았다는 지적이 있다. 예를 들어 기본 인적공제, 4대 보험공제 등을 고려해 시뮬레이션을 하면 연소득 5,000만원을 초과하는 계층을 중심으로 납부할 세금이 정부 추계보다 더 늘어날 것으로 분석되고 있다.

예를 들어 직장인 A씨 사례를 보자. A씨는 총급여액이 6,000만원으로 부인과 자녀(2014년에 만 5세, 만 6세)를 두고 있다. A씨가 올해 교육비로 800만원, 의료비로 500만원, 자동차보험료로 100만원을 지불하고 연금저축에 200만원을 납입하고 종교단체에 기부금으로 50만원을 쓴다고 가정해 보자. 신용카드 체크카드 등은 최저사용액(총급여액 대비 25%) 요건을 충족하지 않아 공제를 받지 못했다. 이럴 경우 올해 A씨의 결정세액(납부할 세금)은 106만원이 된다. 하지만 2014년에도 동일하게 지출을 했다고 가정할 경우 2014년 세액은 141만원으로 35만원이 늘어난다. 정부가 추계한 16만원 세부담 증가보다 두 배 늘어나게 되는 셈이다. 이러한 차이는 올해까지는 만 6세 미만 자녀 둘에 대해 다자녀소득공제와 양육비소득공제를 동시에 받을 수 있지만 내년부터는 자녀세액공제로 통합되면서 혜택이 줄기 때문이다. 이런 점들을 들어 소득공제를 세액공제로 전환하는 것은 연말정산세법의 근간을 바꾸는 것이며 근로자만 세금을 더 많이 내는 꼴이 된다[한국일보, 2013. 8.9].

향후 5년간 135조원에 달하는 공약이행 재원을 마련하기 위해 사실상 중산층 증세, 비과세 감면 축소 확대 등 반발을 부르고 있다. 정부는 고소득자의 세부담이 중산층보다 크게 증가했고 자영업자들 역시 세부담이 늘게 됐다는 것, 증세가 아닌 비과세 감면 축소라는 점을 설명했다. 그러나 월급이 사라진 건 사실상 증세인데 증세가 아니라고 부정할 수 없다[CBS노컷뉴스 임진수 기자, 2013.8.10].

(7) 금괴 거래 부가가치세 면제

금 거래소의 활성화를 위해 금 거래소에서 매매되는 금지금(금괴)에 대해서는 부가가치세를 면제한다. 금거래소를 통한 금지금 거래에 대해서는 부가가치세를 면제해 투자 장애를 해소한다. 거래소에 금지금을 공급하는 사업자도 소득세와 법인세를 감면받게 된다. 그러나 금지금이 거래소 밖으로 인출되는 시점에 부가가치세를 물림으로써 금거래소 이외의 시장에서는 정상과세가 부과된다. 금 거래소에서 거래되는 금지금에 대한 입·출고 기록이나 장내 거래 내역 등은 한국거래소와 한국예탁결제원에서 관리해 국세청 등에서 과세자료로 사용될 예정이다. 이외에도 금지금 거래에 대한 부가가치세 면제기간이 당초 올해 말에서 금거래소가 개설되기 이전인 내년 3월31일까지로 연장 된다[세종=뉴시스, 최성욱 기자, 2013.8.8].

(8) 주세부담경감과 하우스맥주 촉진

2014년부터는 대형마트나 편의점에서도 다양한 국내산 '하우스맥주'(소규모 제조맥주)를 쉽게 살 수 있다. 맥주시장 경쟁촉진을 위한 제도개선이다.

국산맥주가 수입맥주와 비교해 다양성이 떨어진다는 지적이 나오면서 주류시장 진입장벽 완화의 목소리가 커졌다. 하우스맥주가 현재 금지된 것은 아니다. 정부가 2002년 소규모 양조장에 대한 규제를 풀면서 하우스맥주가 시중에 첫 선을 보였다. 도입 첫해인 2002년만 해도 하우스맥주 업체가 150여개에 달했지만 각종 규제 탓에 오래 살아남지 못하고 현재는 35개 업체 정도만 남았다[세종=연합뉴스, 이지헌 기자, 2013.8.8].

결국 국산맥주에 만족하지 못하는 소비자들은 수입맥주를 점점 더 많이 찾고 있는 상황이다. 올해 수입맥주 비중은 국내 전체 맥주시장의 3.5~3.7%를 차지하는 것으로 추정된다.

이번 세제개편안은 맥주제조장의 시설기준을 완화하고 과세 대상이 되는 과세표준도 낮췄다. 외부유통을 허용하기로 했다.

전통주에 대한 세제 혜택도 확대된다. 개편안은 전통주 산업 육성을 위해 전통주에 사용되는 모든 판매용기와 포장비용을 과세표준에서 제외하기로 했다. 주세는 가격에 세금을 매기는 종가세로서 비싼 포장용기를 사용할 경우 세 부담이 늘어나기 때문이다. 현행법은 포장비 중 도자기병과 무선식별전자인식표 비용만 과세대상에서 제외하고 있다. 이번 세법개정으로 관련 주류업계는 침체된 하우스맥주 시장이 활성화될 것으로 기대하고 있다.

(9) 비과세 · 감면 제도 정비

신용카드 공제 혜택을 축소하는 등 일부 비과세 · 감면 제도가 정비된다. 신용카드 공제율을 하향 조정해 직불형카드 등의 사용을 유도하게 된다. 이에 따라 신용카드 공제율이 15%에서 10%로 5% 포인트 줄어든다. 석유제품 전자상거래에 대한 세액공제특례는 최근의 유가 안정을 감안해 환원된다. 2012년 유가급등에 따라 공제율이 0.3%에서 0.5%로 인상됐으나 내년 1월1일 공급부터는 이전 수준인 0.3%로 회귀된다[세종=뉴시스, 이상택 기자, 2013.8.8].

기업 규모에 관계없이 50%를 적용하던 신재생에너지 생산 이용 기자재 관세감면 비율은 중소기업으로 규모를 한정해 2015년12월 31일까지 적용키로 했다.

그동안 2년간 적용했던 첨단의료복합단지 입주기업에 대한 세액감면 사후관리가 3년으로 늘어나며 국가, 지자체, 공공기관, 지방공기업으로부터 받은 보조금에 대한 세액 공제는 허용치 않기로 했다.

과세표준 미신고 등 의무 위반에 따른 세액감면 배제 조항에 법인전환시 양도소득세 이월과세, 사회적기업 · 장애인표준사업장 세액감면을 추가해 제도상 형평성을 제고키로 했다.

이밖에 선박 해운업에 대한 투자지원제도를 합리적으로 조정하기 위해 액면가액 1억원이하에 5%, 1억원 초과분에 14%를 적용하던 세율이 액면가액 5000만원 이하 9%, 5000만원 초과~ 2억원 이하 14%로 정비된다.

그동안 30%의 관세를 감면해주던 환경오염방지물품은 2014년 1월1일 수입신고분부터 중소기업을 대상으로만 2015년까지 감면제도를 운영한다.

(10) 불황업종 조세지원책

정부는 세제지원을 통해 극심한 불황을 겪고 있는 '조선 · 해운 · 건설업'의 자연스런 구조조정을 유도한다. 조세특례제한법을 고쳐 '합병에 따른 중복자산 양도 과세특례 요건에 이들 3개 업종을 포함시킨다. 지금은 의료용 물질 및 의약품 제조업종만 이 같은 특례를 적용하고 있다. 이 특례를 적용하면 기업이 합병 후 1년 내 용도가 유사한 중복자산을 양도한 후 양도일이 속한 해 새로운 사업용 고정자산을 취득하면 그 양도차익에 대해 3년 거치 후 3년 분할 조건으로 세금을 내면 된다. 적용기간은 2014년 1월1일부터 2015년 12월31일까지로 2년간 한시적으로 시행된다. 정부가 '조선 · 해운 · 건설업'에 이 규정을 적용하려는 것은 구조조정 수요가 있는 업종에 대한 적극적인 세제 지원을 통해 중복자산 양도차익이 재투자될 수 있도록 지원하기 위해서다[세종=뉴시스, 이상택 기자, 2013.8.11].

이들 업종은 전반적인 불황 여파로 구조조정 수요가 늘어날 것으로 정부는 예상하고 이 같은 특례를 적용하기로 하였다. 지난달 금융권에서 500억원이상을 빌려 금융감독원이 발표한 구조조정 대상에 오른 40개 기업 중에는 ▲건설업체 20개 ▲조선업체 2개 ▲해운업체 3개 등으로 이들 업종이 절반 이상을 차지했다. 건설업체 가운데 상당수는 사업을 조정하거나 자산을 매각하는 등 자체적으로 강도 높은 구조조정을 벌이고 있다[세종=뉴시스, 이상택 기자, 2013.8.11].

(11) 지하경제 양성화

세입확충이 지하경제 양성화로 가능할까? 5년간 늘려야 할 세입은 50조7천억원이다. 국세가 48조원(지하경제 양성화 27조2천억원 + 비과세 · 감면 정비 18조원 + 금융소득 과세 강화 2조8천500억원), 세외수입이 2조7천억원을 차지한다. 한국은 현재 국내총생산(GDP) 대비 지하경제 규모가 20~25%대로 추정한다. 선진국의 10~15%에 견줘 높은 수준이다. 지하경제 양성화로 5년간 27조2천억원을 조달해야 한다.

그러나 관련법률 개정안은 국회에 상정되지 못하고 있다. 6월까지 국세기본법, 소득세법, 법인세법, 부가가치세법, 주세법, 상속세 및 증여세법 등 총 6개 세법시행령을 개정한다. 우선 현금영수증 가맹점 가입 대상에 현금영수증 의무발급 업종인 일반교습학원, 부동산중개업, 장례식장업, 산후조리원 등을 추가한다.

전자세금계산서 의무발급기준은 10억원 이상에서 3억원으로 낮춰 허위 · 가공 세금계산서 발급 가능성 차단했고, 일감몰아주기 과세에서 외국인지분율 50% 이상인 기업은 배제한다. 정부는 비과세 · 감면을 정비해 5년간 18조원을 마련하기로 했다. 소득공제 제도 개편한다. 소득공제 제도에 상당한 손질이 예상된다.

특정 설비에 대한 투자세액공제는 기업 규모별로 세액공제율을 차등 적용하고, 중소기업에 대한 조세감면은 실태조사를 거쳐 효율화한다. 당초 도입 목적에 맞지 않는 조세지원도 손질한다. 그러나 비과세 · 감면 정비로 18조원을 마련할 수 있을지는 미지수다.

정부 세법개정안을 기준으로 전체 일몰예정 제도 대비 폐지율은 2009년 25%(87개 중 22개), 2010년 32%(50개 중 16개), 2011년 24%(42개 중 10개), 지난해 23%(103개 중 24개) 등 주로 20%대에 그쳤다. 이해관계가 얽혀 있어 그만큼 폐지가 어려운 상태다[세종=연합뉴스, 이지헌 박수윤 기자, 2013.5.31.].

정부는 세외수입 확대를 통해서도 2조7천억원을 마련한다. 다만 경제적 약자 보호, 불법행위 근절, 환경개선 등의 원칙에 맞는 경우에만 세외수입 확대방안을 세운다. 또 국가연구개발사업의 성과물을 기업에 빌려준 대가로 받는 기술료 가운데 각 정부부처에서 세입세출로 잡지 않는 부분을 세입으로 편입시키기로 했다. 이를 위해 올해 안에 국가재정법 등 관련법령의 개정을 추진할 예정이다. 불공정 경제행위에 대한 정부의 과징금 부과 조치가 행정소송에서 패소하는 경우는 2008년에는 31%에서 지난해 20%로 낮아지는 추세다. 이밖에 신차를 살 때 이산화탄소 배출량에 따라 부여하는 부담금과 보조금도 조정해 협력금을 늘려간다[세종=연합뉴스, 이지헌 박수윤 기자, 2013.5.31.].

정부는 금융소득 과세 강화로 2014~2017년에 모두 2조8천500억원을 조달할 계획이다. 2014년 3천억원, 2015년 4천억원, 2016년 9천억원, 2017년 1조2천억원의 세수를 거둔다는 목표다. 주식 양도차익 과세 대상이 소액주주로 확대될 것으로 보인다. 작년에도 대주주의 범위를 확대했으니 앞으로도 확대하겠다. 지금은 대주주에게만 과세하고 있지만, 대주주 범위를 확대하면 역으로 소액투자자까지 대상에 들어간다. 당국은 상장주식의 경우 대주주에 한해 양도차익에 대해 과세하고 있다. 소액주주는 비상장 주식 양도차익에 대해 세금을 내지만 상장주식에 대해서는 납부하지 않는다. 여기서 대주주는 지분율 3%(코스닥상장이나 벤처기업은 5%) 이상 또는 시가총액 100억원(코스닥은 50억원) 이상 보유한 사람이다. 세법 시행령 개정으로 오는 7월부터는 대주주 요건이 지분율 2% 이상 또는 시가총액 50억 원 이상으로, 코스닥시장은 4% 이상 또는 40억원 이상으로 바뀐다. 과세 대상이 확대되는 것이다.

지금까지 개인투자자의 주식 거래가 많았던 것은 과세에서 면제됐기 때문인데, 만약 과세 범위가 급격히 확대된다면 시장이 부정적인 영향을 받게 될 것이다. 정부는 다른 소득에 견줘 세제상 우대받던 금융소득과 자본이득을 정상화해야 한다고 진단한다. 과거 금융시장의 파이를 키우는 차원에서 혜택을 줬으나, 시장이 성숙해지면 시대에 맞지 않는 부분을 쳐내야 한다는 것이다. 그러나 작년 세법개정안에서도 여러 과세 강화안이 나왔으나 장기주택마련저축 비과세 혜택 폐지를 제외하곤 대부분 국회와 시장의 벽을 넘지 못했다. 대표적인 것이 1977년 도입된 조합 등 예탁금과 출자금에 대한 저율과세다. **이는 농협·수협·산림조합·신협·새마을금고의 예탁금에 1인당 3천만 원까지 이자소득 비과세를 적용하는 제도다.**

비과세 생계형저축, 세금우대종합저축도 과세가 강화될 가능성이 있다. 비과세 생계형저축은 60세 이상 노인이나 장애인, 국가유공자 등이 3천만원까지 가입할 수 있는 상품으로 이자소득세(15.4%)가 면제된다. 그러나 가입시 소득자산 요건이 없어 '생계형'이라는 취지와 달리 '부자 노인'도 혜택을 받을 수 있다. 세금우대종합저축은 만 20세 이상이면 연간 1천만원까지 가입해 9.5%의 이자소득세만 물고 분리과세가 적용되는 상품이다. 역시 소득요건이 없어 기초생활수급 차상위 계층까지 가입을 허용하도록 자격요건을 강화해야 한다는 목소리가 나온다.

부동산투자펀드, 선박투자펀드, 국외자원개발펀드처럼 투자 금액에 관계없이 전액 분리과세되는 상품도 조세지원 한도가 설정된다. 선박 임대료 수입 등의 일부를 배당하는 선박펀드는 연말까지 투자액면금액 1억원 이하의 배당 소득에 세율 5.5%의 분리과세가 적용된다. 유전, 금광 등 실물자산에 투자하는 해외자원개발펀드도 액면금액 3억원 이하 배당 소득에 5.5%의 세율이 적용됐다.

외환거래세는 당장 도입되지 않는다. "외환거래세는 외환시장과의 관계를 봐서 결정하는 문제"라며 "공약가계부에서 2조8천500억원의 금융소득 과세강화에 따른 세수효과에 외환거래세 도입 효과는 반영하지 않았다"고 설명했다[세종 · 서울=연합뉴스, 박수윤 한혜원 기자, 2013.5.31.].

(12) 무상보육, 무상교육, 어린이집 지원

박근혜 정부는 어린 아이를 경제적 부담 없이, 안심하고 보육시설에 맡기거나 가정에서 키울 수 있는 환경을 갖추는데 정권 5년 동안 약 6조원예산을 투입한다. 이런 막대한 규모의 중앙정부 예산 증액에 맞춰 지방자치단체도 비슷한 규모의 돈을 마련하는 것이 중요 관건이다[서울=연합뉴스, 신호경 기자, 2013.5.31.].

2013년부터 2017년까지 5년 동안 모든 계층 가정에 만0~5세 **보육료 또는 양육수당을 지원**한다. 여기에 필요한 추가 예산은 **5조3천억원** 정도다. 무상 보육 정책은 이미 올해부터 기본 틀이 잡혀 시행에 들어간다. 지난해는 만0~2세 아이를 어린이집 등 시설에 보내면 전액 보육비를 지원했지만, 가정에서 돌보면 차상위 계층(소득 하위 약 15%)과 장애아동 가정 · 일부 농어촌 가정 등을 빼고는 양육비 지원이 전혀 없었다. 이에 비해 올해에는 만0~2세 아이를 둔 모든 가정이 보육비와 10만~20만원의 양육수당 가운데 적어도 하나를 받게 된다. 더구나 만3~5세 가정 양육 가정에도 모두 10만원씩 양육수당이 지급되고 있다. 이 같은 **무상보육 확대 시행**으로 올해 만0~5세 보육 · 양육 지원 예산(국비)은 애초 보건복지부가 작년 말 국회에 제출한 2조8천억원보다 7천억원 가량 많은 **3조5천억원**으로 불어났다.

기존 2013년도 예산안과 비교할 때 '**전면 무상보육**' 공약 실천을 위해 올해 이미 약 7천억원(6천800억) 정도 예산을 더 책정했고, 이런 추세가 5년 동안 유지된다는 가정 아래 정부는 '5년간 5조3천억원'의 추가 예산 규모를 추산했다. 올해는 3월부터 시작된 양육수당 지급이 내년부터는 연중 12개월 내내 이어짐에 따라 연간 지출 규모가 올해보다 커지는 점도 반영됐다. 여기에 교육부가 집행하는 만3~5세 누리과정의 '**무상교육**' 지원 예산도 단가 인상과 함께 앞으로 5년간 6조5천억원이 더 들어갈 것으로 보인다. 결국 이 정권 임기 내 만0~5세의 무상보육과 무상교육에만 **11조8천억**이 더 투입되는 셈이다.

문제는 지방자치단체의 재원 조달 능력과 의지가 중앙정부 예산 증액과 보조를 맞출 수 있을지 불투명하다. 지방재정법이나 보조금 관리법 등은 **보육 · 양육비와 같은 국고보전사업은 지자체 역시 국고(예산)와 비슷한 규모로 나눠 우선 책정, 부담하도록 규정하고 있다. 따라서 이론적으로는 중앙정부가 5년 동안 무상보육에 5조원**

이상의 예산을 더 배정한다면, 지자체 역시 '매칭(분담)' 원칙에 따라 적어도 5조원 정도의 무상보육 재원을 마련해야 한다. 하지만, 당장 올해부터 상당수 지자체들은 무상보육에 필요한 돈을 충당하기 어렵다며 국고 추가 지원에 매달리는 분위기다. 복지부에 따르면 지난달 17일 현재 실제로 지자체가 편성한 보육료와 양육수당 지방비는 정부 예산에 비례해 마련해야 하는 금액의 각각 81.1%, 47.7%에 불과한 상태다. 특히 서울은 편성률이 69.7%, 14.3%로 거의 전국 최하위 수준이다. 최초안보다 늘어난 무상보육 정부 예산 6천800억원에 대응, 지자체가 마련해야 할 7천200억원 가운데 정부가 5천600억원을 대신 내주기로 했지만, 여전히 무상보육 재원을 둘러싼 지자체와 정부의 갈등은 쉽게 가라앉지 않고 있다. 복지부 관계자는 **"지자체들도 5년 동안 적극적으로 지출 항목 구조조정 등을 통해 무상 보육 재원을 마련할 것으로 믿는다"**고 말했다. 아울러 '부모가 믿고 맡길 수 있는 어린이집을 늘리겠다'는 대통령 공약을 이행하기 위해 **국공립 · 공공형 어린이집**을 확충하고 육아종합지원센터를 신축하는 등의 사업에도 5년 동안 4천억원 정도가 더 투입된다.

복지부는 당장 올해에만 전국적으로 **96개 국공립어린이집**을 추가로 마련하고, **공공형 어린이집**도 약 700곳을 지정해 1천500개까지 늘릴 계획이다. 공공형 어린이집 사업은 우수 민간 · 가정어린이집을 대상으로 월 96만~870만원의 운영비를 지원하는 대신 추가

보육료 수납 제한, 보육교사 인건비 상향조정(월 143만원이상) 등의 운영기준을 적용하는 제도다. 올해 계획대로 국공립어린이집과 공공형 어린이집이 늘어나면 **전체 보육 아동의 25%, 약 34만명이 상대적으로 우수한 국공립 또는 공공형 어린이집을 이용할 수 있게 된다**는 게 복지부의 설명이다. 복지부는 내년부터 2017년까지는 해마다 국공립 어린이집 150개와 공공형 어린이집 200개를 확충해 국공립 및 공공형 어린이집 이용 아동 비율을 30%까지 끌어올릴 것이라고 밝혔다.

(13) SOC 예산 축소, R&D 사업 조정

정부는 공약 이행에 필요한 134조8000억원 중 62%에 달하는 84조1000억 원을 **세출 절감**으로 마련하기로 했다. 이를 위해 **사회간접자본(SOC) 예산**을 매년 적정치(22조 원 가량) 대비 1조7000억~3조7000억원씩 5년간 11조6000억원을 줄인다[한국경제, 2013.5.31.]. 정부의 공약가계부를 보면 총 84조1000억원의 세출 삭감 목표 중 90%에 달하는 **75조6000억원**이 정부가 재량에 따라 조절할 수 있는 재량지출 분야다. 법에 따라 정부가 의무적으로 지출해야 하는 의무지출 분야 삭감액은 3조원에 불과하다. 나머지 **5조5000억원은 이차보전 확대를 통해 아끼기로 했다. 이차보전은 재정사업을 민간융자 사업으로 바꾸는 대신 정부가 시장금리와 정책금리의 차이를 예산으로 메워주는 방식이다**

75조6000억원의 재량지출 절감액 중 **40조8000억원**은 국정과제 분야의 **구조조정을 통해 마련**한다. 예컨대 대선 공약에 따라 2017년까지 국내총생산(GDP) 대비 5% 수준을 맞춰야 하는 연구개발(R&D) 예산의 경우 **여러 R&D 사업 중 덜 중요한 사업 예산을 깎아 재원 일부를 조달하겠다**는 것이다. 다만 이렇게 절감한 돈은 국정과제 달성을 위해 다시 R&D 분야에 재투자한다. 이런 이유로 정부는 공약가계부에서 40조8000억원에 대한 세출 절감 계획을 '국정과제 재투자'라는 항목으로 별도 관리하기로 했다.

이를 제외한 **순수 재량지출 삭감액은 34조8000억원**이다. 분야별로는 복지가 12조5000억원으로 가장 많지만 이 중 순수 복지분야 삭감액은 3조원뿐이다. 나머지 9조5000억원은 이명박정부가 추진한 **보금자리주택을 축소**하고 박근혜 대통령 공약인 **행복주택**을 짓는 데 쓰기로 한 것일 뿐이다. **실제 예산 삭감이 가장 큰 분야는** SOC다. 정부 계획대로라면 올해 25조원인 **SOC 예산이 2017년에는 18조원가량으로 축소**될 전망이다. 산업분야에서도 4조3000억원을 줄이기로 했다. 무더위로 전력 사용량이 급증할 때 전기를 아낀 기업에 보조금을 주는 전력부하관리지원금(지난해 지원금 4046억원) 제도를 없애기로 했다. 대신 시간제 강제절전 방식 등으로 전환 한다.

(14) 대기업 과세 강화

정부가 8월 13일 '2013 세법개정안'에 대한 수정안을 내놓자 기업들이 즉각 우려를 표시했다고 한다. 세납부 기준선을 3450만원에서 5500만원으로 상향조정했다. 연소득 5500만원까지는 세금을 늘리지 않겠다는 것이다. 또한 5500만원 초과~7000만원 미만은 연간 부담해야 할 세금이 16만원에서 최고 3만원으로 줄였다. 이에 따라 원안에 비해 4400억원의 세수 결손이 생겼다. 박근혜 정부의 집권기인 2015년부터 2017년 3년간 1조원이나 비게 된다는 얘기다. 그러면서 세수부족분을 메우기 위해 정부가 내세운 방안이 고소득 자영업자와 대기업에 대한 과세강화다[세종=뉴시스, 이상택 기자, 2013.8.16].

국세청은 수정안이 나오자마자 탈세의혹이 짙은 의사 · 변호사 등 고소득 영업자를 대상으로 세무조사에 착수키로 결정했다. 문제는 대기업에 대한 과세강화다. 박근혜 대통령은 경제민주화를 공약으로 내거는 등 대기업에 불법, 편법 행위를 좌시하지 않겠다는 메시지를 전달함으로써 국민들의 공감을 샀다. 경제민주화가 대통령 취임 후 공약에 비해 상당히 후퇴했지만 기업들의 불만은 여전하다.

경제단체들은 하나 같이 기업에 대한 사정을 중단해야 투자를 끌어낼 수 있다며 정부를 압박하는 작전을 폈다. 그럴 때마다 정부당국자들은 총동원돼 기업 달래기에 신경을 썼다. 하지만 이번 세법 개정안 수정으로 정부와 대기업의 관계는 다시 소원해지게 됐다.

정부가 0순위 정비대상으로 투자세액공제제도를 올려놓고 있다. 또한 정부가 FIU를 통한 대기업의 역외탈세 방안을 추진하겠다고 공언했지만 국가 간 정보교환이나 역외탈세추적은 구조적으로 한계가 있다는 점에서 대기업을 상대로 치밀하게 접근할 것이다. 정부가 경제성장률이 바닥으로 떨어지자 기업의 투자를 읍소하더니 중요할 때는 기업의 목을 죄는 등 이중성을 드러내고 있다. 대기업들은 정부가 너무 한다는 반응이다.

(15) 세제 합리화

2014년부터는 성년 자녀에게 5천만 원까지, 미성년 자녀에게는 2천만 원까지 증여세를 내지 않고 물려줄 수 있다. 카지노, 경마 등 사행행위에 대한 세금을 두 배로 높이고, 렌터카를 1개월 이상 장기대여하면 과세한다. 사행행위에 대한 개별소비세를 강화 등을 통해 개별소비세 과세를 합리화하였다. 카지노, 경마장 · 경륜장 · 경정장 등의 입장료를 인상하는 방향으로 개별소비세를 강화한다. 사행산업 개별소비세는 최초 과세 이후 장기간 인상되지 않았다. 이에 따라 사행업소 입장료는 내년 1월1일부터 ▲카지노 7000원 ▲경마장 1000원 ▲경륜장 · 경정장 400원 등으로 모두 두 배로 일괄 인상된다. 사행행위 과세액은 최초 과세 이후 장기간 인상되지 않아 사행행위 억제기능이 떨어졌다. 사행행위로 인한 사회적 비용과 현행기준이 장기간 유지되어온 점을 감안했다. 이밖에 렌터카 개별소비세 면제요건도 강화됐다. 그동안 동일인에게 1년을 초과해 대여한 경우에만 과세했지만 내년 1월1일부터는 대여기간이 1개월을 넘기면 과세 대상이 된다.

31. 조세 부담, 조세 정책

• 조세 부담

우리나라 조세부담률[국내총생산에서 세금이 차지하는 비중]은 2000년대 20% 안팎이다. 이는 경제개발협력기구 국가의 평균 36.2%(2005년)보다는 낮지만 미국(27.4%), 일본(27.4%)에 비해 높다.

한국의 소득세 최고세율(35%)과 법인세율(25%)의 차이는 20% 포인트(OECD 국가 평균 9.6% 포인트)이다. 조정 · 배당소득 세율 48.7%(2007년)은 OECD 국가 평균 42.9%보다 높다. 법인소득세율 25%은 OECD 국가 평균 26.2%와 비슷하다. 대만(25%), 홍콩(17.5%), 싱가포르(20%) 등의 아시아 경쟁국보다 높다.

부동산이 전체 세입에서 차지하는 비중은 한국 2.4%로 미국

(10.5%), 일본(7.4%)보다 낮다. 국내총생산 대비 과세 수준은 한국이 일본(2.0%), 영국(3.3%), 미국(2.9%)보다 낮다[매일경제, 2007.3.19].

조세정책은 매우 강력하고 직접적으로 국민에게 영향을 미치고 한 번 정해지면 상당한 기간 동안 지속적으로 영향을 미치게 된다. 우리나라 개인소득세는 OECD회원국들의 평균보다 다소 낮고 법인세는 비슷하며 재산세는 높은 편이다[중앙경제, 2007.6.12].

금융자산에 대한 세금 부담과 세율 차이는 개별 금융자산과 국가 간 자본이동에 지속적으로 영향을 미친다. 국경 간 이동의 제약이 없다면 자본의 이동은 자연히 세율이 낮은 지역으로 옮겨 간다. 세율을 공제한 후 높은 수익률을 찾아 국제자본의 이동이 신속히 움직인다[국가경쟁력연구원보고서, 중앙일보, 2007.7.5].

조세, 준조세를 포함한 조세부담을 지수로 나타낸 국제조세 비교지수 상으로 한국은 106.7로 정상 수준보다 높다. 한국의 법인세와 개인소득세 부담은 선진국들에 비해 높다. 또한 이자, 배당, 증권양도차익에 대한 통일된 단일 조세(einheitlichen Abgeltungsteuer auf Zinsen, Dividenden und private Wertpapierveraeusserungsgewinne)도 선진국 증권시장과 경쟁할 수 있는 세율 조정이 필요하다. 현재 우리나라는 예금이자 소득에 대해서는 원천 징수되고 있다. 그러나 주식매매차익에 대해서는 전혀 세금을 부과되지 않고 있다. 채권 이자에 대해 세금을 매기고 있지만 채권 매매차익에 대해서는 세금을 부과하고 있지 않다.

• 소득세, 소비성향

수당과 상여금을 합친 소득은 2000년 4000만원에 소득세 100만원에서 2006년에는 6000만원에 소득세 250만원으로 뛰었다. 소득은 5년 전에 비해 2000만원은 올랐지만 그 사이 물가가 매년 4% 넘게 상승하는 것을 감안하면 실질소득은 조금 오른데 반해 세금은 두 배 이상 올랐다[매일경제, 2007.3.8]. 이처럼 늘어나는 **소득세 부담에 공적연금, 사회보험, 사적송금 보조, 지급이자 등 부담이 커지면서 가계의 소비여력이 크게 떨어지고 있다**[매일경제, 2007.2.13].

평균소비성향은 2006년 79.3%로 전년에 비해 0.2% 포인트 감소했다. 봉급생활자의 실질소득이 늘지 않았는데도 소득세가 계속 증가하면서 세금 부담이 가중되는 요인은 무엇일까? 이는 근로소득세 과세 표준 구간이 1996년 4단계로 축소된 후 11년 동안 고정되어 있는데 연유한다[매일경제, 2007.3.8.].

한국의 소득세 과표 구간; 연소득 1000만 원 이하 세율 8%/ 1000만원 초과~4000만 원 이하 세율 17%/ 4000만원 초과~8000만 원 이하 세율 26%/ 8000만원 초과 세율 35%

미국의 소득세 과표 구간

독신자	
714만원(7550달러) 이하	세율 10%
714만원 초과~2899만원(3만650달러)	세율 15%
2899만원 초과~7019만원(7만4200달러)	세율 25%
7019만원 초과~1억4644만원(15만4900달러)	세율 28%
1억4644만원 초과~3억1837만원(33만6550달러)	세율 33%
3억원 초과	세율 35%
가구주	
1016만원(1만750달러) 이하	세율 10%
1016만원 초과~3883만원(4만1050달러)	세율 15%
3883만원 초과~1억27만원(10만6000달러)	세율 25%
1억27만원 초과~1억6238만원(17만1650달러)	세율 28%
1억6238만원 초과~3억1837만원(33만6550달러)	세율 33%
3억원 초과	세율 35%

과표 구간이 8000만원이 넘어 35%의 누진소득세율 구간 적용을 받는 인원은 1996년 5만3000명에서 2005년 5만3000명으로 7.6배 늘었다[매일경제, 2007.3.8].

과표 4천만~8천만 원 봉급생활자; 1996년 5만명 / 1998년 4만8천명 / 2000년 9만명 / 2002년 12만7천명 / 2004년 20만8천명 / 006년 26만1천명[자료; 매일경제, 2007.2.13]

우리나라 5000만원 봉급생활자의 세율은 17%(850만원)로 일본 13%(653만원)에 비해 높다. 국내 중산층의 세율은 일본 미국 프랑스 등 선진국에 비해 높은 편이다.

정부는 그 동안 과표 구간을 조정하지 않고 소득공제 등의 수단으로 소득세를 조정해 왔다. 중산층의 세부담은 높지만 아예 세금을 내지 않는 면제자 비중이 50.7%(2000년 통계청)에 이른다[매일경제, 2007.3.8].

선진국의 소득세 체계는 근로소득세 과표 구간 숫자를 늘리고 최저 소득세율 적용 범위를 넓히며 소득세 기준가액을 물가와 연동시키고 있다. 미국은 독신자, 부부합산, 부부별산, 가구주 등으로 소득세 주체 부담을 가린 뒤 세율을 6개 구간으로 나누고 있다. 물가상승률을 감안해 매년 세율이 달라지는 소득구간을 재조정 한다[매일경제, 2007.3.8].

일본도 2007년부터 소득세율 5~40%, 6개 구간으로 늘렸다. 프랑스의 과표구간은 7개에 이른다[매일경제, 2007.3.8]. 우리나라 재산 관련 세금 부담은 경제개발협력기구 OECD 30개 회원 중 여섯 번째로 크다.

GDP 대비 재산세 비중;
영국 4.4% / 프랑스 3.5% / 미국 3.1% / 한국 3.0% / 일본2.6% / 독일 0.9% / OECD 평균 1.9%(주) OECD 회원국은 30개국. 재산세 관련 세금에는 부동산등록, 취득 재산세, 증권거래세, 인지세 모두 포함자료: 기획재정부, OECD

• 적정 세금부담과 부유세 도입

비과세 감면 축소와 고소득자 등에 대한 세금부담을 적정화시키기 위해 그리고 재정건전성을 확보하고 저출산 고령화와 사회양극화 등 당면 국가적 과제를 해결하기 위해 현재 19%대인 한국의 조세부담률이 현 2017년까지 점진적으로 21%까지 늘려야 한다. 그 필요성에 대해 재정위기를 겪고 있는 포르투갈(23.7%), 이탈리아(29.8%), 그리스(20.3%), 스페인(21.1%) 국가의 공통점은 낮은 복지지출도 뒷받침하지 못한 정도로 낮은 조세부담률을 보이고 있다는 점을 들었다. 그러나 **복지와 재정 모두 모범적인 덴마크(47.2%), 스웨덴(34.8%), 핀란드(31%), 노르웨이(33.7%) 등의 공통점은 높은 복지수준을 뒷받침할 수 있는 조세부담률을 유지하고 있다는 것이다**[경제투데이, 2011.9.20.].

유럽 국가들은 이미 고도 성숙경제에 도달한 기간 동안 넓은 계층의 일반시민들까지 고도의 소비 생활을 향유하였고 높은 삶의 질을 누렸다. 그 동안 유럽 국가들은 지난 수 십 년간 부자들에게 부유세를 부과하여 재산의 불평등도 심화를 억제해 왔으며 고도의 복지국가 건설을 구축하는데 유익한 재정수입으로 사용하였다. 이러한 덕택으로 서구 시민들은 복지국가의 혜택을 받으며 높은 생활수준을 유지했다. 유럽의 부유세는 그 동안 실시해 온 제도적 역사적 연속성 전통의 덕분으로 미국처럼 극심한 계층간 양극화 현상을 유발하지 않는데 기여했으며 사회적 통합을 성공적으로 유지해 오는

데도 어느 정도 기여한 것으로 본다.

1900년대 이후 전 세계가 자유화 개방화가 가속화되면서 국가간 경쟁이 치열해 지고 국내 기업 여건이 중요한 변수로 대두됐다. 이러한 시대 변화 속에 최근 유럽 부자들은 자유화 개방화의 바람을 타고 부유세를 회피하기 위해 해외로 재산을 빼돌리는 경향이 나타났다. 이로 인해 국내 경제에서는 기업이 창업자금을 조달하는데 어려움을 겪게 됐다.

주요국의 부유세 현황

국가	도입 시기	대상	세율
스웨덴	1910년	개인	1.5%
스위스	1998년	법인 부유세 폐지, 개인	누진세율 0.05~0.3%
핀란드	1920년	개인	1.5%
룩셈부르크	1913년	개인, 법인	0.5%
아이슬란드	1970년	개인, 법인	0.6%
노르웨이	1914년	개인	누진세율 0.2%~0.4%
스페인	1978년	개인	누진세율 0.2%~2.5%
프랑스	1982년	도입	
	1987년	폐지	
	1989년	부활, 개인	누진세율 0.55%~1.80%

자료; 매일경제, 2007.3.30

스웨덴의 사민당은 분배 중심의 정책기조로 지난 70여 년간 부유세를 유지해 왔으나 자유화 개방화 바람으로 노동, 자본 이동이 가파르게 자유로워지자 2007년 들어 폐지할 것을 발표하였다.

스웨덴은 매년 말 재산 총액에서 부채를 뺀 순재산 총액을 계산해 그 금액이 일정액을 초과하는 경우 초과금액에 대해 부유세를 부과한다. 개인 순 재산이 20만 달러(약 1억8800원)가 넘는 스웨덴 국민은 1.5%의 부유세를 내고 있다. 부유세 수입은 2005년 48억 크로네로 전체 인구(약 900만 명)의 2.5%인 22만5천명이 부유세를 낸 것으로 추정되었다.

스웨덴의 부유세 폐지는 유럽국가 중 그 동안 부유세율이 가장 높아 부담이 컸었고 재산을 빼돌리는 부유층을 붙들어야 한다는 절박감이 작용하였다. 국내 부유세를 피해 해외에 투자된 돈이 5천억 크로네(약 66조9600억원)로 추산되고 있다. 세계적인 가구업체 이케아(IKEA) 회장은 부유세를 회피하기 위해 외국에 재단을 설립하였다[매일경제, 2007.3.30].

프랑스가 2015년 1월 1일부로 **연소득 100만유로(약 13억4600만원) 이상 고소득자에게 75%의 세율로 부과하던 부유세를 폐지**했다[노경목/김순신 한국경제신문 기자, 2015.1.16]. 이미 유럽 국가들은 앞 다퉈 부유세 폐지에 나서고 있다. 부유세를 도입한 유럽 국가는 한때 오스트리아 스웨덴 네덜란드 등 12개국에 달했지만 현재 명맥을 유지하는 국가는 프랑스 노르웨이 스위스 등 3개국뿐이다. **부유세는 20세기 초 소득 불평등을 해소하기 위해 북유럽을 중심으로 도입하기 시작했다. 예를 들어 1910년 스웨덴에서 상위 1% 부자들은 전체**

자산의 60%를 소유하고 있었다. 이에 따른 불만에 당시 사회적 혼란을 야기할 가능성이 높아지자 부유세 시행이 설득력을 얻었다. 2차 세계대전 이후에도 사회민주주의 정당의 발호와 68혁명(1968년 전후에 일어난 좌파 학생운동) 등을 통해 평등을 요구하는 목소리가 유럽 내에서 커지면서 부유세 시행 국가는 1980년대까지 꾸준히 늘어났다.

이들 국가는 일정 수준 이상인 개인 자산에 대해 1~2%의 부유세를 부과했다. 한국의 종합부동산세와 비슷하지만 현금과 귀금속, 저축까지 과세 대상으로 본다는 점에서 범위가 더 넓다. 주택 가격을 기준으로만 부과하는 종부세와 달리 대출분을 제외한 순자산을 기준으로 한다는 점도 다르다. 소득에까지 과세한 프랑스의 부유세는 부유세 중에서도 급진적인 형태였다. 프랑수아 올랑드 대통령은 2013년부터 연소득 100만유로(약 14억5000만원) 이상인 직원을 둔 프랑스 기업에 100만유로 이상 급여의 약 75%에 해당하는 금액을 회사가 세금으로 납부하도록 하는 부유세 제도를 도입했다.

그러나 높은 부유세는 경제에 미치는 영향이 부정적으로 나타나면서 유럽에서는 부유세 폐지의 목소리가 높아졌다. 부유세는 저축을 징벌하는 제도며 근검절약해 모은 재산에 세금을 걷어 저축하려는 노력을 하지 않은 타인에게 혜택을 주는 제도라고 비판한다.

실제로 실증분석을 통해 부유세가 저축에 미치는 영향은 부정적인 것으로 증명하기도 했다[다빗 자임 스톡홀름대 교수]. 2000년부터 7년간 스웨덴 납세자 5100만명을 대상으로 부유세 부과 기준 변화에 따른 자산 축적을 조사했다. 2001년 조사에서 독신자들의 순자산은 부유세(1.5%) 부과 기준인 100만크로네(약 1억4000만원)를 기점으로 절반 이하로 떨어졌다. **부유세 부과 시점까지만 자산을 축적하고 이후에는 추가로 저축하려는 유인이 크게 줄었다.**

부유세 부과 대상자의 해외 이민으로 국부가 해외로 유출되는 것도 문제다. 특정 국가의 세금이 지나치게 높다면 해당 국가의 부가 다른 나라로 빠져나갈 수밖에 없다. 피케티가 '글로벌 부유세'라는 이름으로 모든 선진국이 함께 부유세를 부과해야 한다고 주장한 것도 이를 막기 위해서다.

부유세는 조세 저항이 다른 세금보다 심해 징세 과정에서도 비용이 발생한다. 프랑스는 부유세 등 세금 징수 과정에 총 조세 수입의 1.6%를 징세비용으로 쓰고 있다. 미국에서 해당 비율은 0.49%에 불과하다. 1910년부터 한 세기가량 부유세를 시행한 스웨덴에서도 부유세에 대한 조세 저항은 심했다. 부유세 폐지 1년 전인 2006년 발표된 여론조사 결과에 따르면 응답자의 56%가 부유세를 내지 않기 위해 일상적으로 속임수를 쓴다고 답했다. 프랑스에서는 탈세로 2004년 부유세로 걷을 것으로 예상한 돈의 28%가 새나갔다.

부유세를 세계 모든 국가가 시행하려면 과세 대상인 금융 및 부동산 자산에 대한 정보를 서로 공유해야 하는데 현실적으로 불가능하다. 이미 밝혀진 부유세의 맹점을 해결하기 어려운 만큼 불평등을 줄이고 싶다면 소득세를 정밀하게 부과하는 편이 낫다[노경목/김순신 한국경제신문 기자, 2015.1.16].

• 법인세

한국의 법인세 과표는 17년 동안 세율만 조정되고 손보지 않았다. 이로 인해 중소기업의 조세부담이 가중된 것으로 비판한다. 낮은 과표 기준으로 중소기업과 대기업이 같은 세율을 적용받아 불합리하다는 것이다. 오래 고정된 과표 때문에 실제로는 이윤이 늘지 않는 중소기업도 13%에서 25%로 뛴 세율을 감당해야 한다.

그러나 중소기업 세금부담은 다양한 공제혜택을 받고 있기 때문에 형평성 확보에 무리가 없다고 재정경제부는 판단한다. 과표 1억원 이하 기업은 28만개로 이들이 낸 법인세 비중은 전체의 2.1%인 5605억원에 불과한데 반해 과표가 500억원을 넘는 238개 대기업은 16조4163억원의 세금을 내 전체 법인세의 61.4%를 차지했다[2005년 기준, 국세청 국세통계연보/매일경제, 2007.3.27].

최근 유럽은 법인세 과세표준을 통일시키는 단일화를 계획하고 있다. 단일화 법안은 2년간 협의를 거쳐 2010년 발효될 것을 기대하고 있다. 법인세가 낮은 동유럽 및 일부 북유럽 국가들은 계획을 거부하는 한편 법인세가 높은 서유럽 국가들은 단일화 추진을 반기고 있다.

한국 및 유럽의 법인세율과 인하 또는 계획을 보면 아이랜드 47%(1988년)/ 26%, 영국 28% /26%, 독일 38.9% /29.8%(2008년), 프랑스 34.4% /20%대(5년간), 스페인 32.5% /30%(2008년), 영국 30% /28%(2008년), 네덜란드 25.5% /없음, 덴마크 22% /없음, 슬로바키아 25% /19%, 헝가리 18% /16%, 폴란드 27% /19% 불가리아 10% /없음, 키프로스 10% /없음, 루마니아 10% /없음, 한국; 13%(과표기준 1억원 이하)~25%(과표기준 1억원 초과)/−/−이다[매일경제, 2007.3.29/중앙일보, 2007.5.31]

최근 유럽 국가 들은 경쟁적으로 법인세를 내리고 있다. 유럽 국가 들은 2006년 말 현재 평균 법인세율 26%로 낮은 수준이다. OECD국가나 아시아 국가들도 법인세율을 경쟁적으로 인하하고 있다. **낮은 법인세율은 기업의 경쟁력을 강화해 경제성장률을 끌어올린다. 또한, 경기회복으로 GDP가 빠른 속도로 증가하는 기간이 길어지면 법인세율을 단 한 번 인하하더라도 법인세 총수입은 시간이 흐르며 크게 증가할 수 있다.** 그러나 불경기가 길어지고 반복되면 법인세 수입은 크게 감소한다.

• 주민세·자동차세

정부는 담뱃값, 주민세와 자동차세 인상을 계획하고 있다. 주민세와 자동차세는 2, 3년에 걸쳐서 100% 이상 인상한다, 이러한 증세정책은 부자증세하지 않고 서민 주머니부터 축낸다고 비판한다. 한국의 주민세는 균등분 주민세와 재산분 주민세가 있고 종업원분 주민세가 있다. 현재 지금 안행부에서 얘기하고 있는 것은 균등분 주민세를 좀 올리는 것으로 돼 있다. 균등분 주민세란 어느 지방자치단체에 어느 사람이 거주를 하고 주소를 두고 있다고 한다면 그 주소를 두고 있는 그 사람에 대해서 우리 지방자치단체에 당신이 거주하고 있으니까 얼마만큼 기여분을 내라는 의미를 담은 세금이다. 균등분 주민세는 1인당 다 매기는 것이 아니라 세대주한테만 매겨진다[노컷뉴스, 2014.9.13/ 정관용 사회자/ 강남대 세무학과 안창남 교수].

현재 지방세법을 보면 '1만 원을 초과하지 않는 범위 내에서 지방자치단체의 장이 조례로 정한다하고 되어 있다. 그래서 전국을 평균을 해 보면 약 4,600원 정도 나온다. 그런데 지방자치단체의 재정이 열악하므로 한도액 1만 원을 2만 원으로 올리고 그 뒤에 2015년, 2016년도까지 해서 약 이것을 배 정도로 인상을 하겠다는 계획이다.

다음 한국의 자동차세는 영업용 자동차세가 있는데 이것은 배기량 기준으로 되어 있는 것이 아니고 대당 얼마 되어 있다. 현재 대당 한 2만 원 정도가 되는데 이것을 좀 현실화시켜서 3년 이내에 이것을 2015년 50%, 2016년은 75%, 2017년도는 두 배까지 해서 2017년도에는 영업용 승용차에 대해서는 이것을 현재 2만 원을 약 4만 원 정도로 올리겠다는 계획이다.

현재 자동차 세제로 봐서 자가용 자동차세는 액수가 상당히 큰데 영업용 자동차세는 상당히 작았다. 이유는 택시비 인상 요인으로 작용되지 않겠나 하는 것을 우려해서 영업용 자동차세를 너무 오랫동안 안 올렸던 것이다. 그래서 이제는 현실화하고 올려야 한다는 논리다.

• 한국의 조세체계 문제점

한국의 조세 체계는 근본적으로 구조적인 문제를 안고 있다. **우리나라의 세입구조를 보면 국세로 걷는 것이 전체 총 세입의 80%이고. 지방세로 걷는 것이 약 20%다. 그런데 사용은 국가가 45%를 사용하고 지방자치단체가 55%를 사용한다.** 그러다 보니 지방자치단체는 자기 세입확충을 위해서 좀 몸부림을 쳤어야 하는데 20년 동안 세액이라든지 세율을 인상하지 못했던 것이다. 만약 주민세 또 자동차세를 20년 사이에 몇 번 좀 올렸으면 지방재정에 조금은 도움이 되었을 것이다.

담뱃값 인상의 경우, 담뱃값이 오르면 담배 소비세도 또 올라가게 된다. 그것도 지방세 세수 증가에는 분명히 도움이 된다. 지방세 세목 안에는 담배세와 관련된 것이 많이 들어가 있다. 예컨대 지방교육세도 있고 담배 소비세도 있다. 담뱃값이 올라가면 국세보다는 오히려 현재는 지방세 쪽에 더 많은 세수가 증가되도록 되어 있다.

그런데 담뱃값도 그렇고 자동차세, 주민세 등이 모두 다 간접세라는 것에 주목할 필요가 있다. **간접세는 부자건 가난한 사람이건 다 똑같이 물어야 되는 무차별 세금 징수다. 이런 이유 때문에 간접세 증세는 바로 서민 주머니만 터는 증세로 보는 것이다. 왜냐하면 간접세와 달리 직접세는 예를 들면 소득이 많은 사람은 많이 내고 소득이 적은 사람은 조금 내는 것이 직접세의 특징이기 때문이다.**

현재 논의가 되고 있는 담뱃세라든지 주민세 또 자동차세 같은 경우에는 소득이 얼마가 있는지를 구별하지 않고 모두가 얼마씩 한꺼번에 내는 구조이다. 그러기 때문에 소득이 1억 원인 사람이 이것을 감내해야 될 부분하고 소득이 3천만 원인 사람이 이 증세 부분을 감내해야 될 부분은 분명한 강도의 차이가 있기 마련이다. 이런 이유로 서민증세라고 보는 것이다.

대표적인 직접세로는 법인세 소득세, 상속세, 증여세가 있다. 정부는 법인세 감면도 여전히 많이 해 주고 있다. 정부는 고복지를 시도를 하면서 증세는 하지 않겠다고 하면서 부족한 재원은 비과세나 감면을 축소하겠다라고 했는데 아직 현재 일몰이 도래된 조세특례제한법의 상당수 규정은 아직도 살아 있다. 그랬을 때 현재 재정적자가 우려가 되는 상황이다.

지금 복지 수요는 늘어난 건 분명하다. 따라서 어디선가 세금을 더 걷어야 할 판이다. 문제는 어디서 걷느냐하는 것이다. 어디에서 걷는 것이 가장 적절한가 하는 것이 논란이 있을 수 있다. 그러나 우리는 몇 가지 원칙에서 정해야 한다.

첫 번째는 높은 복지국가를 지향한다면 당연히 고부담을 해야 한다.

두 번째, 누가 부담할 것인가는 소득이 많은 자가 일단 먼저 많이 부담해야 한다. 그 다음에 소득이 많은 자한테 어느 정도 세금부담을 시켜도 더 부족하면 국민 모두가 부담하는 간접세를 인상하는 것이 순차적인 접근 방법이다.

따라서 지금 정부의 조세정책은 순서가 잘못된 것이다. 먼저 증세 부담은 사회적 연대감과 사회 공동체적 부양, 조세의 소득 재분배기능 강화와 조세의 정의를 위해서라도 부자와 법인세부터 증세를 하고 부족분은 간접세로 충당하는 것이 순서라고 본다[노컷뉴스,

2014.9.13/ 정관용 사회자/ 강남대 세무학과 안창남 교수],

• 기업 상속세

우리나라 상속세 부담은 주요 선진국에 비해 크게 높다. 가업상속을 가정한 비상장 중소기업 상속 시 국내 상속세 부담이 독일의 10.0배, 일본의 4.5배에 달한다. 영국의 경우 상속세 부담이 전혀 없다[대한상공회의소, 세계파이낸스, 2011.8.16]. 피상속인이 10년간 영위한 비상장 중소기업 주식 100억원을 포함, 50억원 가치의 개인기업과 현금성 자산 20억원 등 총 170억원을 배우자 및 자녀 2명에게 상속할 경우를 가정하고 주요국의 상속세액을 계산할 경우, 비상장 중소기업 주식 100억원에 대한 국내 상속세 부담은 25.2억원으로 독일 2.5억원의 10배, 일본 5.6억원의 4.5배에 달했다. 총 상속재산 170억원에 대한 상속세액 또한 우리나라 42.9억원, 독일 5.5억원, 일본 12.7억원, 영국 5.9억원으로 한국이 주요국들에 비해 3.4배~7.8배나 높았다. 이처럼 국내 상속세 부담이 주요 외국에 비해 과중한 원인으로는 기업자산 상속 시 공제혜택을 받을 수 있는 가업의 요건이 엄격하고, 가업상속에 대한 세제지원 폭이 좁기 때문이다.

우리나라는 현재 10년 이상 경영한 중소기업 또는 매출액 1,500억원 이하 중견기업의 상속에 대해 상속재산의 40%를 과세가액에서 공제해주고 있는데, 가업 승계 후에는 10년 간 사업용 자산 80% 이상, 지분 100%를 유지해야 한다. 이에 더해 중견기업의 경우에는 10년간 고용의 120% 유지 의무가 추가된다. 반면 독일의 경우 기업 규모나 가업 승계 전 사업영위 기간에 관계없이 기업 자산 상속에 대해 상속세의 85~100%를 경감해주고 있다. 세제지원 폭은 가업 승계 이후 경영기간 및 고용 유지 규모에 따라 달라지는데 가업 승계 이후 5년간 지급한 임금합계액이 상속 당시 임금지급액의 400% 이상이면 상속세의 85%, 7년간 지급한 임금합계액이 상속 당시 임금지급액의 700% 이상이면 상속세의 100%를 경감해주고 있다.

일본은 비상장 중소기업 상속에 대해 비상장주식가액의 80%에 해당하는 상속세를 면제해주고 있는데 상속 이후 5년간 고용의 80% 이상을 유지해야 하며 사망할 때까지 주식을 보유해야 한다. 기업 승계 전 사업영위기간은 따지지 않는다. 영국은 2년 이상 사용한 기업 자산 상속에 대해 폭넓은 세제 혜택을 주고 있는데 비상장주식의 경우 100% 상속세를 면제하고 상장주식은 50%를 면제한다. 2년 사용 요건만 충족하면 기업 규모나 승계 전후 특별히 요구되는 조건이 없다.

가업상속에 대한 세제지원 폭을 주요 외국 수준으로 끌어 올려야 한다. 과도한 상속세 부담으로 축적된 경영노하우와 독자적 고유 기술이 승계되지 못한다면 이는 국가적으로 큰 손실이다. 좀 더 구체적으로 가업승계 전 사업영위기간 요건을 현행 10년에서 5년으로 단축하고 가업상속 공제율을 가업승계 이후 고용유지 규모에 따라 차등 적용, 최대 100%까지 공제율을 높일 필요가 있다. 또한 세계 최고 수준의 상속세율이 장수기업 탄생을 어렵게 한다. 국내 상속세율은 최고 50%로 일본과는 동일하지만 독일 30%, 영국 40%에 비해 높다. 최고세율이 적용되는 과세표준 구간도 30억원 초과로 독일의 402억원(26백만 유로), 일본의 40억원(3억엔) 등에 비해 엄격하다. 다만 영국은 전 구간에 대해 상속세율 40%를 적용하고 있다.

우리나라와 상속세율이 50%로 동일했던 대만은 2009년부터 10%로, 미국은 올해부터 35%로 상속세율을 인하했다. 상속세율 인하는 나라마다 경쟁적으로 낮추는 세계적인 추세다. 가업상속에 대한 세제지원은 부의 대물림에 대한 혜택이 아니라 기업의 지속적 성장과 일자리 창출을 도모해 국가경쟁력 강화를 유도하기 위한 것이다. 최근 우리나라도 가업상속 공제율을 높이고 적용대상을 넓히는 등 꾸준히 조세환경을 개선해왔지만 경쟁력 있는 장수기업을 육성하기 위해서는 보다 적극적인 지원이 요구된다[대한상공회의소, 세계파이낸스, 2011.8.16].

32. 공무원, 군인, 사학, 국민연금, 국민의료비

• 한국의 국민연금

사학연금과 군인연금은 덜 내고 더 받는 연금체계이다. 이러한 기형적인 구조로 군인연금은 1973년부터 고갈됐고 사학연금도 2033년에 바닥이 난다. 국가가 사학연금과 군인연금을 보전해주는 비율은 각각 21%와 50%에 달한다[머니투데이 김태은 기자. 2014.1.13].

국민연금은 2008년 재정 추계 당시 완전 고갈 시점을 2060년으로 추정했으나 지금은 2050년 무렵에 잔액이 모두 사라질 것으로 예상하고 있다.

국민연금은 2007년부터 2010년까지 연평균 기금운용 수익률을 7.9%로 추정했지만 실제 수익률은 6.75%로 떨어져 국민연금 고갈 시기는 5년가량 앞당겨질 것으로 예측한다. 2008년 재정 추계 때

65세 이상 사망자 수가 2009년 19만 여명에 달할 것으로 추산했으나 실제로는 16만9000여명에 그치는 반면 출산율은 2006년과 2007년에만 상승했을 뿐 이후 하락세가 이어질 것으로 전망한다. 보험금을 받는 사람은 늘어나는 반면 보험료를 납부해야 할 사람은 줄고 있는 것이다.

물가에 연동해 지급액을 결정하는 국민연금은 최근의 물가 급등으로 더 많은 돈을 지출해야 하는 상황이다. 이런 요인들이 연금 고갈 시기를 5년가량 추가 단축시킬 것이라는 예측이다. 2008년 재정 추계 때보다 여러 가지로 상황이 나빠져 기금 고갈 시기가 상당히 단축될 가능성이 높다[한국경제신문; 저출산 고령화, 2011.6.7].

• 고령화 - 의료비 재원 - 공공재정 압박

고령화로 인해 오는 2020년 국민 의료비가 2010년의 3배로 증가할 것이라는 분석이다. 국내 의료 환경과 과거 의료비 추이가 크게 변하지 않는다고 가정한 시계열 모형 분석에 따르면, 오는 2015년에는 현재 OECD수준인 142조원(GDP 대비 8.6%)에 도달하고 2020년 국민 의료비는 국내총생산(GDP) 대비 11.1%인 251조원까지 급증한다. 현재 국민 의료비는 국내총생산(GDP) 대비 6.9% 수준인 81조3000억원이다.

2009년 공적재원 비중인 58.2%와 비슷한 수준을 유지할 경우 2020년 기준으로 약 151조원의 공적재원과 111조원의 건강보험 지출이 소요된다. 반면 OECD 국가의 의료비 지출 규모에 대한 경험치를 반영한 결정요인 모형을 적용하면 경우 오는 2020년 국민의료비 규모는 203조원으로 GDP 대비 9.0% 수준이 된다. 여기에는 약 122조원의 공적재원과 90조원의 건강보험 지출이 소요된다[보건의료미래위원회, 2020 한국 의료의 비전과 정책방향, 뉴스토마토, 2011.8.31].

한국의 고령화는 선진국보다 빠른 속도로 진행되고 있다. 급속한 고령화와 함께 건강행태 악화와 의료욕구 증가 등은 필연적으로 따르기 마련이며 이로 인한 의료비용 증가는 피할 수 없다. 우리나라 노인 인구 비율이 2010년 11%에서 ▲ 2015년 12.9% ▲ 2020년 15.6%로 증가해 가면서 노인 진료비 비율도 역시 2010년 30.9%에서 ▲ 2015년 37.9% ▲ 2020년 45.6%로 늘 것으로 본다[국민건강보험공단 추정].

따라서 의료비 재원을 충당하기 위해 국민 부담이 불가피하고 의료 보장의 지속 가능한 확보를 유지하기 위해서는 추가적인 비용부담과 지출 절감 노력이 요구되기 때문에 단기적 대책과 함께 중장기적인 종합대책이 절실하다. 의료의 질과 보장성을 높이면서 적정 수준의 비용을 부담하는 등 의료체계의 지속 가능성을 확보하기 위해서는 전반적인 제도 개선이 필요하다. 국민들의 건강관리, 의료와 간호는 삶의 질을 높이는 중요한 조건 중의 하나이기 때문이다.

한국 공공재정의 지속 가능성을 낙관하기 어려운 상황이다. 성장률 둔화에 따라 중장기 재정여건이 어려워지는 가운데 지방재정 악화, 공기업 부채 증가 등 각종 재정위험 요인이 증가하고 있다. 이러한 요인을 고려하면 공공부문 전체 재정의 지속 가능성을 낙관하기는 어렵다. 공공부문 전반의 각종 재정위험을 종합적 · 체계적으로 관리가 필요하다[서울=연합뉴스 차지연 기자, 2013.9.2].

• 공무원 연금, 군인연금

공무원연금과 군인연금은 국민의 막대한 혈세로 연명하고 있다. 공무원연금과 군인연금은 기금이 소진되면 국가가 적자 분을 충당해주는 구조다. 공무원연금은 2001년 적립금이 고갈된 이후 '혈세 먹는 하마'가 됐다. 올해 공무원연금공단의 운용수입은 7조6633억원인데, 퇴직자에게 지급해야 할 연금 등 지출은 9조5586억원이다. 즉 1조8953억원의 적자를 재정으로 메워줘야 한다.

이런 식으로 공무원연금에 쏟아 부은 재정자금은 지난해까지 10조2283억원에 달했다. 1977년 기금이 고갈된 군인연금 역시 사실상 파산 상태다. 2010년부터는 매년 1조원 이상을 국민들이 대신 메꿔 주고 있다[한국일보, 2013.8.7].

문제는 이 같은 재정 부담이 갈수록 커진다는 점이다. 공무원연금 적자는 내년 2조3409억원에 달하게 된다. 2020년엔 6조원을 넘어설 전망이다.

공무원·군인연금 수혜자에게 약속한 연금을 모두 준다고 가정할 때 국가가 잠정적으로 지는 충당부채는 지난해 말 기준 436조 9000억원에 이르렀다. 공무원연금의 소득대체율(연금 가입 기간 평균 소득 대비 연금 지급비율)은 60%로 국민연금의 40%보다 훨씬 높다. 2033만명(지난해 말 기준)이 가입한 국민연금 역시 붕괴 위기에서 자유롭지 않다. 국민연금은 2044년 적자로 돌아선 뒤 2060년 완전히 소진될 전망이다. 고령화 속도가 워낙 빠른 탓이다. 현세대가 더 내고 덜 받는 식의 연금개혁이 절실하다[한국일보, 2013.8.7].

국고에서 공무원연금에 보전해야 하는 돈은 내년 1조6천억원, 내후년에는 2조원을 훨씬 웃돌 것으로 전망한다. 특히 국고보전금의 65%는 지방자치단체가 짊어지게 돼 있어 가뜩이나 빚더미에 올라앉은 지자체 처지에선 큰 부담을 안고 있다. 공무원연금기금의 작년 금융자산 투자 수익률은 0.8%로 3대 공적연금(국민연금, 사학연금, 공무원연금) 중 꼴찌다. 공무원연금은 5조409억원의 자금 중 9천766억원을 주식투자에 배분했다.

이로 말미암은 손실이 −13.8%, 1천350억원에 달했다. 특히 주식투자분 중 13.4%를 직접 투자한 데 따른 손실은 -16.1%에 달했다. 2조7천751억원을 배분한 채권은 4.3%, 6천559억원을 배분한 대체투자는 5.0%의 수익이 났다. 6천333억원은 단기자금에 배분해 3.6%의 수익을 얻었다.

공무원연금의 작년 금융자산 투자 수익률은 2008년 금융위기 이후 가장 낮았다. 작년에 국민연금은 2.3%, 사학연금은 1.5%의 금융자산 투자수익률을 냈고, 주식투자 수익률은 국민연금 -9.5%, 사학연금 -11.5%로 공무원연금보다는 선방했다. 공무원연금의 금융자산투자 수익률은 2008년 -4.9%, 2009년 8.5%, 2010년 8.0%로 국민연금(2008년 -0.2%, 2009년 10.4%, 2010년 10.4%), 사학연금(2008년 -4.7%, 2009년 12.7%, 2010년 10.5%)과 비교해 4년 연속 가장 낮다.

이와 같이 투자수익률이 저조할 수밖에 없는 배경으로 1960년 만들어진 공무원연금이 각각 1975, 1988년 만들어진 사학연금, 국민연금보다 이미 지급해야 할 돈이 많아 금융자산 투자액의 상당 부분을 단기자금에 운용해야 하고, 들어오는 돈보다 나가는 돈이 많아 수익률이 저조할 수밖에 없다는 것이다. 작년 공무원연금의 연금수입은 6조5천812억원, 연금지출은 7조9천389억원으로, 수입에 비해 지출이 1조3천577억원 많다. 연금지출이 수입을 초과해 적자가 발생할 경우 정부가 보전해주게 돼 있다.

이에 따라 1조3천577억원은 국고에서 보전되는 돈이다. 작년 국고보전금의 33.8%는 국가가 부담하지만, 65.2%는 지자체, 1%는 철도공사공단이 부담한다. 문제는 적자가 여기서 그치지 않는다. 공무원연금 적자는 2013년 1조5천977억원, 2014년에는 2조3천409억원, 2015년 3조원, 2017년 4조원, 2019년 5조원을 돌파해 2020년에는 6조2천518억원으로 불어날 것으로 예상되고 있다는 점이다[국회 예산정책처 추산].

2008~2013년 공무원연금 적자는 연평균 2.3% 증가할 것으로 예측하지만 2014~2020년에는 연평균 17.8% 증가할 것으로 추산되고 있다. 이는 2014~2020년 연금수입이 연평균 3.3% 증가하지만, 지출은 연평균 7.8% 증가한다는 가정에 따른 추산이다. 이에 따라 작년 28조2천억원으로 5년 만에 소폭 줄어든 지자체 채무는 공무원연금의 적자보전으로 또다시 증가세로 전환할 것으로 우려된다.

33. 지하경제 모습의 천태만상

• 자영업자의 세금탈루

자영업자들이 거둔 소득 중 40%는 과세 당국에 포착되지 않는 것으로 추정한다. **2011년 기준 한은 국민계정 상 개인영업잉여는 116조290억 원에 달했지만, 과세 당국에 신고 된 사업 · 부동산소득은 69조2140억 원으로 자영업자의 소득파악률은 59.7%였다.** 이에 개인영업잉여[13]에서 사업 · 부동산소득을 제외한 소득탈루액 46조8150억원(소득탈루율 40.3%)은 과세 당국에 신고 되지 않고 지하경제로 흘러간 것이다.

특히 개인영업잉여의 경우 지하경제 등 원천적으로 국내총생산(GDP) 통계에 누락된 부분이 있어 자영업자의 실제소득을 100% 반영하지 못한다. 이에 따라 실제 소득탈루율은 더 높을 것으로 추

13) 개인영업잉여란 일정기간 동안 생산 활동에 직접 참여한 경제주체 중 자영업자의 소득을, 사업 · 부동산소득은 과세당국에 신고 되는 자영업자들의 소득을 말한다.

정된다. 반면 근로소득자의 소득탈루율은 21.7%로 자영업자에 비해 크게 낮았다.

한국은행의 국민계정 상 근로소득을 뜻하는 피용자보수는 2011년 558조9280억 원이었고, 국세청에 신고 된 근로소득액은 437조 8380억 원으로 근로소득자의 소득파악률은 78.3%에 달했다. 국민계정 피용자보수에는 고용주의 사회부담금이 포함돼 있어 실제 소득파악률은 더 높을 것으로 추정한다[세계일보, 2013.5.16./한국은행/국세청].

• 재벌의 세금 탈루

국내 재벌 일가의 부동산 취득과 해외 직접 투자 과정에서 1천300억원대 불법 외환거래가 적발됐다. 지난 6월부터 해외에 부동산을 소유하거나 해외법인 설립 시 신고 이행 여부 등을 점검한 결과, 총 44명 1천300억원대 불법 외환거래를 적발한 것이다[서울=연합뉴스 유경수 박용주 기자, 2015.1.12/ 금융감독원].

재벌가와 연예인 상당수가 신고 없이 해외에 소유한 부동산이나 예금이 포착돼 부과된 과태료가 어마어마한 액수에 달한다. 외국환거래법은 외국환 자본거래 시 당국에 신고를 해야 하는데, 이들은 해외에서 부동산 등 자산을 취득하는 과정에서 이를 제대로 신고하지 않은 혐의를 받고 있다.

이중 상대적으로 거래규모가 큰 GS그룹 계열 허남각 회장, SM 엔터테인먼트 이수만 회장 등을 검찰에 통보했다.

지난 10월 21개 그룹 관련자 등 117명을 대상으로 외환검사를 진행 중이라고 밝힌 바 있다. 당시 금감원은 이들이 직접 또는 해외 법인 등을 통해 총 272건, 4억9천만 달러 상당의 미국 부동산을 소유한 것으로 확인했다.

조사 대상에는 삼성 · 효성 · SK · 한화 · LG · 한진 · CJ · 한솔 · 대림 · LS그룹 등 주요 재벌 일가가 대부분 포함돼 있었다. 앞서 9월에는 당국에 신고하지 않고 해외에서 100만 달러 이상 증여성 자금을 들여오다 재벌그룹 관계자들이 무더기로 적발된 사례도 있다.

증여성 자금은 수출입 등 정당한 거래의 대가가 아닌 이전거래를 말하며 거주자가 해외에서 5만 달러 이상 금액을 들여올 때에는 반입 목적 등 영수확인서를 은행에 제출해야 하지만 이들은 이런 의무를 준수하지 않았다[서울=연합뉴스 유경수 박용주 기자, 2015.1.12/ 금융감독원].

• 전기 요금 혜택 지원

국내 100대 기업이 한전의 원가 이하 전기 공급에 따라 실질적으로 할인받은 요금이 지난해 총 2조487억원에 달했다. 이는 지난해 저소득층 등 사회 취약계층이 할인받은 전기요금 2천533억원의 8배에 이른다.

10대 그룹이 할인받은 금액은 1조5천356억원이었다. 이중 삼성 4천697억원, 현대차 2천702억원, LG 2천435억원, 포스코 2천55억원, SK 1천556억원 등이었다.

과거 경제개발시대에 기업들의 경쟁력을 높이기 위한 산업용 전기의 원가 이하 공급이라는 혜택이 한전에 큰 손실을 가져와 국민부담으로 이어지고 있는 것은 물론 경쟁 왜곡과 시장교란을 지속적으로 공공기관이 조장해 온 셈이다. 중소기업이나 영세기업에 부담이 가지 않은 방향으로 산업용 전기요금을 현실화해야 한다.

한전은 산업용 전기요금을 올리고 있지만 아직 원가에는 못 미치고 있다고 이야기 한다. 기업 경영과 경쟁력에 영향을 미치는 만큼 단기간에 큰 폭으로 인상하기는 쉽지 않다는 것을 실토하고 있다[서울=연합뉴스 김문성 기자, 2014.10.16/ 국회 산업통상자원위원회 소속 새정치민주연합 추미애 의원].

- 지하경제규모

한국 경제는 OECD회원국 중에서 가장 높은 지하경제 규모를 자랑한다. 한국의 지하경제 규모가 300조원 정도로 추산한다. 또 2012년 정부는 거둘 수 있는 세금의 반도 못 거뒀다.

한국은 지하경제 비중이 높아 세수 상당 부분을 제대로 거두지 못하고 있는 것이다. 일각에서 세수부족을 메우고자 증세를 주장하는 것도 일리 있지만, 먼저 지하경제를 양성화 하는 것이 급선무이다[서울=연합뉴스, 방현덕 기자, 2013.11.26 /조영무 LG경제연구원 연구위원; 증세보다 지하경제 과세 강화가 먼저다].

2012년 한국의 지하경제 규모는 314조3천억원으로 추산된다. 이는 명목 국내총생산의 4분의 1 수준으로 멕시코(30%), 그리스(25.1%) 등 재정 · 금융위기 국가들과 비슷한 수준이다. 2010년의 289조8천억원과 비교하면 24조원 가량이 늘어난 것이다. 특히 자영업의 지하경제 규모는 지난해 139조2천억원에 달했다. 2005~2012년 세무조사 결과 고소득 자영업자의 소득탈루율은 57%에 달했다.

정부재정의 최대수입원인 세금수입은 2012년 거둘 수 있는 최대 세금의 48%만을 거뒀다[국제통화기금IMF 추산]. 선진국 평균(70%), 신흥국 평균(69%)은 물론 저소득국가 평균(63%)보다도 크게 낮은 수준이다. 이처럼 한국의 징수 부진이 다른 나라보다 두드러지는 것은 정부의 규제를 피해 제대로 보고되지 않아 세금도 부과되지 않는 지하경제의 비중이 높기 때문이다.

2013년 들어 지하경제가 더욱 활성화되고 있는 점을 주목할 필요가 있다. 5만원권의 환수율이 갈수록 떨어지고 있는데다, 신용카드 · 체크카드 · 현금영수증 등을 제외한 추적 불가능한 소비지출의 비중이 점차 커지고 있기 때문이다[서울=연합뉴스, 방현덕 기자, 2013.11.26].

한국의 지하경제 규모 추정치 (단위 : 조원)

	2010년	2012년
명목 국내총생산(GDP)	1173.3	1272.5
지하경제 규모	289.8	314.3
자영업 지하경제 규모	128.4	139.2
자영업 탈세 규모	35.2	38.2

※ 출처 : LG경제연구원/서울=연합뉴스, 2013.11.26

프레드릭 슈나이더[14] 교수의 2010년 연구에 의하면 2012년 한국의 지하경제 규모는 314조3,000억원으로 추정한다. 2010년(289조8,000억원)과 비교하면 8.5% 증가했다. 한국의 지하경제 규모는

---

14) 프레드릭 슈나이더 Friedrich Georg Schneider (1949년, Konstanz출생)은 독일 경제학자로서 지하경제 Schattenwirtschaft 전문가로 널리 알려 있다.

명목 국내총생산(GDP)의 4분의1 수준(24.7%)으로 경제협력개발기구(OECD) 평균인 18.3%보다 훨씬 높으며 그리스(25.1%) 등 재정 · 금융위기 국가와 비슷한 수준이다[서울경제, 2013.11.26].

특히 자영업자 지하경제 규모는 139조2,000억원으로 지하경제의 44.3%를 차지했다. OECD 가입국 평균(22.2%)의 두 배다. 자영업 탈세 규모는 38조2,000억원에 이른다. 세무조사 대상인 고소득 자영업자의 경우 평균 100만원을 벌면 37만5,000원의 소득을 숨긴다. 5만원권 발행 영향으로 현금수입업종으로 분류된 음식점 · 골프연습장 등의 자영업자는 무려 57만원을 누락했다. 한국 정부는 지난해 거둘 수 있는 잠재적 최대 세수의 48%만을 거뒀다. 선진국(70%), 신흥국(69%)은 물론 저소득국가(63%)에도 못 미친다.

최근 세계 여러 나라들도 자영업자에 초점을 맞춰 지하경제에 대한 과세를 강화하는 추세다. 스페인은 지난해부터 자영업자 현금거래 한도를 2,500유로 이하로 제한했고 그리스는 올해부터 자영업자가 영수증을 발급하지 않을 경우 소비자가 돈을 안 내도 된다. 우리나라도 자영업에 초점을 맞춘 지하경제 양성화 대책이 요구된다. 신용카드 소득공제 축소도 재검토돼야 한다[서울경제, 2013.11.26].

• 조세피난처 이용

비영리 독립 언론 뉴스타파는 조세회피 의혹과 관련, 총 180여명의 개인 및 기업 명단을 인터넷 홈페이지에 공개했다. 이 가운데 약 30명은 전두환 전 대통령의 아들 전재국 씨, 이수영 OCI 회장, 최은영 한진해운 홀딩스 회장, 김석기 전 중앙종금 사장 등의 신원을 확인했다. 나머지 150여명은 이름이나 주소 등 일부 정보만이 파악된 상황이다. 가장 먼저 눈길을 끄는 인물은 지역 소재 중견 기업인이자 한때 한 경제협회의 장을 맡은 인사의 아들 두 명이다. 이 형제는 버진아일랜드에 각자 유령회사를 세웠다[서울=연합뉴스, 방현덕 기자, 2013.6.15.].

• 페이퍼컴퍼니 송금

국내 기업이 지난해 말까지 케이만군도 · 버뮤다 · 버진아일랜드 · 말레이시아 라부안 등 조세피난처에 세워진 금융회사로 송금한 돈의 잔액이 2조원에 이른다. 이는 전체 국외 금융투자 잔액의 40%에 해당하는 규모다. 2012년 말 비금융 국내기업이 이들 조세피난처 소재 역외금융회사에 금융투자(주식 · 채권 등) 목적으로 송금한 돈의 잔액이 16억2천290만 달러(1조8천152억원 · 4월19일 환율 기준)에 달한다. 이는 기업이 한은에 신고하고 합법적으로 보낸 내역만 집계한 것이다. 한은은 음성적으로 조세피난처로 흘러간 자금에 견주면 '빙산의 일각'에 그치는 수준이라고 설명했다. 조세피난처란 자본 · 무역거래에 대해 세금을 부과하지 않거나 극히 낮은 세율을 적용하는 지역(국가)을 말한다. 케이만군도 등 전 세계에 30~40곳이 있다. 이곳에 세워진 금융회사들은 문서로만 존재하는 유령회사(페이퍼컴퍼니)가 많다. 본국의 각종 규제와 세금을 피하려는 성격이 강하다. "송금처는 대체로 이름 있는 기업이 만든 페이퍼컴퍼니"라며 지난 3년간 케이만군도 · 버뮤다 · 버진아일랜드 · 말레이시아 라부안 네 곳 외의 다른 조세피난처에 대한 금융투자용 송금은 접수되지 않았다[한국은행].

그러나 이 네 곳에 대한 송금 잔액은 2010년 말 8억1천970만 달러, 2011년 말 10억3천770만 달러, 2012년 말 16억2천290만 달러로 2년 만에 두 배가 됐다. 2012년 말 국외 금융투자잔액이 40억450만 달러이니 전체의 40.5%가 조세피난처에 묻힌 셈이다. 최근 들어 조세피난처를 향하는 자금이 많아지는 것은 국내 저금리 기조의 영향인 것으로 본다. 저조한 국내 수익률을 피해 국외투자가 늘어나면서 조세피난처의 세금 절감분만큼 수익률을 올리려는 의도로 본다.

지역별로 보면 케이만 군도에 대한 투자 잔액이 2010년 4억1천710만 달러에서 2012년 12억2천940만 달러로 대폭 늘었다. 이 지역에는 2011년 말 기준으로 삼성, 현대차, 롯데, 한화, 동양, 효성 등 국내 30대 대기업의 금융 · 비금융 자회사 14개사가 있다. 영국령 버진아일랜드의 투자 잔액은 2010년 5천670만 달러에서 2012년 5천100만 달러로 제자리걸음 했다. 현대차, 롯데, CJ, 한화, 현대중공업 계열 회사가 13개 포진한 곳이다. 삼성, 현대중공업 두 곳의 자회사가 있는 버뮤다는 이 기간 3억2천230만 달러를 유지했다. 말레이시아 라부안에 대한 금융투자 잔액은 2천360억 달러에서 2천20억 달러로 소폭 줄었다. 한은은 신고 후 송금한 돈은 법적인 하자가 없는데다 분기 · 반기 등 주기적으로 투자현황을 한은에 보고하게 돼 있고 국세청과 이 정보가 교환되기 때문에 역외 탈세의 우려는 없다고 말했다[서울=연합뉴스, 방현덕 기자, 2013.4.20.].

• 조세피난처 법인 설립

국내 24개 그룹이 조세피난처에 설립한 법인의 자산 총액이 5조7000억원에 이르는 것으로 조사됐다. 공기업을 제외한 자산 1조원 이상 민간그룹 가운데 케이맨제도와 버진아일랜드, 파나마, 마셜제도, 말레이시아 라부안, 버뮤다, 사모아, 모리셔스, 키프로스 등 9개 지역에 해외법인이 있는 곳은 24개 그룹으로 나타났다. 2012년 3월 말 기준으로 이들 기업이 보유한 해외법인은 총 125개, 자산총액은 5조6903억원에 달했다. 자산으로는 케이맨제도 소재 18개 법인의 자산총액이 2조6490억원으로 가장 많았고 파나마 소재 77개 법인이 1조6197억원, 버진아일랜드 소재 14개 법인이 1조669억원, 마셜제도 소재 법인이 2672억원, 버뮤다 소재 법인이 662억원, 말레이시아 라부안 소재 법인이 180억원 등이었다. 조세피난처별 법인 수로는 파나마 소재 법인이 전체의 61.6%를 차지하는 77개로 가장 많았다. 이어 케이맨제도가 18개(14.4%), 버진아일랜드가 14개(11.2%), 마셜제도가 7개(5.6%) 순으로 많았다. 그룹별 법인 개수는 SK그룹이 파나마에 52개 등 총 63개 법인을 보유해 조사대상 그룹 중 가장 많았다. 롯데그룹은 2009년에 지분을 인수한 버진아일랜드 소재 법인 9개를 포함해 총 12개였다. 현대그룹은 총 6개의 지주회사와 해운업 회사 등을 보유했고, 동국제강그룹은 총 6개의 물류 회사가 있다. SK그룹은 역외법인은 대부분 해운업과 관련된 것으로 사업 특성상 선박을 구매할 때 자금을 대는 대주사와의 관계에서 특수목적법인(SPC)을 설립한다. 모두 재무제표 상 드러나는 부분으로 불법적인 자금과는 성격이 다르다고 말했다. 그룹별 자산은 한화그룹의 4개 법인이 총 1조6822억원으로 가장 많았다. 이어 SK그룹 1조3267억원, 대우조선해양 7849억원, 포스코그룹 4660억, 삼성그룹 3536억원, LG그룹 3342억원, 롯데그룹 2062억원, 동국제강그룹 1793억원, 현대차그룹 907억원 등으로 나타났다. 한화그룹은 해당 역외법인 자산은 중국과 독일의 태양광 업체 인수와 관련된 것으로 회사 인수 및 사업 영위를 위한 것이라고 설명했다[세계일보, 2013.5.26./재벌닷컴].

• 페이퍼컴퍼니를 통한 비자금 은닉조성

전두환 전 대통령의 장남 전재국(54)씨도 페이퍼컴퍼니를 설립했다. 전재국씨가 페이퍼컴퍼니를 설립한 2004년은 검찰이 전 전 대통령의 비자금 가운데 73억원이 차남 전재용씨에게 흘러들어간 사실을 밝혀낸 해이다. 전 전 대통령에게 부과된 추징금 2천200억여원 대부분은 미납 상태이며 미납액 중 1천672억의 시효는 올해 10월 11일자로 만료된다. 전 전 대통령 일가가 불법 조성한 재산이 몰수되지 않은 가운데 아들 등 가족 명의로 조세피난처에 재산을 숨겼을 가능성이 크다[서울=연합뉴스, 김동규 기자, 2013.6.3.].

• 투자자의 조세 회피

국내 증시에서 주식 거래를 하는 외국인 투자자 5명 중 1명은 세금을 회피하려고 조세회피처에 법인을 설립해 국내로 자금을 들여오는 투자자로 밝혀졌다. 이 가운데 상당수는 내국인이 외국인으로 둔갑한 검은 머리 외국인인 것으로 추정됐다[서울=연합뉴스 윤선희 기자, 2014.10.14].

2014년 4월 말 기준 국내에 등록된 케이만군도 등 55개 조세회피지역 소재 투자자 수(개인 · 법인 포함)는 7천626명으로 집계됐다. 이는 국내에 등록한 외국인 투자자 3만8천437명의 19.8% 수준이다.

이들 조세회피처 소재 외국인 투자자들이 보유한 국내 상장 주식은 모두 46조7천억원으로 전체 외국인 보유액인 424조2천억원의 11%로 나타났다.

실제 지난해 말 기준 총수가 있는 40개 대규모 기업집단 소속 해외법인 중 10대 조세회피처 지역에 주소를 둔 법인은 86개사로, 1년 전보다 59.3%(32개사) 늘어났다. 이들 가운데 많은 내국인이 외국인으로 둔갑해 국내 증시에서 차익을 얻고 양도세 · 법인세를 회피하고 있을 가능성이 매우 높다[서울=연합뉴스 윤선희 기자, 2014.10.14/ 국회 정무위원회 이상직 새정치민주연합 의원;금융감독원 국정감사 자료 분석 결과].

• 지하경제 양성화와 추가 징수액

대기업 · 대재산가, 고소득자영업자, 세법질서 · 민생침해사범, 역외탈세자 등 지하경제 양성화 4대 중점분야의 세무조사 건수는 지난해 상반기 1천254건에서 올해 같은 기간에는 1천410건으로 12.4% 증가했다[서울=연합뉴스 최이락 기자, 2014.10.20].

이에 따른 총 추가 부과(추징) 세액은 지난해 상반기 1조6천975억원에서 올해 같은 기간에는 2조2천176억원으로 30.6%나 증가했다.

분야별로는 대기업 · 대재산가의 불공정 거래, 기업자금 불법 유출, 차명재산을 통한 세금 없는 부의 축적 등에 대한 조사를 통한 추징이 1조138억원(431건)에 이른다.

고소득자영업자의 차명계좌를 통한 재산 은닉, 비용 과다계상, 현금거래 탈세 등에 대한 조사를 통한 추징도 3천181억원(495건)으로 13.4% 증가했다.

또 거짓세금계산서 수수나 무자료 거래, 불법 대부업자, 고액수강료 학원사업자 등 세법질서 · 민생침해자 분야에 대한 조사를 통한 추징은 2천543억원(318건)에서 3천355억원(387건)으로 31.9% 늘었다.

국제거래를 이용한 조세회피, 해외금융계좌거래 미신고, 조세회피처내 서류상 회사를 통한 지능적 역외탈세 등에 대한 조사를 통한 추징도 4천188억원(117건)에서 5천502억원(97건)으로 31.4% 증가했다.

• 불합리한 조세 공제·감면 지원

법인세 감면액 상위 10대 대기업은 최근 3년간 총 8조5,000억원을 공제 · 감면받았다. 더욱이 이들 10개 대기업의 3년간 법인세 실

효세율 평균은 12.8%에 불과해 전체기업 평균(17.5%) 보다 4.7% 포인트가량 세부담이 덜한 혜택을 받았다.[15)]

2009~2011년 법인세 감면 상위 10개 대기업에게 돌아간 감세 혜택이 2009년 2조4,499억원, 2010년 2조4,742억원, 2011년 3조6,572억원으로 집계됐다. 반면 이들 10대 대기업의 실효세율은 2009년 15.7%, 2010년 11.0%, 2011년 11.9%로 밝혀졌다. 상위 10대 대기업의 실효세율은 우리나라 전체 46만614개(2011년 기준) 기업의 평균 실효세율(2009년 19.6%, 2010년 16.6%, 2011년 16.6%)보다 각각 3.9%, 5.6%, 4.7%포인트씩 낮은 것이다. 10개 대기업을 평균으로 나누면 해마다 각각 2,450억원, 2,474억원, 3,657억원씩 감면 받은 셈이다. 상위 10개 대기업의 조세감면액이 천문학적인 수치로 정부가 조세감면과 예산지원 등을 통해 대기업을 과도하게 혜택을 준 것이다. 세법개정안과 관련해 정부는 봉급생활자와 영세상공인의 쌈짓돈만 거둬들일 게 아니라 대기업의 과도한 조세감면부터 뜯어고쳐야 한다는 것을 잘 보여준다[한국일보, 박순원 기자, 2013.9.11/국세청 자료].

상위 10대 재벌 기업이 이명박 정부 5년간 받은 법인세 공제 · 감면액이 10조원을 넘는다. 이명박 정부 집권 시기인 2008~2012년

15) 법인세 실효세율은 각종 공제나 면제 등을 반영한 기업의 세금 납부액을 소득액으로 나눈 값으로, 기업이 실제로 얼마만큼 세금을 냈는지 보여 주는 지표다.

까지 삼성, 현대차, SK, LG, 롯데 등 상위 10대 재벌그룹이 공제 · 감면받은 법인세는 10조6천13억원에 달했다. 법인세 공제 · 감면액은 2008년(1조8천745억원), 2009년(1조8천688억원), 2010년(1조6천632억원)까지 3년간 줄어들다가 2011년(2조8천658억원)과 2012년(2조3천290억원)에 큰 폭으로 증가했다[서울=연합뉴스, 박용주 홍국기 기자, 2013.10.15/설훈 국회의원; 국세청 제출 자료].

이는 이명박 정부가 기업친화적 정책 기조 아래 2008년 발표한 세제개편안에서 법인세를 최대 5%포인트까지 낮추겠다는 정책 효과가 시차를 두고 나타난 것이다. 지난해 46만여개 법인 전체에 대한 법인세 공제 · 감면 총액은 6조9천614억원에 이른다.

이 가운데 51%에 이르는 3조5천376억원의 세제혜택이 55개 재벌기업 집단에 포함된 1천521개의 대기업 계열사에 돌아간 것으로 드러났다. 재작년엔 이들 대기업 계열사의 법인세 공제 · 감면액 비율이 전체 법인의 55.7%에 이른다.

2년째 세금감면 혜택의 절반 이상이 전체 법인의 0.3%에 불과한 극소수 재벌 계열의 대기업들에 돌아간 것이다. 재벌의 법인세 공제 · 감면 규모가 가장 큰 항목은 **임시투자세액공제**로, 2011년 전체법인이 받은 임시투자세액공제의 76.3%를 차지했다.

2012년에는 73.4%를 기록했다. **임시투자세액공제는 경기가 좋지 않을 때 기업투자를 촉진하기 위해 기업의 설비투자금액 가운데 일부를 소득세나 법인세에서 공제해주는 제도다.** 재벌의 **'연구인력개발비 세액공제'항목**도 2011년 전체 법인이 받은 공제액의 51.2%를 차지한 데 이어 2012년에는 전체의 52.5%를 기록해 재벌기업들이 가장 큰 수혜자인 것으로 나타났다.

세제지원 필요성이 상대적으로 낮은 극소수의 재벌기업들에 혜택이 과도하게 쏠려 조세형평성을 저해하고 세수손실도 급격히 증가하는 요인이 되고 있다. 한편 지난 정부(2008~2012년)의 법인세 감세에 따라 이번 정부에서 발생하는 세수 감소 규모는 누적기준으로 21조6천억원에 달하는 것으로 추산한다. 연도별로 보면 올해 4조5천억원, 2014년 5조4천억원, 2015년 5조7천억원으로 피크를 이룬 후 2016년 4조8천억원, 2017년 1조2천억원으로 감소하는 것으로 분석됐다[서울=연합뉴스, 박용주 홍국기 기자, 2013.10.15/설훈 국회의원; 국세청 제출 자료].

• 지하경제 양성화 부작용

정부가 지하경제의 양성화를 국정과제로 내세운 가운데 오히려 지하경제가 활성화되는 조짐이 나타나고 있다. 올해 상반기 현금영수증 이용건수는 사상 처음 감소세를 보였고 지하경제의 보관 수단으로 지목받는 5만원권의 환수율은 사상 최저이며 민간소비 대비 카드 등 사용액 비중은 답보 상태다. 올해 상반기 현금영수증 발급 건수는 25억6천만건으로 작년 동기보다 3천700만건(1.4%) 감소했다. 2005년 현금영수증 제도가 도입되고서 전년 동기 대비 발급건수가 줄기는 이번이 처음이다[서울=연합뉴스 경수현 기자, 2013.11.06].

통화승수나 현금통화비율 등 공식 금융통계에서도 경제 주체의 현금보유 성향이 강화된 것으로 확인된다. 광의통화(M2)에 대한 현금통화 비율은 지난 8월 현재 2.7%로, 작년 12월보다 0.3%포인트나 높아져 역대 최고 수준이다. 역시 5만원권 발행의 영향을 받은 2010~2012년에는 같은 기간 이 비율 증가폭이 0.1%~0.2% 포인트인 점에 비춰 올해 현금보유 성향은 예년보다 훨씬 빠른 속도로 진행되는 셈이다.

올해 불거진 현금보유 성향의 강화 배경에는 정부가 지하경제의 양성화를 추진하면서 세무당국으로부터 소득이나 지출을 숨기려는 경제 주체의 심리가 확대된 데 따른 것으로 보인다. 정부가 지하경제 양성화를 통해 세원 발굴에 적극적으로 나서지만 도리어 현금거래 선호 현상이 심화되고 자산가들이 현금 형태로 재산을 보유하거나 이전하는 조짐이 나타난 것으로 볼 수 있다.

• 국가보조금 사업의 비리

연간 2000개 사업에 예산 50조원이 넘게 투입되는 국고보조금 사업이 만성적인 비리와 부패에 관리부실까지 겹쳐지면서 대규모 구조조정이 시급한 것으로 나타났다. 국고보조금은 그간 '눈먼 돈' 이라는 비판을 받아왔지만 매년 정부 총지율 증가율보다 빠른 속도로 늘어나면서 국가재정의 건전성마저 위협하고 있다[아시아경제 이경호 기자].

전체 국고보조금 사업 2013개 가운데 20%인 422개 사업의 운용 상태를 평가한 결과에 따르면 이 중 정상 판정을 받은 사업은 247건으로 58.5%에 불과했다. 나머지 175건(41.5%)은 정상 판정을 받지 못했다. 175건 가운데 109건(전체의 25.8%)은 보조금 규모를 단계적으로 줄여야 하는 것으로 판정됐으며, 즉시폐지는 15건(3.5%)이고 나머지도 감축이나 통폐합 대상으로 분류됐다[아시아경제, 세종=이경호 기자, 2014.9.26/ 기획재정부 보조사업운영평가단].

정상 판정을 받은 247건의 총보조금 규모는 7조5176억 원으로 전체(10조5057억원)의 71.6%였다. 정상 판정을 받지 못한 보조금 규모는 2조9881억원(28.4%)이며 이 중 단계적 감축(2조3448억원 · 22.3%)이 가장 많은 비중을 차지했다. 정상 판정을 받지 못한 사업은 보조금을 즉시 또는 단계적으로 줄이거나 폐지, 통폐합 판

정을 받은 사업은 이른바 구조조정 대상이다.16)

국고보조금은 2006년 30조원 규모에서 2010년에 40조원을 넘어섰고 2014년에는 52조5000억원으로 8년 새 20조원 이상 증가했다. 2013개 사업 중 비리가 드러난 사업은 826개에 이르고, 2013년 12월 적발된 규모만 1700억 원대였다[아시아경제, 세종=이경호 기자, 2014.9.26.].

• 공공 금융기관 제도 변경과 부실경영조장

정부는 산업은행 · 산은금융지주, 기업은행을 공공기관으로 되돌리고 한국거래소는 공공기관으로 유지하기로 결정했다. 산업은행과 기업은행은 공공기관 지정 해제 사유인 민영화가 무산됨에 따라 공공기관으로 재편입됐다. 공공기관 지정 해제 목소리가 높던 한국거래소는 방만 경영의 문제로 공공기관에서 벗어나지 못했다[세종=연합뉴스 박용주 기자, 2014.1.24].

정부는 이날 **304개 기관을 2014년 공공기관으로 지정**하면서 산은과 기은의 민영화가 모두 무산된 현재로서는 재지정이 불가피하다는 입장을 내놨다. 공공기관 지정 해제 이후 임원 임금을 인상하는 등, 방만 경영과 부채 증가 문제도 재지정이 필요한 근거가 됐다.

---

16) 국고보조금은 중앙정부가 다방면의 사업을 돕기 위해 지방자치단체나 민간에 지원하는 돈이다.

2000년대 중반부터 '세계적인 투자은행(IB) 육성'을 목표로 추진돼온 산은 민영화는 지난 8월 금융위원회가 산은과 정책금융공사의 합병 등을 골자로 한 개편안을 내놓으면서 백지화됐다. 기업은행도 정부 지분 50%를 유지하면서 전통적인 중소기업 융자 기능 등 정책기능을 기존처럼 수행하도록 해 민영화가 사실상 없던 일이 됐다.

이들 기관은 2012년 1월 '기타공공기관' 지정이 해제되면서 정부감시로부터 상대적으로 자유로워졌다. 이들 기관은 해제 2년 만인 이번에 다시 공공기관으로 재지정 됐다. 시장에서 평가가 가능하다는 점 때문에 공공기관 중에 기타공공기관으로 분류됐다.

한국거래소의 경우 공공기관 지정 해제 목소리가 꾸준히 나왔지만 방만 경영이 문제가 됐다. 정부는 한국거래소가 방만 경영 중점관리 대상기관으로 선정된 점을 고려해 공공기관 지정을 유지하되 방만 경영이 개선됐다고 판단되면 지정 해제를 검토할 예정이다.

이로써 '공공기관의 운영에 관한 법률'(공운법)에 따라 정부의 관리를 받는 공공기관은 295개에서 304개로 9곳 늘었다. 공공기관은 공운법상 공기업(시장형 · 준시장형), 준정부기관(위탁집행형 · 기금관리형), 기타공공기관으로 분류된다[세종=연합뉴스 유경수 기자, 2014.1.24]. 기타공공기관은 규정상 임원 선임, 보수기준, 경영실적평가 등의 대상이 아니지만 최근 정부가 공기업 개혁의 일환으로 기타공공기관의 관리감독을 강화하고 있어 당장 올해부터 임금인상, 예산편성 등에서 통제를 받을 것으로 보인다.

정부 각 부처 산하 312개 공공기관 중 [2013년 결산 기준] **직원의 1인당 평균 보수액**이 가장 높은 곳은 금융위원회 산하 한국거래소로 1억1천339만원에 달했다[공공기관 경영정보공시시스템 알리오(www.alio.go.kr)]. 기본급 5천900만원에 고정수당 3천140만원, 실적수당 575만원, 급여성 복리후생비 742만원, 경영평가 성과급 271만원, 기타 성과상여금 730만원 등이다.

한국거래소의 직원 1인당 복리후생비는 1천488만원에 달한다. 한국거래소의 상시종업원 수는 707명이고 평균 근속연수는 17.4년이다. 연봉 1억3천만원이 넘는 부부장급 이상 직원 117명 중 중간관리자나 일반직원도 충분히 할 수 있는 일반 업무를 맡은 사람이 56명에 달했다.

34. 독일과 한국의 조세 체계

연방국가 독일의 주요 조세는 소득세 Einkommensteuer, 판매세 Umsatzsteuer, 수입판매세 Einfuhrumsatzsteuer 관세 Zölle이다. 다음 표는 연방 Bund 과 주 Länder 및 지방자치단체 Gemeinden 등 행정단위에 따라 걷고 있는 조세 종류와 배분 구조를 나타내고 있다.[17)]

---

17) 연방Bund/연방주Länder/지방자치단체Gemeinden/소유세Besitzsteuern/거래세Verkehrsteuern/소비세Verbrauchsteuern/보험세Versicherungsteuer/자동차세Kraftfahrzeugsteuer/정제수세Branntweinsteuer/커피세Kaffeesteuer/광물유류세Mineralölsteuer/와인세Schaumweinsteuer/담배세Tabaksteuer/상속세Erbschaftsteuer/증여세Schenkungsteuer/재산세Vermögensteuer/로토세Lotteriesteuer/경주마세Rennwettsteuer/화재방지세Feuerschutzsteuer/맥주세Biersteuer/토지세Grundsteuer/개세Hundesteuer/오락세Vergnügungsteuer/음료세Getränkesteuer/소득세Einkommensteuer/임금세Lohnsteuer/감사위원세Aufsichtsratsteuer/영업세Gewerbesteuer/자본이익세Kapitalertragsteuer/법인세Körperschaftsteuer/토지취득세Grunderwerbsteuer

출처 : Wikipedia

	소유세	거래세	소비세
연방		보험세 자동차세	주세 커피세 유류세 와인세
연방주	상속세 증여세 재산세	로토세 경마세 화재보호세	맥주세
지방자치단체	토지세 개세	오락세	음료세
연방, 연방주 및 지방자치단체	소득세 임금세 감독위원세 영업세		–
연방 및 연방주	자본이득세 법인세	판매세	
연방주 및 지방자치단체		토지취득세	

중앙집권적인 정치시스템을 가진 한국의 조세체계는 연방국가와 전혀 다르게 중앙정부와 지방정부에 따라 분류하고 있다. 독일과 커다란 차이점은 중앙정부, 도, 기초지방 자치단체 간의 조세 배분 형태가 비합리적인 근거 위에서 분류되고 있다는 점이다.

현행 한국 조세체계(2013년 9월 3일 현재)

<table>
<tr><td rowspan="3">국세 /14개</td><td>내국세</td></tr>
<tr><td>소득세 - 소득세법
법인세 - 법인세법
상속세 - 상속 및 증여세법
증여세 - 상속 및 증여세법
부가가치세 - 부가가치세법
개별소비세 - 개별소비세법
주세 - 주세법
인지세 - 인지세법
증권거래세 - 증권거래세법</td></tr>
<tr><td>관세 - 관세법
교통/에너지/환경세 - 교통/에너지/환경세법
교육세 - 교육세법
농어촌특별세 - 농어촌특별세법('05. 1월 시행)
종합부동산세 - 종합부동산세법('05. 1월 시행)</td></tr>
<tr><td rowspan="4">지방세 /11개</td><td>도세</td></tr>
<tr><td>취득세
등록면허세
레저세
지방소비세
지역자원시설세
지방교육세</td></tr>
<tr><td>시 군 세</td></tr>
<tr><td>주민세
재산세
지방소득세
자동차세
담배소비세</td></tr>
<tr><td>특별(광역)시세</td><td>취득세, 레저세, 담배소비세, 지방소비세, 주민세, 지방소득세, 자동차세, 지역자원시설세, 지방교육세</td></tr>
<tr><td>자치구세</td><td>등록면허세, 재산세</td></tr>
</table>

* 토지초과이득세는 1998.12.28 폐지, 자산재평가세는 2000.12.31 폐지, 전화세는 2001.9.1 폐지
* 2001.1월부터 지방세분 교육세(국세)가 지방교육세(지방세)로 전환
* 2005.1.1 종합토지세 폐지, 2007.7.19 부당이득세 폐지
* 2010.1.1 농업소득세 폐지, 부가가치세의 일부를 지방세로 전환하여 지방소비세 신설, 소득할 주민세와 종업원할 사업소세를 통합하여 지방소득세 신설, 균등할 주민세와 재산할 사업소세를 통합하여 주민세로 개정
* 2011년 새지방세법이 개정되면서, 16개 세목이 11개 세목으로 변경되었음
출처: 한국조세연구원, 조세체계

부 록

| 부 록 1 | 주요 국가의 국가채무 비율

다음 표는 153개국의 국내총생산 대비 국가채무 비율 (1990~2013년 기간)을 나타내고 있다.

순위	1990	1995	2000	2005	2006	2007	2008	2009	2010	2011	2012	2013
1 일본	67	91	140	186	186	183	192	210	215	230	237	245
2 그리스	73	99	103	101	107	107	113	129	145	165	171	182
6 이탈리아	94	121	108	105	106	103	106	116	119	120	126	128
7 포르투갈	57	59	48	63	64	68	72	83	93	108	119	124
9 아일랜드	93	81	37	27	25	25	44	65	92	106	118	119
11 미국	64	71	55	68	67	67	76	90	99	103	107	112
14 싱가포르	71	68	81	93	86	86	97	103	101	108	106	103
15 벨기에	126	130	108	92	88	84	89	96	96	98	99	99
16 스페인	42	63	59	43	40	36	40	54	61	69	91	97
18 영국	32	46	41	42	43	44	52	68	75	82	89	93
20 프랑스	35	55	57	67	64	64	68	79	82	86	90	92
22 아이슬란드	36	59	41	25	30	29	70	88	93	99	94	90
23 캐나다	75	102	82	72	70	67	71	83	85	85	88	88
26 독일	k.A.	56	60	69	68	65	67	75	82	81	83	82
27 이집트	k.A.	k.A.	k.A.	103	90	80	70	73	73	76	80	81
28 요르단	220	115	100	84	76	74	60	65	67	70	75	80
34 오스트리아	56	68	66	64	62	60	64	69	72	72	74	75
36 헝가리	k.A.	k.A.	56	62	66	67	73	80	81	81	74	74
37 이스라엘	k.A.	k.A.	84	94	85	78	77	79	76	74	73	73
38 말타	k.A.	37	58	70	64	62	62	68	69	72	72	71
39 네덜란드	k.A.	76	54	52	47	45	58	61	63	65	68	70
43 인도	k.A.	70	73	82	78	75	74	74	68	67	68	67
44 알바니아	k.A.	k.A.	70	58	57	53	55	59	58	59	64	65
45 세르비아	k.A.	k.A.	242	56	43	36	34	38	46	50	63	64
46 파키스탄	k.A.	73	83	63	59	56	61	61	62	60	62	63
48 브라질	k.A.	k.A.	67	69	67	65	64	67	65	65	64	61
50 모로코	89	92	74	65	59	55	48	48	51	54	58	59
53슬로베니아	k.A.	17	30	27	26	23	22	35	39	47	53	57
54 Kroatien	k.A.	k.A.	k.A.	38	35	33	29	36	42	47	54	57
56 Venezuela	k.A.	67	32	34	28	30	26	34	40	47	51	56

58 Polen	k.A.	49	37	47	48	45	47	51	55	56	55	55
59 Finnland	14	56	44	42	40	35	34	44	49	49	53	54
60 Malaysia	81	42	35	43	42	41	41	53	51	53	53	54
64 엘살바도르	k.A.	28	27	39	39	38	39	48	50	51	52	52
65 Laos	k.A.	k.A.	k.A.	86	72	65	61	64	62	56	54	52
66 Tunesien	k.A.	68	66	52	49	46	43	43	40	44	46	51
67 Vietnam	k.A.	k.A.	k.A.	41	42	45	43	51	54	50	50	51
70 노르웨이	29	38	33	48	59	57	54	49	50	50	50	50
73 Danemark	k.A.	k.A.	60	45	41	34	42	41	43	44	47	48
74 Slowakei	k.A.	k.A.	50	34	31	30	28	36	41	43	46	47
76 Thailand	k.A.	k.A.	58	47	42	38	37	45	43	42	44	46
77 체코	k.A.	14	18	28	28	28	29	34	38	41	43	45
81 Uruguay	k.A.	k.A.	k.A.	78	71	64	63	63	58	55	51	45
83 Sudafrika	k.A.	k.A.	43	35	33	28	27	32	35	39	41	43
84 멕시코	k.A.	k.A.	43	39	38	38	43	45	43	44	43	43
85 아르헨티나	k.A.	k.A.	46	87	76	67	59	59	49	45	45	43
87 Litauen	k.A.	k.A.	24	18	18	17	16	29	38	39	40	41
88 중국	k.A.	k.A.	27	35	34	33	35	38	38	40	42	41
93 필리핀	k.A.	63	59	59	52	45	44	44	43	42	41	40
94 미얀마	k.A.	k.A.	109	82	72	66	54	55	53	54	43	40
96 뉴질랜드	59	46	32	22	19	17	20	26	32	38	39	38
97 터키	k.A.	k.A.	52	53	47	40	40	46	42	39	38	37
103 Panama	k.A.	86	67	63	59	52	44	43	39	38	36	36
104 스웨덴	k.A.	72	53	50	45	40	38	42	39	38	37	36
109 스위스	31	47	51	51	45	42	39	38	36	35	35	n/a
111루마니아	k.A.	k.A.	30	18	13	13	14	24	31	33	35	34
112 볼리비아	k.A.	k.A.	67	80	55	41	37	40	39	35	35	34
116 한국	14	9	18	29	31	31	30	34	33	34	33	32
120 Kolumbien	k.A.	k.A.	36	39	37	33	31	36	36	34	32	31
121 Hongkong	k.A.	k.A.	k.A.	34	33	33	31	33	35	34	33	31
122 아르메니아	k.A.	k.A.	39	20	16	14	15	34	33	35	34	31
130 캄보디아	k.A.	k.A.	35	36	33	31	27	29	29	29	28	28
132 Australien	16	31	20	11	10	10	12	17	21	24	27	27
135 Irak	k.A.	k.A.	k.A.	323	214	173	107	136	117	89	78	25
136 Luxemburg	k.A.	k.A.	6	6	7	7	14	15	19	18	22	25
137 Guatemala	k.A.	k.A.	19	21	22	21	20	23	24	24	25	25
147 대만	7	6	16	18	16	20	17	18	34	26	22	20
149 Ecuador	k.A.	k.A.	k.A.	35	28	27	21	16	16	18	10	19
151 Peru	k.A.	k.A.	42	38	33	30	25	28	25	21	20	18
153 불가리아	k.A.	k.A.	75	29	23	19	15	16	15	15	18	16

자료; Wikipedia; 국가별 국가채무비율, 2014년도 2월 인용

| 부 록 2 | 한국, 중국, 주요 선진국의 정부재정

주요국가의 재정규모(단위: 10억달러)

국가	GDP	재정수입	재정지출	수지	수지/GDP	수지/수입	수지/GDP
미연방	14,526	2,162	3,456	−1,293	23.79%	−59.8%	−8.90%
미연방주	14,526	900	850	+32	7.6%	+5.6%	+0.4%
Japan	4,600	1,400	1,748	+195	38.00%	−24.9%	+3.56%
독일	2,700	1,200	1,300	+199	48.15%	−8.3%	+6.08%
영국	2,100	835	897	−75	42.71%	−7.4%	−3.31%
France	2,000	1,005	1,080	−44	54.00%	−7.5%	−1.74%
Italy	1,600	768	820	−72	51.25%	−6.8%	−3.52%
China	1,600	318	349	+305	21.81%	−9.7%	+5.14%
Spain	1,000	384	386	−64	38.60%	−0.5%	−4.60%
Canada	900	150	144	−49	16.00%	+4.0%	−3.13%
한국	600	150	155	+29	25.83%	−3.3%	+2.89%

자료: 정부재정 2010년= National Government Budgets 2010
Wikipedia, the free encyclopedia; National debt of the United States

| 부 록 3 | 미재무성증권의 주요 보유국

지역	달러Billions	보유미채권 비율	2013년 대비 변동
China	1,266.	39%	− 2.1%
Japan	1,221.	124%	+ 3.6%
Belgium	353.9	70%	+105.2%
칼리브	311.5	n/a	+ 3.5%
원유수출국	279.4	n/a	+13.7%
Brazil	262.3	12%	+ 5.3%
스위스	186.1	29%	+ 5.0%
Taiwan	173.4	36%	− 6.7%
영국령 섬	167.7	7%	+ 5.9%
Hong Kong	159.0	58%	+25.7%
Luxembourg	155.8	257%	+10.4%
Russia	117.7	6%	−16.2%
Ireland	110.3	50%	−0.9%
Singapore	108.5	37%	+35.1%
Others	1,187.4	n/a	+ 8.8%
총계	6,060.4	n/a	+ 7.2%

자료: 주요 미국재무성증권 보유 국가=Leading foreign holders of US Treasury securities as of September 2014 / GDP 대비 보유 미국채권 비율= Ratio of owned US debt to GDP(추정) / 2013년 대비 변동= Percent change since September 2013 /카리브 금융 센터 국가 Caribbean Banking Centers = Cayman Islands Bermuda British Virgin Islands Bahamas Netherlands Antilles Panama/원유 수출국 Oil exporters = Saudi Arabia Iran Iraq United Arab Emirates Indonesia Kuwait Qatar Oman Venezuela Nigeria Libya Bahrain Algeria Gabon Ecuador/ 영국령 섬 British Islands = United Kingdom Guernsey Jersey Isle of Man
Wikipedia, the free encyclopedia; National debt of the United States.

| 부 록 4 | 한국과 독일의 조세체제

한국의 국세, 지방세 분류는 객관적 · 합리적 기준보다는 정치적 · 자의적 분류에 따른 것으로 보인다. 이것은 독일과 비교해 보면 알 수 있다.

한국의 조세체제

구분	세목
국세 14개	법인세, 소득세, 상속세, 증여세 부가가치세, 개별소비세, 주세, 인지세, 증권거래세 관세, 교통—에너지-환경세, 교육세, 농어촌특별세
지방세 11개	도세; 취득세, 등록면허세, 레저세, 지방소비세, 지역자원시설세, 지방교육세 시군세; 주민세, 재산세, 지방소득세, 자동차세, 담배소비세 특별(광역)시세; 취득세, 레저세, 담배소비세, 지방소비세, 주민세, 지방소득세, 자동차세, 지역자원시설세, 지방교육세 자치구세; 등록세, 재산세

주) 토지초과이득세는 1998.12.28 폐지. 자산재평가세는 2000.12.31 폐지 전화세는 2001.9.1. 폐지. 지방세분 교육세(국세)는 2001.1부터 지방교육세(지방세)로 전환. 종합토지세 2005.1.1 폐지. 부당이득세 2007.7.19 폐지. 2010.1.1부터 농업소득세 폐지, 부가가치세의 일부를 지방세로 전환 지방소비세 신설, 소득할 주민세와 종업원할 사업소세를 통합하여 지방소득세 신설, 균등할 주민세와 재산할 사업소세를 통합하여 주민세로 개정. 2011년 새지방세법이 개정되면서 16개 세목에서 11개 세목으로 변경되었음.

자료; 한국조세재정연구원 Korea Institute of Public Finance,

독일 연방 국가의 조세체계는 3개의 공공단체별로 조세를 배분하고 있다. 여기서 독일어 게마인데 Gemeinde(지방자치단체)는 한국의 특별광역시와 자치구를 제외한 중소도시, 읍, 면, 동에 해당하는 지방자치단체를 통틀어 의미한다.

경제주체	소유세 Besitzsteuern	거래세 Verkehrsteuern	소비세 Verbrauchsteuern
Bund연방	–	Versicherungsteuer 보험세 Kraftfahrzeugsteuer 자동차세	Branntweinsteuer 주세 Kaffeesteuer 커피세 Mineralölsteuer 석유세 Schaumweinsteuer 와인세 Tabaksteuer 담배세
Länder	주 고유 조세 Erbschaftsteuer 상속세 Schenkungsteuer 증여세 Vermögensteuer 재산세	Lotteriesteuer 복권세 Rennwettsteuer 경마세 Feuerschutzsteuer 화재방어세	Biersteuer 맥주세
Gemeinden: 기초지방자치단체 고유 조세	Grundsteuer 토지세 Hundesteuer 개세	Vergnügungsteuer 오락세	Getränkesteuer 음료세
Bund, Länder und Gemeinden: 연방과 주 및 기초지방자치단체 공동 조세	Einkommensteuer 소득세 Lohnsteuer 근로소득세 Aufsichtsratsteuer 감사위원세 Gewerbesteuer 영업세		
Bund und Länder: 연방과 주 공동 조세	Kapitalertragsteuer 자본이득세 Körperschaftsteuer 법인세	Umsatzsteuer 판매세	
Länder und Gemeinden: 주와 기초지방자치단체	Grunderwerbsteuer 토지취득세		

자료: Wikipedia

독일의 조세 종류(2010년 1월 14일 현재)

조세 유형	징수 방법
Gemeinschaftliche Steuern 공동 조세	
근로소득세, 기타 소득세	직접
Umsatzsteuer 판매세	간접
Körperschaftsteuer 법인세	직접
Abgeltungsteuer	간접
Gewerbesteuerumlage 영업세	–
연방 고유 조세	
Energiesteuer 에너지세	간접
Tabaksteuer 담배세	간접
Branntweinsteuer 주세	간접
Kaffeesteuer 커피세	간접
Versicherungsteuer 보험세	간접
Stromsteuer 전기세	간접
자동차세(2009년 7월부터 연방세)	직접
Solidaritätszuschlag 통일세	직접
州 고유 조세	
Erbschaftsteuer 상속세	직접
Grunderwerbsteuer 토지취득세	직접
Rennwett- und Lotteriesteuer 경마세, 복권세	간접
Gemeindesteuern 기초자치단체세	
Gewerbesteuer 영업세	직접
Grundsteuer 토지세	직접
기타 조세 (미미한 세수입 포함): 와인주세 Schaumweinsteuer, 화재방어보호세 Feuerschutzsteuer, 개세 Hundesteuer, 오락세 Vergnügungsteuer, 음료세 Getränkesteuer, 재산세 Vermögensteuer, 맥주세 Biersteuer, Alkopopsteuer, 사냥세 Jagdsteuer, 어업세 Fischereisteuer, Schankerlaubnissteuer, 주거중복세 Zweitwohnsitzsteuer, Kirchensteuer(교회세는 국가 재정수입으로 들어오지 않음)	

자료: Wikipedia

독일의 조세수입 (단위: 십억 유로)

연도	총조세수입	국내총생산	조세수입 비중 (GDP 대비)
1991	338,4	1534,6	22,1 %
1995	416,3	1848,5	22,5 %
2000	467,3	2047,5	22,8 %
2001	446,2	2101,9	21,2 %
2002	441,7	2132,2	20,7 %
2003	442,2	2147,5	20,6 %
2004	442,8	2195,7	20,2 %
2005	452,1	2224,4	20,3 %
2006	488,4	2313,9	21,1 %
2007	538,2	2428,5	22,2 %
2008	561,2	2473,8	22,7 %
2009	524,0	2374,5	22,1 %
2010	530,6	2496,2	21,3 %
2011	573,4	2592,6	22,1 %
2011	600,0	-	-

자료: Bundesministerium der Finanzen, Statistisches Bundesamt, Wikipedia

| 부 록 5 | 조세부담비율

국내총생산 GDP 대비 조세부담비율은 국내총생산 대비 순수 조세부담만으로 파악하고 있다. 그러나 아래에 나타내고 있는 의무적으로 부과되는 사회보장부담을 포함한 조세부담비율은 조세 부담을 국제적으로 비교할 때 순수 조세부담 비율보다 좀 더 적절하다. 유럽 국가들은 사회보장보험 부담을 준조세 형태로 징수하는 반면 미국과 일본은 사회보장보험Sozialversicherungen을 사적 민간보험에 의존하는 비중이 높기 때문이다.

주요 선진국의 조세부담비율

국가	1965	1975	1985	1990	1995	2000	2005	2010	2011	2012
독일	23,1%	22,6%	22,9%	21,8%	22,7%	22,8%	21,0%	22,0%	22,7%	23,2%
벨기에	21,3%	27,6%	30,3%	28,0%	29,2%	30,9%	30,9%	29,4%	29,9%	30,8%
덴마크	28,8%	38,2%	44,8%	45,6%	47,7%	47,6%	49,7%	47,2%	47,1%	47,1%
프랑스	22,5%	21,1%	24,3%	23,5%	24,4%	28,4%	27,8%	26,3%	27,4%	28,3%
그리스	12,2%	13,7%	16,4%	18,3%	19,5%	23,6%	20,6%	20,0%	20,9%	23,1%
이탈리아	16,8%	13,7%	22,0%	25,4%	27,5%	30,2%	28,3%	29,5%	29,6%	30,9%
일본	14,1%	14,7%	18,9%	21,3%	17,8%	17,5%	17,3%	16,3%	16,8%	
룩셈부르크	18,8%	23,1%	29,1%	26,0%	27,3%	29,1%	27,1%	26,3%	26,0%	26,8%
노르웨이	26,1%	29,5%	33,8%	30,2%	31,3%	33,7%	34,6%	33,1%	33,0%	32,6%
오스트리아	25,4%	26,5%	27,8%	26,6%	26,5%	28,4%	27,7%	27,5%	27,8%	28,3%
스웨덴	29,2%	33,2%	35,6%	38,0%	34,4%	37,9%	35,8%	34,1%	34,1%	34,0%
스위스	14,9%	19,0%	19,9%	19,7%	20,2%	22,7%	22,1%	21,4%	21,6%	21,1%
영국	25,7%	28,8%	30,4%	29,5%	28,0%	30,2%	29,0%	28,2%	29,1%	28,4%
미국	21,4%	20,3%	19,1%	20,5%	20,9%	22,6%	20,5%	18,5%	19,4%	18,9%

주) 조세부담; OECD 기준 개념, 조세부담율은 GDP 대비
자료: Wikipedia; Steuerquoten

OECD회원국의 조세부담 비율

국가	1975	1985	1990	1995	2000	2005	2006
멕시코	—	17,9	17,3	16,7	18,5	19,9	20,6
터키	11,9	11,5	14,9	16,8	24,2	24,3	24,5
일본	20,9	27,4	29,1	26,8	27,0	27,4	27,9
미국	25,6	25,6	27,3	27,9	29,9	27,3	28,0
한국	15,1	16,4	18,9	19,4	23,6	25,5	26,8
스위스	23,9	25,5	25,8	27,7	30,0	29,2	29,6
슬로바키아	—	—	—	—	33,8	31,8	29,8
오스트레일리아	25,8	28,3	28,5	28,8	31,1	30,8	30,6
그리스	19,4	25,5	26,2	28,9	34,1	31,3	31,3
아일랜드	28,7	34,6	33,1	32.5	31,7	30,6	31,9
캐나다	32,0	32,5	35,9	35,6	35,6	33,4	33,3
폴란드	—	—	—	36,2	31,6	33,9	32,5
뉴질랜드	28,5	31,1	37,4	36,6	33,6	37,5	36,8
독일	34,3	36,1	34,8	37,2	37,2	34,8	35,6
체코	—	—	—	37,5	35,3	37,5	36,9
포르투갈	19,7	25,2	27,7	31,7	34,1	34,7	35,7
영국	35,2	37,6	36,1	34,5	37,1	36,3	37,1
룩셈부르크	32,8	39,5	35,7	37,1	39,1	37,8	35,9
스페인	18,4	27,6	32,5	32,1	34,2	35,8	36,6
네덜란드	40,7	42,4	42,9	41,5	39,7	38,8	39,3
헝가리	—	—	—	41,3	38,0	37,2	37,1
아이슬란드	30,0	28,2	30,9	31,2	37,2	40,7	41,5
오스트리아	36,7	40,9	39,6	41,2	42,6	42,1	41,7
핀란드	36,5	39,7	43,5	45,7	47,2	43,9	43,5
이탈리아	25,4	33,6	37,8	40,1	42,3	40,9	42,1
노르웨이	39,2	42,6	41,0	40,9	42,6	43,5	43,6
프랑스	35,4	42,8	42,0	42,9	44,4	43,9	44,2
벨기에	39,5	44,4	42,0	43,6	44,8	44,8	44,5
스웨덴	41,3	47,2	52,2	47,5	51,8	49,5	49,1
덴마크	38,4	46,1	46,5	48,8	49,4	50,7	49,1
OECD-평균	29,4	32,7	33,8	34,8	36,1	35,8	35,9

주) 국내총생산 GDP 대비 사회보장비 부담 포함 조세부담 비율; Abgabenquote
자료; Wikipedia; Abgabenquote

독일의 경우, **기업에 부과되는 조세**는 이익에 부과되는 조세(소득세, 영업세, 법인세), 소비에 부과되는 조세, 실물에 부과되는 조세가 있다. 실물에 부과되는 조세로는 재산세Vermögensteuer, 토지세 Grundsteuer, 영업세Gewerbekapitalsteuer, 자동차 Kraftfahrzeugsteuer와 비정기적인 실물조세 Substanzsteuern로는 상속세 Erbschaftsteuer 증여세 Schenkungsteuer 이다.

소비에 부과되는 조세로는 에너지세Energiesteuer, 전기세 Stromsteuer, 연료세Kernbrennstoffsteuer, 중간재세 Zwischenerzeugnissteuer, 담배세 Tabaksteuer, 커피세 Kaffeesteuer, 맥주세Biersteuer, 주정세Branntweinsteuer, 와인세Schaumweinsteuer, 알코홀세Alkolpsteuer, 소금세 Salzsteuer, 설탕세 Zuckersteuer, 점화세Zündwarensteuer, 전등세Leuchtmittelsteuer, 차세Teesteuer, 화토세Spielkartensteuer, 식초세Essigsäuresteuer이 있다.

각국의 기업조세부담 비중 (2008년)

국가	기업조세부담 비중
벨기에	33,99 %
불가리아	10 %
덴마크	25 %
독일	29,83 %
에스트랜드	0,00 %

핀란드	26 %
프랑스	34,43 %
그리스	25 %
아일랜드	12,5 %
이탈리아	31,4 %
레트랜드	15 %
리투아니아	15 %
룩셈부르크	29,63 %
말타	35 %
네덜란드	25,5 %
오스트리아	25 %
폴란드	19 %
포르투갈	26,5 %
루마니아	16 %
스웨덴	28 %
슬로바키아	19 %
슬로베니아	22 %
스페인	30 %
체코	21 %
헝가리	21,28 %
영국	28 %
사이페른	10 %
노르웨이	28 %
스위스	20,65 %
일본	30 %
캐나다	21,28 %
미국 뉴욕연방주	39,63 %

주) 2008년 기준 기업조세부담 비중 Unternehmenssteuern. 기업조세부담은 기업에 부과되는 모든 조세를 포괄한 조세부담을 의미한다.
자료: 독일연방재무부 Bundesfinanzministerium

| 부 록 6 | 법인세, 소득세율, 부가가치세율

각국의 법인세, 소득세율, 부가가치세율은 다음과 같다.

국가	법인세	최고소득세율	부가가치세율
스위스	25%	45.5%	8%
벨기에	33.99%	50%	21%
네덜란드	20% or 25% above €200,000 profit	52%	21% (reduced rate of 6% and 0% for some goods and services)
룩셈부르크	28.59%(commercial activity); 5.718% on intellectual property income, royalties; 0% on dividends and capital gains	40%	17%
터키	20%	35%	18%, 8%, 1% and 0%
오스트리아	25%	50%	20%
독일	30.175% to 33.325% (15.825% federal plus 14.35% to 17.5% local) additionally 18% pension and 15.5% Healthcare	45%	19%
프랑스	33.3% (36.6% above 3.5M€, 15% below 38k€)	45% (+4% for incomes above a yearly EUR 500,000)	20% (reduced rate of 10%, 5.5%, 2.1% and 0% for specific cases like some food, transportation, cultural goods, etc.)
영국	23%, from 6.4.2014 - 21%, from 6.4.2015 - 20% (20% for businesses with profits less than £300k, marginal relief for between £300k and £1.5m)	45% on marginal additional annual income above £150k, 40% between £32k-150k 20% between £9k £32k, 0% below; plus national insurance contributions at various rates between 2% and 13.8%	20% (reduced rate of 5% for home energy and renovations, 0% for life necessities - groceries, water, prescription medications, medical equipment and supplies, public transport, children's clothing, books and periodicals)
체코	19%	22%	21% (reduced rates of 15% and 10%)
스페인	30% (25% for SMEs, 4% ZEC companies in Canary Islands)	42%	21% (reduced rates 10% and 4%)
이탈리아	27.5%	45%	22%

그리스	26% or 33% (if profit above €50000)	42%(+4% Solidarity Tax)	23% (reduced rate of 13% for groceries and restaurants)
포르투갈	12.5-27.5% (Mean tax rate: 15%)	46.5% (additional contributions at 11% Social Security by Employee + 23.75% Social Security by Employer)	23% (reduced rates 13% and 6%)
핀란드	20%	53%	24% (reduced rate of 14% for groceries and restaurants, 10% for books, medicine, transport of passengers and some others)
덴마크	24.5% in 2014. Will be reduced to 23.5% in 2015 and 22% from 2016 onwards.	55.56% (including 8% social security paid by the employee but excluding 0.42-1.48% church tax imposed on members of the national Church of Denmark)	25% (reduced rate 0% on transportation of passengers and newspapers normally published at a rate of more than one issue per month)
노르웨이	27% (0% on dividends and capital gains, even short-term investments)	47.2% (53.7% including 14.1% social security contribution by employer. All taxes include 8.2% pension fund payments).	25% (reduced rate of 15% for groceries)
일본	Corporate tax 38.01%	Individual (min) 8% Individual (max) 50% (40% national + 10% local)	Payroll tax (usually reduces taxable income) 25.63% VAT, GST, Sales 8% (consumption)
한국	Corporate tax 22%, 20%, 10%	Individual (min) 6% + 0.6% Individual (max) 38% + 3.8%	VAT, GST, Sales 10%
미국	Corporate tax 15%–39% (federal) + 0%–12% (state) + 0%–3% (local)	Individual (min) 0% (federal) + 0% (state) + 0%–3% (local) Individual (max) 55.9% (max of federal+state+local) 10%–39.6% (federal) + 0%–13.3% (state) + 0%–3% (local)	Payroll tax (usually reduces taxable income) 2.9%–15.3% (federal social security (12.4%) 6.2% for the employee and an additional 6.2% for the employer.) + 2.9% (federal medicare: 1.45% for the employee and an additional 1.45% for the employer.) + 0%–2% (state) + 0%–2% (local) + VAT, GST, Sales 0%–11.725% (state and local)

| 부 록 7 | 자본이득세율, 소득세율, 판매세율

독일의 자본이득세율은 통일세 및 교회세를 포함하는 세율로 25%이다. Der Kapitalertragsteuersatz beträgt 25 % zuzüglich Solidaritätszuschlag (5,5 % der Kapitalertragsteuer) und ggf. Kirchensteuer (8 oder 9 % der Kapitalertragsteuer). 오스트리아는 25%이다.

스위스(Kapitalertragssteuer = Verrechnungssteuer = Zahlstellensteuer)의 자본이득세는 소득세와 재산세에 부과되고 있다. 이유는 은행비밀 때문에 다른 나라보다 자본이득의 원천이 넓다는 것을 관리하여 환산세Verrechnungssteuer 또는 징벌세 Abgeltungsteuer형태로 부과된다. Die Geldinstitute (Bank oder Versicherung) sind verpflichtet, automatisch 35 % des Zinsertrages jedes Kontos oder Wertpapiers an den Staat abzuführen. 자본이득세는 금융기관에서 35% 원천징수된다.

미국 연방조세 한계세율(2013년)

과세 소득(연간, 달러)			
한계세율	미혼/독신	부부/미망인	부부(분리)
10%	000.000 - 008.925	000.000 - 017.850	000.000 - 008.925
15%	008.926 - 036.250	017.851 - 072.500	008.926 - 036.250
25%	036.251 - 087.850	072.501 - 146.400	036.251 - 073.200
28%	087.851 - 183.250	146.401 - 223.050	073.201 - 111.525
33%	183.251 - 398.350	223.051 - 398.350	111.526 - 199.175
35%	398.351 - 400.000	398.351 - 450.000	199.176 - 225.000
39,6%	ab 400.001	ab 450.001	ab 225.001

자료; Wikipedia, Einkommensteuer

독일의 소득세율

기간	기초공제 소득	기초세율	최종부과 소득	최고세율
2002-2003	€ 7.235	19,9 %	55.008	48,5 %
2004	€ 7.664	16 %	52.152	45 %
2005-2006	€ 7.664	15 %	52.152	42 %
2007-2008	€ 7.664	15 %	52.152	42 %
			ab 250.001	45 %
2009	€ 7.834	14 %	52.552	42 %
			ab 250.401	45 %
2010-2012	€ 8.004	14 %	52.882	42 %
			ab 250.731	45 %
2013	€ 8.130	14 %	52.882	42 %
			ab 250.731	45 %
2014	€ 8.354	14 %	52.882	42 %
			ab 250.731	45 %

자료; Wikipedia, Einkommensteuer

프랑스의 소득세율(2014년도)

소득(유로)	한계세율	추가한계세율	총 한계세율
6.011까지	0 %	0 %	0 %
6.011 – 11.991	5,5 %	0 %	5,5 %
11.991 – 26.631	14 %	0 %	14 %
26.631 – 71.397	30 %	0 %	30 %
71.397 – 151.200	41 %	0 %	41 %
151.200 – 250.000	45 %	0 %	45 %
250.000 – 500.000	45 %	3 %	48 %
500.000 이상	45 %	4 %	49 %

자료; Wikipedia, Einkommensteuer

| 부 록 8 | 유럽의 판매세율

벨기에 21, 덴마크 25, 독일 19, 핀란드 24, 프랑스 20, 그리스 23, 이탈리아 22, 룩셈부르크 15, 네덜란드 21, 오스트리아 20, 포르투갈 23, 스웨덴 25, 스페인 21, 영국 20, 유럽연합 (최소-최대) 15 - 27 [2013년 7월 기준 자료 ;Wikipedia, Umsatzsteuersaetze]

미국 각 연방주의 판매세율(기초세율, 지역 추가세율 포함 최대세율)

Alabama	4% 11%	Montana	0% 0%
Alaska	0% 7%	Nebraska	5.5% 7.5%
Arizona	5.6% 10.725%	Nevada	6.85% 8.1%
Arkansas	6.5% 12%	New Hampshire	0% 0%
California	7.5% 10%	New Jersey	7% 7%
Colorado	2.9% 10%	New Mexico	5.125% 8.688%
Connecticut	6.35%	New York	4% 8.875%
Delaware	0% 0%	North Carolina	4.75% 7.50%
District of Columbia	5.75% 5.75%	North Dakota	5% 8%
Florida	6% 7.5%	Ohio	5.75% 8%
Georgia	4% 8%	Oklahoma	4.5% 11%
Guam	4% 4%	Oregon	0% 0%
Hawaii	4% 4.5%	Pennsylvania	6% 8%
Idaho	6% 8.5%	Puerto Rico	6% 7%
Illinois	6.25% 9.75%	Rhode Island	7% 7%
Indiana	7% 7%	South Carolina	6% 9%
Iowa	6% 7%	South Dakota	4% 6%
Kansas	6.15% 9.65%	Tennessee	7% 9.75%
Kentucky	6% 6%	Texas	6.25% 8.25%
Louisiana	4% 11%	Utah	5.95% 8.35%

Maine	5.5% 5.5%	Vermont	6% 7%
Maryland	6% 6%	Virginia	5.3% 6%
Massachusetts	6.25% 6.25%	Washington	6.5% 9.6%
Michigan	6% 6%	West Virginia	6% 7%
Minnesota	6.875% 7.875%	Wisconsin	5% 5.6%
Mississippi	7% 7.25%	Wyoming	4% 6%
Missouri	4.225% 9.35%		

자료 ;Wikipedia, the free encyclopedia, Sales taxes in the United States

| 부 록 9 | 주요 국가의 GDP 대비 국가채무

국가	1990	1995	2000	2005	2010	2015	2019
Japan	67	91	140	186	215	245	245
그리스	73	99	103	101	145	171	138
Italien	94	121	108	105	119	133	122
Portugal	57	59	48	63	93	125	114
Irland	93	81	37	27	92	123	109
미국	64	71	55	68	99	106	107
Singapur	71	68	81	93	101	100	95
Belgien	126	130	108	92	96	100	91
Spanien	42	63	59	43	61	102	102
프랑스	35	55	57	67	82	96	88
Island	36	59	41	25	93	90	67
Vereinigtes	32	46	41	42	75	93	85
Agypten	k.A.	k.A.	k.A.	103	73	93	92
Kanada	75	102	82	72	85	87	82
Ungarn	k.A.	k.A.	56	62	81	79	78
독일	k.A.	56	60	69	82	71	59
Niederlande	k.A.	76	54	52	63	74	70
Osterreich	56	68	66	64	72	78	74
Slowenien	k.A.	17	30	27	39	78	83
Albanien	k.A.	k.A.	70	58	58	71	57
Israel	k.A.	k.A.	84	94	76	65	60
Indien	k.A.	70	73	82	68	64	60
Brasilien	k.A.	k.A.	67	69	65	66	65
Pakistan	k.A.	73	83	3	62	62	54
Laos	k.A.	k.A.	k.A.	86	62	63	52
Kroatien	k.A.	k.A.	k.A.	38	42	67	68
Uruguay	k.A.	k.A.	k.A.	78	58	62	61
Malaysia	81	42	35	43	51	54	50

Polen	k.A.	49	37	47	55	50	46
Finnland	14	56	44	42	49	62	62
Vietnam	k.A.	k.A.	k.A.	41	54	60	63
El Salvador	k.A.	28	27	39	50	59	68
Slowakei	k.A.	k.A.	50	34	41	60	61
Venezuela	k.A.	67	32	34	40	53	62
Schweiz	31	47	51	51	36	47	40
Tschechien	k.A.	14	18	28	38	50	50
Argentinien	k.A.	k.A.	46	87	49	58	54
멕시코	k.A.	k.A.	43	39	43	48	48
Thailand	k.A.	k.A.	58	47	43	47	46
Sudafrika	k.A.	k.A.	43	35	35	50	61
덴마크	k.A.	k.A.	60	45	43	47	45
Tunesien	k.A.	68	66	52	40	52	51
Myanmar	k.A.	k.A.	109	82	53	44	43
Nicaragua	k.A.	k.A.	k.A.	143	80	40	37
Armenien	k.A.	k.A.	39	20	33	43	42
Schweden	k.A.	72	53	50	39	40	31
Panama	k.A.	86	67	63	39	41	32
China Repulik	k.A.	k.A.	27	35	38		
Honduras	k.A.	k.A.	68	48	26	49	63
Litauen	k.A.	k.A.	24	8	38	39	36
Rumänien	k.A.	k.A.	30	18	31	39	36
필리핀	k.A.	63	59	59	43	33	26
한국	14	9	18	29	33	39	36
Neuseeland	59	46	32	22	32	32	23
터키	k.A.	k.A.	52	53	42	36	37
Hongkong	k.A	k.A.	k.A.	34	35	32	30
Bolivien	k.A.	k.A.	67	80	39	27	23
Burundi	k.A.	k.A.	136	137	37	29	23
Irak	k.A.	k.A.	k.A.	323	117	14	5
Norwegen	29	38	33	48	50	30	30
Australien	16	31	20	11	21	32	31
Kambodscha	k.A.	k.A.	35	36	29	29	27
인도네시아	k.A.	k.A.	95	46	27	26	23
Guatemala	k.A.	k.A.	19	21	24	26	27

Ecuador	k.A.	k.A.	k.A.	35	16	26	27
Luxemburg	k.A.	k.A.	6	6	19	27	39
중국	7 6	16	18	16	26	18	
Turkmenistan	k.A.	k.A.	44	5	11	14	7
Peru	k.A.	k.A.	42	38	25	17	11
Bulgarien	k.A.	k.A.	75	29	15	21	19
Paraguay	67	18	35	33	14	15	14
Russland	k.A.	k.A.	60	14	12	13	14
Chile	k.A.	k.A.	13	7	9	13	14
Iran	k.A.	k.A.	23	22	17	11	16
Saudi-Arabien	k.A.	k.A.	87	39	10	3	2

주) 국내총생산 대비 국가채무(2014-2019년도 추정 Schätzung)

자료; Wikipedia, the free encyclopedia; Länder nach Staatsschuldenquote

| 부 록 10 | GDP 대비 정부부채비율

국내총생산 대비 정부부채비율은 선진국과 신흥국 또는 개발도상국과 구별해 살펴보아야 한다. 또한 선진국은 대부분 자국 통화를 세계적으로 통용되고 있다는 점도 고려해야 한다. 특히 미국과 유럽연합 회원국의 정부부채는 여타 다른 국가들과 다른 차원에서 고찰해야 한다.

GDP 대비 정부부채 비율

국가	2013	2014	2015	2016	2017	2018	2019
Albania	70.497	71.671	71.163	68.802	65.393	61.430	57.126
Algeria	9.214	9.731	8.073	7.694	7.577	7.471	7.041
Argentina	46.914	52.946	58.155	55.288	55.804	54.674	54.172
Armenia	41.898	42.137	43.012	43.641	43.057	43.387	42.029
Australia	28.790	30.831	31.756	31.594	31.433	31.365	31.079
Austria	74.193	79.085	78.210	77.455	76.052	74.818	73.688
Azerbaijan	13.754	15.648	17.511	18.951	19.863	20.751	20.853
Bangladesh	39.743	38.688	39.046	38.380	37.289	35.941	34.433
Belarus	36.714	34.440	32.746	33.637	35.275	36.978	41.563
Belgium	99.750	99.829	99.569	98.634	96.948	94.536	91.405
Bolivia	33.096	29.536	27.136	25.000	24.053	23.255	22.600
Brazil	66.335	66.667	66.369	66.188	65.830	65.219	64.671
Bulgaria	17.625	21.668	21.087	22.779	20.197	19.801	19.393
Burundi	31.728	30.297	28.954	27.506	25.747	24.072	22.735
Cambodia	28.121	28.881	28.675	28.326	27.717	27.277	26.962
Canada	89.119	7.381	86.607	85.418	84.190	83.069	81.856
Chad	30.168	23.699	21.523	21.642	21.845	22.863	23.979
Chile	12.180	12.644	13.479	13.948	14.029	14.106	14.174
China	22.397	20.203	18.748	17.595	16.472	15.423	14.353
Colombia	31.799	31.741	30.361	28.960	27.621	26.364	24.759
Costa Rica	37.003	39.385	42.914	46.452	50.058	53.948	57.866
Croatia	59.783	64.846	67.350	68.066	68.334	68.179	67.949
Denmark	45.171	5.602	46.871	47.504	47.022	46.060	44.885
Dominica	74.956	75.794	76.302	76.718	76.978	77.560	78.499

Ecuador	24.261	24.763	25.502	25.591	26.203	26.779	27.470
Egypt	89.179	91.308	92.743	92.768	93.075	92.903	91.711
El Salvador	54.890	57.143	59.455	61.653	63.771	65.959	67.991
Eritrea	125.999	124.641	126.672	125.906	129.088	129.392	127.718
Estonia	11.349	10.916	10.339	9.616	8.910	8.236	7.590
Finland	57.038	60.164	62.103	62.014	61.870	62.075	62.131
France	93.876	95.756	96.063	95.302	93.580	90.801	87.660
Georgia	31.789	32.812	32.503	32.547	31.635	31.601	30.121
Germany	78.063	74.551	70.761	67.024	63.787	61.226	58.742
Greece	173.813	74.697	171.269	162.516	153.674	146.093	137.772
Guatemala	24.442	25.096	25.734	26.343	26.788	27.063	27.339
Honduras	40.182	44.881	48.572	52.045	55.494	59.162	62.796
Hong Kong	33.836	33.092	32.400	31.834	31.235	30.596	29.964
Hungary	79.232	79.097	79.157	79.105	78.938	78.676	78.430
Iceland	90.204	91.745	89.601	81.120	78.691	75.376	66.740
India	66.717	65.306	64.044	62.723	61.825	60.868	59.877
Indonesia	26.105	26.030	25.935	25.390	24.504	23.379	22.435
Iran	10.628	10.839	11.136	12.168	13.372	14.718	15.968
Iraq	31.338	16.277	14.126	12.578	11.067	9.709	5.336
Ireland	122.817	123.668	122.737	119.562	116.794	113.074	109.080
Israel	66.732	66.320	65.070	63.657	62.267	61.245	59.505
Italy	132.530	134.509	133.117	130.466	127.564	124.718	121.708
Japan	243.222	243.519	245.087	246.650	246.053	245.370	244.973
Jordan	87.749	91.324	93.021	91.348	88.205	85.012	82.052
Kazakhstan	13.534	13.267	13.666	14.378	15.169	16.083	16.976
Kuwait	5.278	5.136	4.973	4.783	4.508	4.217	3.927
Kyrgyzstan	47.725	51.858	51.876	52.572	49.994	48.278	46.700
Latvia	32.060	32.711	29.276	31.262	30.462	28.421	27.257
Lebanon	139.680	147.619	151.625	152.481	151.301	150.411	150.223
Lithuania	39.314	39.470	39.053	38.551	37.833	36.998	36.060
Luxembourg	22.870	24.125	27.043	29.823	32.879	35.822	38.977
Malaysia	58.152	56.350	54.286	52.314	51.003	50.173	49.820
Mexico	46.479	48.123	48.426	48.350	47.927	47.584	47.810
Montenegro	56.837	58.753	63.418	68.350	73.221	75.775	75.326
Morocco	61.911	62.704	62.509	61.509	60.114	58.615	57.260
Myanmar	42.659	43.157	44.321	44.123	43.626	43.192	43.091
Nepal	31.038	29.919	29.155	28.113	27.297	26.704	26.413
Netherlands	74.909	75.030	74.443	74.149	73.193	71.923	70.130
New Zealand	35.916	33.278	32.139	32.634	31.170	27.269	23.002
Nicaragua	42.367	40.600	39.700	39.300	38.600	38.004	37.327
Norway	29.516	29.516	29.516	29.516	29.516	29.516	29.516
Pakistan	63.091	63.681	62.397	60.970	58.932	56.401	54.310
Panama	41.280	41.448	41.270	38.932	36.743	34.387	32.244
Paraguay	15.165	14.671	14.548	14.387	14.438	14.393	14.353
Peru	19.596	18.054	16.601	15.242	13.873	12.747	11.014
Philippines	38.272	35.164	32.820	30.896	29.174	27.574	26.154

Poland	57.476	49.513	50.109	49.888	48.685	47.355	45.741
Portugal	128.842	126.689	124.799	122.556	119.125	116.562	113.845
Romania	39.252	39.688	39.022	38.270	37.407	36.695	36.053
Russia	13.408	12.950	12.759	12.366	12.829	13.465	13.910
Saudi Arabia	2.684	2.589	2.529	2.451	2.354	2.250	2.145
Serbia	65.751	69.703	73.367	78.555	80.335	83.678	83.452
Singapore	103.764	102.425	100.017	98.033	95.986	93.985	95.388
Slovenia	73.024	74.857	77.913	80.030	81.478	82.374	82.953
South Africa	45.231	47.302	49.637	52.586	55.694	58.612	61.382
South Korea	36.673	37.984	38.770	38.788	38.266	37.270	36.064
Spain	93.905	98.805	101.954	103.735	104.336	103.868	102.406
Sweden	41.400	41.475	39.983	38.001	35.696	33.219	30.538
Switzerland	49.427	48.111	47.287	45.417	44.307	42.232	40.234
Taiwan	40.975	40.560	40.082	39.149	37.767	36.147	34.360
Tajikistan	29.195	28.198	28.043	28.469	29.598	30.795	30.495
Thailand	45.265	46.564	46.720	46.653	46.225	45.987	45.656
Tunisia	44.380	50.936	52.472	53.561	53.384	52.006	51.072
Turkey	35.849	35.929	35.963	35.898	36.017	36.293	36.668
Turkmenistan	20.645	15.834	14.316	12.565	12.050	8.614	6.853
Tuvalu	27.335	25.220	23.156	21.193	19.350	17.595	15.901
Uganda	33.916	35.979	38.132	39.099	38.774	38.348	40.094
United Kingdom	90.095	91.503	92.718	92.465	90.675	88.015	84.619
United States	104.517	105.697	105.707	105.644	105.566	105.796	106.662
Uruguay	59.439	61.219	61.758	61.842	61.820	61.690	61.261
Uzbekistan	8.577	8.558	8.672	8.852	9.091	9.337	9.587
Venezuela	49.760	51.558	52.728	53.656	55.905	58.857	61.913
Vietnam	54.978	58.667	59.815	61.932	63.068	62.923	62.502

자료; Wikipedia, the free encyclopedia; Gross government debt (sortable; in percent of GDP)

| 부 록 11 | 국내총생산과 한국순위

국내총생산 규모의 순위는 중국을 제외하면 미국, 일본, 독일, 프랑스, 영국 등 대형 선진국들이 독차지하고 있다. 아래의 표에서 볼 수 있는 바와 같이 한국은 2013년 현재 15위권에 들어 있다. **한국의 경제 규모는 16년 뒤에는 프랑스, 러시아, 캐나다를 제치고 세계 8위에 오를 것으로 전망한다.** 한국은 꾸준한 경제 성장세를 통해 **경제규모 순위를 2014년 14위에서 2030년에는 8위까지 끌어올릴 것으로 내다보고 있다.**

한국의 국내총생산(GDP) 순위는 2019년에는 호주와 스페인을 제치고 12위에 오르고, 2024년에는 캐나다, 이탈리아까지 추월해 10위권에 재진입할 것으로 예상하고 있다. 한국이 2009년 이후 나타난 성장 정체에서 탈피해 16년 뒤에는 세계 경제 강국으로 확실히 자리매김할 것으로 보인다.

같은 기간 영국이 독일을 추월해 유럽의 최대 경제 강국으로 도약할 것으로 내다본다. 2030년 영국과 독일의 GDP 순위는 각각 6위와 7위로 예상됐다. 생산성 향상으로 경제 규모가 팽창하는 영국과 달리 독일은 지속적인 인구 감소와 유로화 약세로 경제가 후퇴할 것으로 진단됐다.

신흥국의 성장속도는 더욱 빨라져 인도는 2019년에 세계 5위 경제대국으로 부상해 영국을 제치고 영국연방 최대 경제국이 될 것으로 전망됐다. 또 **중국이 미국을 추월해 세계 최대 경제대국이 되는 시기가 기존 예상보다 3년 빠른 2025년이 될 것으로 내다보고 있다** [런던=연합뉴스 김태한 특파원, 2014.12.26/ 영국의 싱크탱크 경제경영연구센터(CEBR); 세계경제전망 보고서].

각국의 국내총생산 규모		(단위; 백만달러)	
순위	국가	국내총생산 규모(2013년)	전년 대비 (%)
–	세계	73.982.137	3,01 %
–	유럽연합	17.371.618	0,18 %
1	미국	16.799.700	1,88 %
2	중국	9.181.377	7,67 %
3	일본	4.901.532	1,54 %
4	독일	3.635.959	0,54 %
5	프랑스	2.737.361	0,27 %
6	영국	2.535.761	1,76 %
–	ASEAN	2.350.066	
7	브라질	2.242.854	2,28 %
8	러시아	2.118.006	1,28 %
9	Italien	2.071.955	−1,85 %
10	Indien	1.870.651	4,35 %
11	Kanada	1.825.096	2,01 %
12	Australien	1.505.277	2,43 %
13	Spanien	1.358.687	−1,22 %
14	Mexiko	1.258.544	1,06 %
15	한국	1.221.801	2,78 %

16	Indonesien	870.275	5,78 %
17	Turkei	827.209	4,29 %
18	Niederlande	800.007	-0,81 %
19	사우디아라비	745.273	3,80 %
20	스위스	650.814	1,96 %
21	Schweden	557.938	1,53 %
22	Polen	516.128	1,55 %
23	Norwegen	511.252	0,76 %
24	벨기에	506.560	0,25 %
25	대만	489.213	2,11 %
26	Argentinien	488.213	4,25 %
27	오스트리아	415.366	0,35 %
28	아랍에미레	396.235	4,76 %
29	Thailand	387.156	2,87 %
30	Kolumbien	381.822	4,27 %
31	Venezuela	373.978	1,00 %
32	Iran	366.259	-1,67 %
33	Sudafrika	350.779	1,89 %
34	Danemark	330.958	0,43 %
35	Malaysia	312.433	4,69 %
36	싱가포르	295.744	4,08 %
37	이스라엘	291.500	3,33 %
38	Nigeria	286.470	6,27 %
39	Chile	276.975	4,23 %
40	홍콩	273.658	2,94 %
41	Philippinen	272.018	7,16 %
42	Agypten	271.427	2,10 %
43	핀란드	256.922	-1,38 %
44	그리스	241.796	-3,86 %
45	Pakistan	238.737	3,62 %
46	Irak	229.327	4,21 %
47	Kasachstan	220.347	5,95 %
48	Portugal	219.972	-1,35 %
49	Irland	217.884	-0,34 %
50	Peru	206.542	5,02 %
51	Algerien	206.095	2,70 %

52	Katar	202.561	6,13 %
53	체코	198.312	−0,87 %
54	루마니아	189.659	3,48 %
55	Kuwait	185.319	0,82 %
56	Neuseeland	181.330	2,37 %
57	Ukraine	177.834	0,05 %
58	Vietnam	170.565	5,42 %
59	Bangladesch	141.275	5,76 %
60	헝가리	132.426	1,11 %
61	Angola	121.704	4,06 %
62	Marokko	105.101	4,54 %
63	Slowakei	95.805	0,94 %
64	Ecuador	94.144	4,24 %
65	Oman	80.571	5,07 %
66	아제르바이잔	73.537	5,80 %
67	백러시아	71.710	0,90 %
68	Sudan	70.127	3,35 %
69	Libyen	67.622	−9,39 %
70	Sri Lanka	65.833	7,30 %
71	도미니카	60.765	4,09 %
72	Luxemburg	59.838	1,96 %
73	Kroatien	58.058	−1,00 %
74	Usbekistan	56.476	8,00 %
75	미안마	56.408	7,50 %
76	Uruguay	56.345	4,20 %
77	Guatemala	54.383	3,50 %
78	불가리아	53.046	0,86 %
79	Costa Rica	49.621	3,50 %
80	Athiopien	48.145	9,73 %
81	Litauen	47.560	3,25 %
82	Tunesien	47.439	2,70 %
83	Slowenien	46.851	−1,11 %
84	Kenia	45.082	5,56 %
85	Libanon	44.318	1,00 %
86	Ghana	44.223	5,45 %
87	Serbien	42.525	2,46 %

88	Turkmenistan	40.569	10,15 %
89	Panama	40.329	8,00 %
90	Jemen	39.152	4,40 %
91	Jordanien	33.860	3,25 %
92	Tansania	32.536	6,96 %
93	Bahrain	32.215	4,87 %
94	Lettland	30.953	4,11 %
95	콩고	30.639	8,48 %
96	Bolivien	29.802	6,80 %
97	Paraguay	28.333	13,00 %
98	Elfenbeinküste	28.288	8,08 %
99	Kamerun	27.957	4,65 %
100	Trinidad und Tobago	27.703	1,62 %
101	El Salvador	24.512	1,60 %
102	Estland	24.484	0,83 %
103	Uganda	23.053	6,03 %
104	Sambia	22.416	6,04 %
105	Zypern Republik	21.827	-6,00 %
106	Afghanistan	20.735	3,60 %
107	Nepal	19.341	3,65 %
108	Gabun	19.228	5,89 %
109	Honduras	18.813	2,56 %
110	Bosnien und Herzegowina	17.828	1,20 %
111	Brunei	16.214	-1,24 %
112	Georgien	16.162	3,23 %
113	Papua-Neuguinea	15.973	4,58 %
114	Kambodscha	15.659	7,02 %
115	Äquatorialguinea	15.574	-4,89 %
116	Mosambik	15.329	7,15 %
117	Senegal	15.154	4,05 %
118	Botswana	14.837	3,94 %
119	Island	14.656	2,87 %
120	Jamaika	14.288	0,50 %
121	콩고	13.781	4,52 %
122	Sudan Sud	13.734	24,40 %
123	Tschad	13.411	3,63 %

124	Simbabwe	12.951	2,96 %
125	Albanien	12.850	0,70 %
126	Namibia	12.318	4,31 %
127	Burkina Faso	12.247	6,79 %
128	Mauritius	11.930	3,10 %
129	Mongolei	11.516	11,74 %
130	Nicaragua	11.272	4,20 %
131	Madagaskar	11.210	2,36 %
132	Mali	11.070	1,73 %
133	Armenien	10.547	3,19 %
134	Mazedonien	10.238	3,10 %
135	Laos	10.002	8,20 %
136	Malta	9.545	2,40 %
137	Tadschikistan	8.497	7,40 %
138	Haiti	8.458	4,30 %
139	Bahamas	8.367	1,88 %
140	Benin	8.310	5,65 %
141	Moldawien	7.935	8,85 %
142	Ruanda	7.431	5,00 %
143	Niger	7.359	3,55 %
144	Kirgisistan	7.225	10,53 %
145	Kosovo	6.827	2,54 %
146	Guinea	6.282	2,55 %
147	Osttimor	6.147	8,45 %
148	Suriname	5.057	4,69 %
149	Sierra Leone	4.788	16,32 %
150	Montenegro	4.377	3,35 %
151	Togo	4.360	5,63 %
152	Barbados	4.284	-0,70 %
153	Mauretanien	4.187	6,66 %
154	Fidschi	i4.037	3,04 %
155	Malawi	3.814	4,97 %
156	Swasiland	3.620	2,79 %
157	Eritrea	3.444	1,33 %
158	Guyana	2.970	4,80 %
159	Burundi	2.723	4,47 %

160	Lesotho	2.276	5,78 %
160	Malediven	2.276	3,74 %
162	Bhutan	1.985	4,95 %
163	Liberia	1.933	7,97 %
164	Kap Verde	1.920	0,49 %
165	San Marino	1.802	−3,16 %
166	Belize	1.604	1,60 %
167	Zentralafrikanische Republik	1.538	−36,05 %
168	Dschibuti	1.457	5,00 %
169	Seychellen	1.398	3,56 %
170	Saint Lucia	1.317	−1,54 %
171	Antigua und Barbuda	1.212	0,47 %
172	Salomonen	1.097	2,93 %
173	Gambia	850	6,35 %
174	Guinea−Bissau	845	0,30 %
175	Vanuatu	821	2,80 %
176	Grenada	814	1,50 %
177	Saint Kitts Nevis	767	1,70 %
178	Saint Vincent Grenadinen	720	2,14 %
179	Samoa	705	−0,35 %
180	Komoren	652	3,52 %
181	Dominica	498	0,76 %
182	Tonga	477	0,99 %
183	Mikronesien Foderierte Staaten	333	0,61 %
184	Sao Tome und Principe	308	4,00 %
185	Palau	246	−0,23 %
186	Marshallinseln	175	0,82 %
187	Kiribati	172	2,90 %
188	Tuvalu	38	1,08

자료; Wikipedia; Liste der Länder nach Bruttoinlandsprodukt

| 부 록 12 | 주요국가의 대외채무 국제비교

신흥국 및 개도국의 경제 위기와 재정 위기를 버틸 수 있는 저력은 건강한 기초체질, 풍부한 외화보유고, 대외채무규모의 축소능력, 국부 펀드 규모 등이 중대한 역할을 한다. 사우디아라비아는 풍부한 자원과, 국부 펀드가 대내외 쇼크에 대한 방어역할을 하고 있다.

사우디아라비아 국부 펀드의 보유 해외 자산이 805조원에 달한다. 저유가에 따른 재정 부담에도 불구하고 원유 공급을 중단하지 않고 계속 생산하겠다는 배짱은 저유가가 사우디아라비아에 미치는 영향이 크지 않음을 시사한다.

사우디 국부펀드가 보유한 해외자산이 2014년 10월 현재 7330억 달러(약 805조7000억 원)에 달한다. 사우디 국부펀드 자산이 다른 중동 산유국과 달리 대부분 미국 국채, 은행 예금 등 저 위험 금융상품에 투자돼 있다.

사우디 정부는 해외 투자자산으로 저유가에 따른 이익 감소를 메워야 하지 않느냐는 의견에 대해 그럴 필요가 없다는 생각을 고수하고 있다. 2008년 금융위기 때도 거의 손해를 입지 않았던 것처럼 사우디의 정책이 현재 환경에 매우 적합하다고 확신한다며 일축하고 있다. 5년간 국부펀드의 수익률이 11%였고, 금융위기 기간을 포함한 지난 10년간 수익률도 7~8% 정도로 좋았다[아시아경제 백종민 기자, 2014.12.27].

선진국 특히 기축통화 국가들의 대외채무가 선두 자리를 차지하고 있다. 세계 경제를 이끌고 가는 미국, 영국, 프랑스, 일본, 스위스와 유럽 연합 회원국들의 대외채무가 많다는 것을 볼 수 있다.

세계 각국의 대외채무 (단위: 미 달러)

순위	국가	2003	2005	2007	2009	2010
1.	미국	6,946,289	9,476,403	13,427,103	13,767,867	4,456,194
2.	영국	5,406,413	7,385,985	11,260,597	9,337,345	9,554,857
3.	독일	3,326,742	3,578,198	5,117,734	5,124,906	5,217,014
4.	프랑스	2,300,666	3,052,297	4,841,930	5,167,460	5,091,260
5.	일본	1,354,398	1,521,073	1,767,807	2,086,400	2,588,607
6.	이탈리아	1,452,122	1,675,759	2,549,297	2,551,151	2,435,220
7.	네덜란드	1,405,449	1,669,067	2,599,752	2,413,790	2,433,884
8.	스페인	979,794	1,350,105	2,301,967	2,539,421	2,316,691
9.	아일랜드	734,333	1,336,187	2,267,387	2,384,730	2,303,419
10.	룩셈부르크	914,680	1,254,127	2,026,680	2,201,694	1,915,942
11.	벨기에	777,777	984,755	1,535,057	1,436,925	1,292,068
12.	스위스	807,631	886,947	1,452,517	1,252,839	1,287,359
13.	오스트레일리아	419,006	532,343	820,413	1,035,746	1,167,884
14.	캐나다	579,614	633,907	831,729	997,474	1,106,998
15.	스웨덴	400,681	581,539	795,879	902,954	945,086
16.	Hongkong	372,708	454,594	711,057	668,484	803,416
17.	오스트리아	408,806	510,795	801,400	831,601	797,790
18.	덴마크	297,079	358,288	568,648	605,573	596,199
19.	노르웨이	237,248	275,782	540,258	546,453	583,684
20.	중국	208,431	283,986	373,773	428,442	548,938
21.	그리스	204,577	262,954	454,200	587,562	546,607
22.	Portugal	270,454	302,220	483,916	549,149	528,597

23.	러시아	185,741	257,402	463,915	467,245	489,043
24.	Finnland	185,709	218,723	316,256	406,367	441,369
25.	한국	141,650	161,413	333,428	345,391	359,985
26.	브라질	235,005	187,526	237,605	277,563	351,941
27.	인도	117,872	120,224	202,793	252,398	295,891
28.	터키	143,940	169,908	249,573	268,457	289,387
29.	Polen	107,274	132,926	234,052	280,187	264,574
30.	Mexiko	170,847	167,942	192,689	200,213	250,956
31.	Ungarn	58,067	84,925	176,903	238,067	209,540
32.	Indonesien	133,434	134,353	133,917	172,871	200,050
33.	Argentinien	160,278	124,939	117,317	116,415	128,600
34.	Rumänien	22,627	38,861	85,422	118,582	122,994
35.	아랍에미레이트	20,710	34,470	61,680	122,500	122,700
36.	Island	16,09	46,141	119,216	121,135	119,435
37.	KasachstanUk	22,884	43,429	96,914	113,239	119,242
38.	raine	23,811	39,619	79,955	103,396	117,346
39.	Israel	74,059	78,151	90,116	92,109	106,018
40.	Zypern	7,439	14,686	28,257	119,522	103,585
41.	Thailand	51,783	52,040	61,738	75,307	100,561
42.	Südafrika	37,138	46,157	75,275	78,561	99,005
43.	Tschechien	34,89	46,453	76,043	89,245	95,396
44.	Taiwan	53,440	87,050	97,850	75,300	91,410
45.	Chile	42,790	45,446	56,443	72,991	86,738
46.	Saudi-Arabien	39,160	36,780	58,600	72,770	82,920
47.	Malaysia	48,557	51,981	61,566	76,376	82,171
48.	Katar	17,500	21,130	33,090	70,370	71,380
49.	Slowakei	8,090	27,053	44,309	65,854	66,439
50.	Kolumbien	36,998	37,720	43,675	53,719	64,723

주) 각국의 대외채무 Länder nach Auslandsverschuldung

자료: Wikipedia; Länder nach Auslandsverschuldung

저자약력

저자 양 종 기(梁 鍾 基)

- 연세대학교 경제학과, 학사
- 독일 자유 베를린 대학교 Diplom-Volkswirt
- 독일 자유 베를린 대학교 경제학 박사
- 서경대학교(구 국제대학) 전임교수
- 현재 E&I Center 대표

❒ 저서와 주요 논문 및 연구보고서

- Die Crowding-Out Problematik im Rahmen der Kurz-und Langfristigen Analyse, Peter Lang, 1987(mana cum laude; 최우수 박사 논문).
- 위기가 기회다, 공저, 다산출판사, 1998년
- 기관투자가의 자산운용(공저), 국민연금연구센터, 1998년
- 한국의 자본시장과 경제발전(공저), FESKOR SYPOSIUM, 1988년
- 경제의 이해, 원출판사, 2007년
- 거시경제학, 원출판사, 2008년
- 화폐금융 국제금융, 원출판사, 2009년
- 시장경제와 경제이론, 원출판사, 2009년
- 알기 쉬운 투자론, 신론사, 2010년
- 경기 안정화와 재정지출 및 통화정책, 경상논총, 1987년
- 한국의 자본시장과 경제발전, 경상논총, 1988년
- 환율결정과 그의 변동, 투자금융, 1989년
- 토빈의 Q이론과 통화 및 공채 발행의 국민 경제적 파급 효과, 투자금융, 1989년
- 독일 지방재정과 지방의회에 대한 연구, 지원연구논문, 1992년
- 독일 연방과 주 및 게마인데(Gemeinde)의 공채관리에 관한 연구, 지원연구논문 1992년
- 스위스, 독일, 영국의 금융제도에 대한 비교 연구, 지원연구논문, 1995년
- 기관투자가의 자산운용, 지원연구 보고서, 1998년
- 독일 연방과 주 및 게마인데(Gemeinde)의 공채관리에 관한 연구, 연구보고서, 1992년
- 공채발행을 통한 재정금융정책의 효과에 대한 고찰, 한국산업 연구, 1992년
- 미국 단기금융시장에 관한 소고, 투자금융, 1994년
- 多資産市場, 實物市場, 財政政策, 서경대학교논문집, 1994년
- 스위스, 독일, 영국의 금융제도에 대한 비교 연구, 지역연구, 1996년
- 공채발행의 국민 경제적 파급 효과, 서경대학교 논문집, 1996년
- 유럽의 자산관리업과 은행 진출의 동향, 금융, 2002년
- 유럽금융의 구조적 특성과 은행대출경로, 산업경영연구, 2002년
- 최근 미국 은행산업의 변화와 추이, 금융, 2003년
- 재정정책이 경제성장에 미친 이론적인 고찰, 사회과학논문집, 2007년
- 한국 자본주의의 모습과 특성 및 성격, 2010년
- 국민행복시대는 열릴 것인가?, 도서출판 ONE, 2013년
- 달러와 한국경제, 도서출판 ONE, 2013년
- 한국의 부동산경제, 도서출판 ONE, 2013년
- 한국경제와 한국주식 투자, 도서출판 ONE, 2014년
- 세계경제 속 한미경제, 도서출판 ONE, 2014년
- 한국경제와 생활환경, 도서출판 ONE, 2015년

[양종기 박사의 경제이야기_8] **무책임한 정부, 불확실한 미래**

초판 인쇄 • 2015년 9월 15일
초판 발행 • 2015년 9월 21일
저 자 • 양 종 기
발 행 인 • 정 성 열
발 행 처 • 도서출판 ONE
주 소 • 서울특별시 마포구 토정로 222
등 록 • 제313-2003-427호
전 화 • 02-323-8536
팩 스 • 02-323-8531

저자와의
협의하에
인지생략

ISBN 978-89-6481-273-0

정가 15,000원

- http://one-book.co.kr